中等职业教育经济管理类改革创新教材·市场营销专业

推销技能训练

（第四版）

主编　王淑荣　杜玉娥

科学出版社

北　京

内 容 简 介

本书以推销工作过程为主要线索安排内容体系，系统而精练地介绍了推销认知、推销准备、寻找客户、接近客户、推销洽谈、客户异议、促成交易、网络促销、客户管理、推销管理等内容。

根据中等职业教育实用性和操作性强的特点，遵循够用、实用的准则，本次修订进一步简化了理论知识，增加了大量的图表、实例，同时，还增加了二维码资源链接，便于学生学习；各任务还设置了故事、情景导入、小思考、课堂实训等专项内容，将教学、训练与实践相结合，充实职业能力训练的内容，以契合中等职业教育的特点。

本书可作为中等职业学校、中职学校转型升级的高职院校市场营销、现代物流、电子商务等专业的教学用书，也可作为营销人员岗位培训教材和自学用书。

图书在版编目(CIP)数据

推销技能训练 / 王淑荣，杜玉娥主编. —4 版. —北京：科学出版社，2021.8

（中等职业教育经济管理类改革创新教材·市场营销专业）

ISBN 978-7-03-067796-9

Ⅰ. ①推… Ⅱ. ①王… ②杜… Ⅲ. ①推销-中等专业学校-教材 Ⅳ. ①F713.3

中国版本图书馆 CIP 数据核字（2020）第 270339 号

责任编辑：王鹤楠 / 责任校对：马英菊

责任印制：吕春珉 / 封面设计：东方人华平面设计部

科学出版社 出版

北京东黄城根北街 16 号

邮政编码：100717

http://www.sciencep.com

北京市京宇印刷厂印刷

科学出版社发行　各地新华书店经销

*

2008 年 9 月第 一 版　2021 年 8 月第十七次印刷

2014 年 9 月第 二 版　开本：787×1092　1/16

2016 年 6 月第 三 版　印张：16 1/2

2021 年 8 月第 四 版　字数：380 000

定价：48.00 元

（如有印装质量问题　我社负责调换〈北京京宇〉）

销售部电话 010-62136230　编辑部电话 010-62135397-2041

第四版前言

自本书第三版出版以来，信息技术在教材中的应用有了新的变化，同时素质教育融入教学中。为了适应信息技术的变化，本次修订在保持第三版比较成熟的框架结构和知识体系的基础上，做了以下几项较大的调整：

1）增加了“故事”模块。

2）增加了在线互动内容——二维码部分的内容。读者可通过扫描二维码使用线上数字资源。

3）增补了部分新知识。

4）更新了部分案例和课堂实训的内容。

5）更新了过时、落后的数据。

本书建议教学时数为72学时，具体学时分配参考下表。

项目	课程内容	学时数		
		讲授	实践	合计
1	推销认知	4	2	6
2	推销准备	4	2	6
3	寻找客户	4	4	8
4	接近客户	4	2	6
5	推销洽谈	4	4	8
6	客户异议	4	4	8
7	促成交易	4	4	8
8	网络促销	4	4	8
9	客户管理	4	2	6
10	推销管理	2	2	4
机动		2	2	4
总计		40	32	72

本书由王淑荣、杜玉娥担任主编，参与编写的人员有王淑荣、杜玉娥、刘学颖、傅洁、左维元等。

在本书的修订过程中，编者得到了科学出版社、天津市物资贸易学校、天津市劳动经济学校、河南省商务中等职业学校的大力支持，参考了同行业的有关著述和文章，在此对提供帮助的人士和相关文献的作者表示诚挚的感谢。

由于编者水平有限，书中难免有不足之处，欢迎广大读者批评指正。

编　者

2021年2月

第一版前言

本书是全国中等职业教育“十一五”规划教材之一，是为中等职业学校市场营销、现代物流、电子商务等专业开设的推销技能训练而编写的，也可以作为营销人员岗位培训教材。

推销技能训练是一门实用性和实践性较强的学科，本书以推销工作过程为主线安排内容体系，以如何做好推销工作为主旨，着力培养学生的综合应用能力和实际操作能力，力求结合实际，简洁明快，语言平实，理论与实践相结合。本书在对“必需、够用”的基本推销理论知识进行重点、扼要、完整论述的同时，以“案例”引入正文，在正文中增加了图、表、案例等内容。各个章节设计了习题、实训题等栏目，强化学生所学的知识，体现了“以学生为本”“学生多参与、多训练”的编写思路。

在教材结构上，每章是由案例导入、推销知识、小结、习题、实训几个部分组成的。

本课程建议 72 学时，具体学时分配参考如下。

项目	课程内容	学时数		
		讲授	实践	合计
1	推销概述	4	2	6
2	推销计划	4	2	6
3	推销准备	6	2	8
4	寻找客户	4	2	6
5	接近客户	6	2	8
6	推销洽谈	4	4	8
7	客户异议	4	4	8
8	促成交易	4	4	8
9	客户管理	6	2	8
10	推销管理	4	2	6
总计		46	26	72

参加本书编写的有宁铁娜（第 1 章、第 8 章）、傅洁（第 2 章）、薛静（第 3 章、第 5 章）、左维元（第 4 章）、夏婧（第 6 章）、李晓燕和王淑荣（第 7 章）、高明（第 9 章）、刘学颖（第 10 章）。本书附有课件和各章习题的参考答案，如有需要可在科学出版社职教技术出版中心（http://www.abook.cn）下载。

编者在编写本书过程中吸收和借鉴了大量的国内外有关推销的理论、实训和案例，请教了许多在推销一线的工作者，在此一并表示衷心的感谢。

由于时间仓促，编者水平有限，本书难免有疏漏之处，恳请读者批评指正。

编　者

2008 年 6 月

目 录

项目1 推销认知

任务1.1 现代推销认知

任务目标

1. 知识目标

1）了解现代推销的含义。
2）掌握现代推销的过程。

2. 能力目标

能够依据现代推销步骤进行推销。

3. 素质目标

培养敬业、认真踏实、品德高尚的工作作风。

故 事

把信送给加西亚

美西战争爆发后，美方有一封具有战略意义的书信，急需送到西班牙反抗军将领加西亚的手中，可是加西亚正在古巴丛林作战，没人知道他在什么地方。一名年轻的中尉——安德鲁·罗文挺身而出，承担了送信的任务。他历尽艰险，遭遇过西班牙士兵的拦截，在粗心大意的西属海军少尉眼皮底下溜过古巴海域，还在圣迭戈参加了游击战，最后在巴亚莫河畔的瑞奥布伊把信交给了加西亚。

（资料来源：http://www.jianshu.com/p/34ad9aaa2ff6.）

启示 罗文以其绝对的忠诚、高度的责任感和创造奇迹的主动性完成了一件看似不可能完成的任务。推销工作充满艰辛和挑战，要做好它，需要具备对事业的热情、责任心和不屈不挠的精神。

情景导入

有人说，推销是卖东西，迫使客户掏钱。
有人说，推销是耍嘴皮子、吹牛。
有人说，推销是高明的骗术。
有人说，推销是拉关系。
有人说，推销是说服、鼓动。

有人说，推销只对卖方有利。

思考：对于现代推销的概念有许多不同的看法，众说纷纭，那么究竟什么是现代推销呢？

知识储备

1.1.1 现代推销的含义

现代推销是指企业通过人员或非人员方式，运用各种推销技术和手段，帮助和说服现实的或潜在的客户接受特定的产品、劳务及推销观点的整体活动过程。

西方发达国家推销技术的发展相对典型，基本代表了推销技术发展的一般进程，主要经历了如下三个阶段。

1）20 世纪 60 年代以前。这个阶段为技巧型推销阶段，主要研究推销人员的说服技巧与方法，研究如何千方百计地说服客户购买，因此，传统的推销学被看成是一门说服艺术。但该阶段片面强调说服，没有真正考虑客户的需求，违背了市场交换的基本原则，引起了客户对推销的不满、反感、厌恶甚至恐惧。

2）20 世纪 60～80 年代。这个阶段为技术型推销阶段，重点研究推销过程、推销方式及向客户展示产品的技巧与策略等。通过多年经验的总结，推销活动开始有了整套的理论依据，逐渐程序化、公式化。

3）20 世纪 90 年代后。这个阶段为系统型推销阶段。社会营销学的快速发展，使得推销研究的对象由物转向人，开始研究客户需求与客户心理、推销人员应具备的素质与能力和推销人员及客户所处的环境与相互关系等。此阶段研究的核心由“说服”转向“需求满足”，推销管理从对推销业务的管理发展到对客户需求的管理，强调在确认客户需求的前提下才可以尽量运用说服的手段使客户购买。

在我国，对推销理论的研究发展较晚，20 世纪 80 年代初推销理论才开始引起理论界重视。但随着我国经济的快速发展，推销理论在我国得到了快速发展。

1.1.2 现代推销的过程

实际推销工作一般按以下步骤进行，如图 1-1 所示。

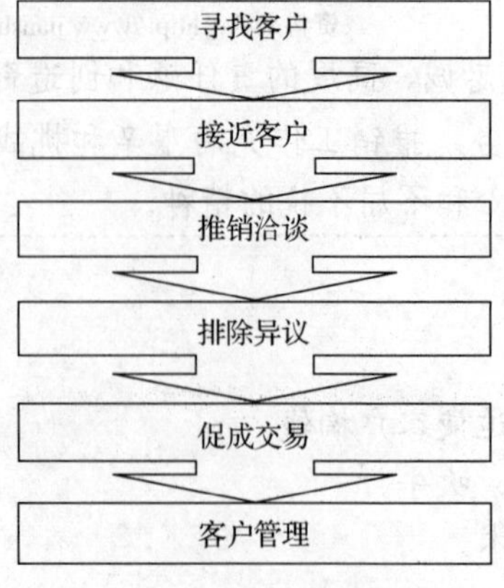

图 1-1 实际推销工作的一般步骤

1. 寻找客户

据有关数据表明：在从事第一年销售的人员中，80%的失败是来自对潜在客户的寻找工作不到位。例如，某个家庭，购买的第一代洗衣机是“海尔双桶洗衣机”，第二代洗衣机是“海尔全自动洗衣机”。由于市场的更新换代，海尔公司的第三代洗衣机“海尔全自动滚筒式洗衣机”问世了。那么，作为海尔公司的推销人员，你是否将已经拥有海尔公司第二代洗衣机的客户作为你的潜在客户，对他进行推销呢？除了你的那些老客户以外，哪些客户又是你应当结识的新客户呢？

成功的推销总是从寻找潜在客户开始的，它是开展推销活动的前提与基础。一般来讲，具有现实购买能力、能够及时做出购买决策且具有购买动机与欲望的人，即为所要寻找的客户，也就是潜在客户。推销人员应根据自己所推销产品的特征，提出一些可能成为潜在客户的基本条件，再根据这些条件，利用各种可能的线索和渠道，拟出一些潜在客户的名单，然后运用科学的方法进行筛选，确定潜在客户中的准客户，并对其进行分类，建立和妥善保管客户档案。

2. 接近客户

作为海尔公司的推销人员，在确定了目标客户后，又应如何接近他，从而使对方对海尔公司的第三代洗衣机“海尔全自动滚筒式洗衣机”产生购买欲望呢？

接近客户，也被称为推销接近，是指推销人员为了同目标客户进行推销洽谈，而对其进行初步接触或再次访问，一般包括接近客户前的准备、约见客户与接触客户三个环节。

接近客户是推销人员开展推销洽谈的前提，是整个推销过程的一个重要环节。在现实推销活动中，成功地接近客户未必能带来成功的交易，但成功的交易都是以成功地接近客户为先决条件的。接近客户是否成功，直接关系到整个推销工作的成败。推销人员在确定了潜在客户中的准客户后便进入推销过程的下一个环节，即接近客户。

3. 推销洽谈

推销员：“全自动滚筒式洗衣机有很多品种，而且款式各异，肯定有一款是符合您心意的，您看一下产品介绍单。”

准客户：“这款银色洗衣机的容量、价格是多少？”

推销员：“这款是我公司全自动滚筒式洗衣机里的经典款，容量是5.5公斤，原价是2580元，现在购买可直降500元，价格相当合适。”

推销洽谈是指推销人员运用各种方式、方法和手段去说服客户购买推销产品的过程，也是推销人员向客户传递推销信息的过程。推销人员与客户成功接近后，推销活动便进入了推销洽谈阶段。推销人员能否成功地说服客户、最终促成交易，往往取决于推销人员在洽谈中的表现。因此，推销人员只有在这一阶段成功地说服了客户，才能为最终达成交易奠定良好的基础。

4. 排除异议

推销员："这款全自动滚筒式洗衣机能够满足您家洗衣省时的需要，这样您就可以有更多时间去忙您的工作了。"

准客户："但是我家使用洗衣机、冰箱等家用电器非常粗心，经常会把机器弄坏。"

推销员："您可以放心，这个品牌的洗衣机非常耐用，返修率很低。即使您在使用中机器出现故障，公司的专业维修人员也会 24 小时为您服务，在最短的时间内帮您解决问题，保证您的使用。"

客户异议是客户对推销人员所言表示的不明白、不同意或反对的意见。在整个推销过程中，从寻找客户、接近客户、推销洽谈到最终促成交易，不可能总是一帆风顺的，往往会在不同环节遇上这样或者那样的困难。推销人员遇到客户异议是在所难免的，只要能正确认识、分析推销过程中产生的这些异议，适时地采用恰当的方法、策略与技巧进行及时有效的处理，消除客户异议，就可以变客户异议为推销机会。

5. 促成交易

推销员："您还有什么其他问题吗？您放心，您购买这款全自动滚筒式洗衣机一定不会后悔的。如果没问题，您看我是不是帮您开单子？"

准客户："我家只有周末有人在，平常得六点钟以后了，最好周末送货。"

推销员："那没关系，我可以把您的送货时间安排在周六。"

准客户："那好，你开单吧。"

促成交易是指客户接受推销人员的推销建议购买推销产品。只有客户购买了推销产品，才算买卖双方最后达成交易。从推销步骤来看，经过推销人员寻找客户、接近客户、推销洽谈、排除异议等环节之后，推销便进入了成交阶段。促成买卖双方最终交易的实现是推销人员的根本目的。在推销过程中，成交是一个特殊阶段，是整个推销活动的终极目标，其他阶段只是为实现这一阶段而做的准备。推销员如何顺利实现成交目标，往往取决于其对成交策略与技巧的掌握及灵活运用。

6. 客户管理

推销员："您好，我是海尔公司的推销员王峰，不知道您上次从我公司购买的那款银色全自动滚筒式洗衣机用得还称心吗？"

客户："现在用得还不错，还没有发现什么问题。"

推销员："那您还需要什么其他帮助吗？"

客户："目前没有。谢谢!"

推销员："不客气。如果您日后需要什么帮助，可以直接致电我公司的维修部门，也可直接找我，谢谢您对本公司的支持，祝您全家周末愉快！再见!"

客户管理是指通过培养企业的最终客户、分销商和合作伙伴对企业及其产品产生更积极的偏爱和喜好，留住他们并以此提升企业业绩的一种推销策略。一般情况下，客户管理通常说的是我们所讲的售后服务，它是企业参与市场竞争的利器，是一种有效的推销手段。对推销人员而言，对客户进行良好的售后服务不仅可以巩固已争取到的客户，促使他们继续购买，还可以通过这些客户的宣传，争取到更多新的客户，开拓产品新的销售市场。

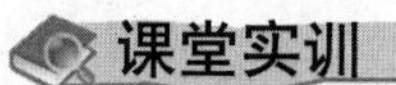

课堂实训

认识现代推销

【实训条件】

正值元旦放假期间，华联商厦为了吸引客户，提高卖场效益，开展了“满 100 元减 20 元”的促销活动。ONLY 服装专柜为了提高自己本月的利润，参加了本次促销活动。专柜经理为了完成上级安排给他们的销售任务，给每位卖场的售货员制定了元旦当日的销售指标。新来的售货员张红恰好第一天上班，经理为了照顾她，安排她完成 10 件羽绒服的销售即可。她该怎样结合华联商厦的促销活动来完成自己的销售任务呢？

【实训要求】

1）学生分组模拟客户推销。

2）注重着装、礼仪，语言恰当。

【实训设计】

1）将学生分为 4～6 名一组，分别扮演张红和客户。

2）模拟交流，完成销售任务。

3）互换角色模拟。

4）教师根据学生表现进行指导，选择“明星售货员”进行示范，并进行点评。

【实训评价】

实训评价表如表 1-1 所示。

表 1-1 实训评价表

被考评人			考评地点			
考评内容						
考评指标		考评标准	分值/分	自我评价/分	小组评议/分	实际得分/分
专业知识与技能掌握	现代推销的含义	掌握现代推销的含义	15			
	现代推销的过程	掌握现代推销的过程	15			
	课堂实训	实训活动完成情况	20			
通用能力培养	出勤	按时到岗，学习准备就绪	10			
	道德自律	自觉遵守纪律，有责任心和荣誉感	15			
	学习态度	积极主动，不怕困难，勇于探索	10			
	团队分工合作	能融入集体，愿意接受任务并积极完成	15			
合计			100			
考评辅助项目					备注	
团队之星					两项考评辅助项目是为了激发学生的学习积极性	
团队互评						

注：1. 实际得分＝自我评价×40%＋小组评议×60%。

2. 考评满分为 100 分，59 分及以下为不及格；60～74 分为及格；75～84 分为良好；85 分及以上为优秀。

3. “团队之星”可以是本次实训活动中贡献突出者，也可以是进步最大者，同样可以是其他某一方面表现突出者。

4. “团队互评”是由评审团讨论后对各团队给予的最终评价。评审团由各团队组长组成。当各团队完成实训活动后，各团队组长先组织本团队内部进行商议，然后各团队组长将意见带至评审团，评价各团队整体工作情况，将各团队互评分数填入其中。

任务 1.2　现代推销方式认知

任务目标

1. 知识目标

1）掌握推式方式、拉式方式、互动方式与多渠道销售方式。
2）了解推销方式创新的内容与途径。

2. 能力目标

1）能够分辨现代推销的各种方式。
2）能运用不同的推销方式实现销售业绩。

3. 素质目标

做有心人，勤于思考。

故　事

王永庆的米店

王永庆早年因家贫读不起书，只好去做买卖。16 岁的王永庆从老家来到嘉义市开了一家米店。那时，小小的嘉义市已有米店近 30 家，竞争非常激烈。当时仅有 200 元资金的王永庆，只能在一条偏僻的巷子里承租一个很小的铺面。他的米店开张最晚，规模最小，更谈不上知名度了。在新开张的那段日子里，生意冷冷清清，门可罗雀。

怎么打开销路呢？

当时大米加工技术比较落后，出售的大米里混杂着秕糠、沙粒、小石头等，买卖双方都见怪不怪。王永庆和两个弟弟一齐动手，一点一点地将夹杂在米里的秕糠、砂石之类的杂物拣出来，然后再卖。一时间，市里的主妇们都说，王永庆卖的米质量好，省去了淘米的麻烦。这样一传十，十传百，米店的生意日渐红火起来。王永庆卖米多是送米上门，他在一个本子上详细记录了客户家有多少人、一个月吃多少米、何时发薪等。算算客户的米该吃完了，就送米上门；等到客户发薪的日子，再上门收取米款。他给客户送米时，并非送到就算，而是帮客户将米倒进米缸里。如果米缸里还有米，他就将旧米倒出来，将米缸刷干净，然后将新米倒进去，将旧米放在上层。这样米就不至于因陈放过久而变质。他这个小小的举动令不少客户深受感动，铁了心专买他的米。就这样，他的生意越来越好。从这家小米店起步，王永庆最终成为台湾工业界的“龙头老大”。

（资料来源：https://www.sohu.com/a/222435450_772544.）

启示 王永庆善于思考，从一粒米的挑选做起，从办得最晚、规模最小、生意冷冷清清的米店起步，发展成为台湾工业界的“龙头老大”。所以，任何行业都能成就一个人的事业，关键在于你是否愿意做一个有心人，是否勤于思考，是否善于思考。

情景导入

以前，南京有家鹤鸣鞋店，牌子虽老，却乏人问津。后来老板发现许多商社和名牌店都登广告推销商品，他也想做广告宣传一下。

但怎样的广告才有效益呢？店老板苦苦思索。这时，账房先生过来献计说："商业竞争与打仗一样，只要你舍得花钱在市里最大的报社订三天的广告。第一天只登个大问号，下面写一行小字：欲知详情，请见明日本报栏。第二天照旧，等到第三天揭开谜底，广告上写'三人行必有我师，三人行必有我鞋——鹤鸣皮鞋'。"

老板一听，觉得此计可行，依计行事，广告一登出来果然吸引了广大读者，一时间鹤鸣鞋店家喻户晓，生意火红。

思考：这种以刊登广告来使自己的产品得以畅销的方式属于哪种推销方式？

知识储备

1.2.1 推式方式

推式方式是一种自上而下的推销方式，是指生产者（生产企业）利用推销人员与中间商将产品推销给消费者（客户）的一种方式。这一方式侧重运用人员推销的形式，把产品销售给客户，即从生产企业推向中间商，再由中间商推给客户，如图 1-2 所示。它适用于生产者和中间商对产品前景看法一致和单位价值较高或者流通环节较少、流通渠道较短、市场比较集中的产品。推式方式具有风险小、推销周期短、资金回收快的特点。以下主要介绍本方式中的人员推销内容。

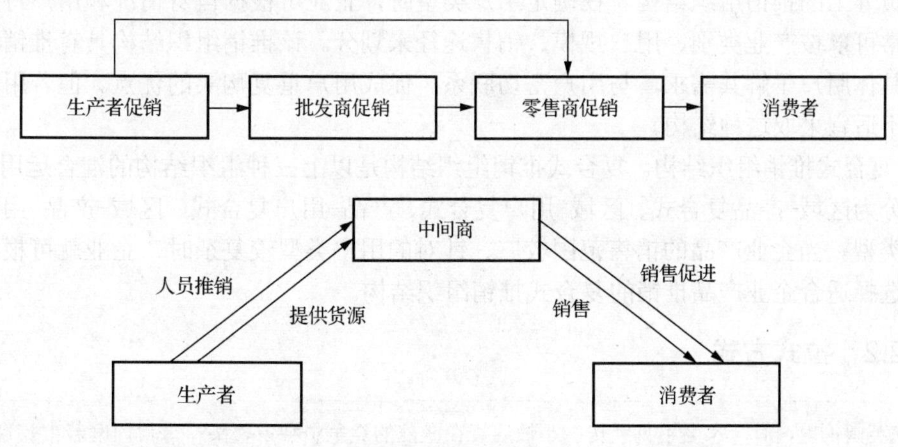

图 1-2 推式方式

（1）人员推销的含义

人员推销是指企业运用推销人员直接向客户推销商品和劳务。推销人员与客户直接接触。在现代推销活动中，它是一种最直接、最有效的推销形式。其形式主要有上门推销、电话推销、信函推销等。

（2）人员推销的设计

人员推销的设计可以采取以下三种形式。

1）自行建立推销队伍，使用本企业的推销人员来推销自家产品。在一些西方国家，企业自己推销队伍的成员称为推销员、销售代表、业务经理或销售工程师。这些推销人员又分为两类：一类是在办公室内用电话等联系、洽谈业务，并接待可能成为购买者的人来访的内部推销人员；另一类是做旅行推销，上门访问客户的外勤推销人员。

2）雇佣专业合同推销人员，如制造商的代理商、销售代理商、经纪人等，按照其代销额付给佣金。

3）雇用兼职的售点推销员，在各种零售营业场合用各种方式促销，如产品演示、现场模特演示、咨询介绍等，按销售额比例提取酬金。

（3）人员推销的组织结构

1）区域型推销组织结构。区域型推销组织结构是企业按照销售区域分配推销人员，一个推销人员专门负责一个区域的推销工作，并在该地区常驻的推销组织结构。该推销组织结构的优点：推销人员责任明确，有利于鼓励推销人员努力工作；便于推销人员熟悉所在销售区域的情况，可以提高推销工作的针对性和连续性，节省差旅费用。该组织结构最适合产品的相关度较高、目标市场大致相同的企业，不适合产品种类多、市场结构复杂的企业。

2）产品型推销组织结构。产品型推销组织结构是以产品为基础进行组织内部的分工，要求一个推销人员专门负责一种或一类产品推销工作的推销组织结构。该推销组织结构比较适合于产品技术性强、工艺复杂、型号繁多的企业。但其也具有一定的缺陷，如当用户面较窄、一个用户购买同一企业的多种产品时，将出现多名推销人员同时向同一个用户推销同一个企业的不同种类产品的情况，这会引起用户的反感且很不经济。

3）用户型推销组织结构。用户型推销组织结构是按用户的类型来划分销售组织，确定推销人员分工的推销组织结构。在确定用户类型时，企业可根据自身情况和用户特点来进行，通常可以按产业类别、用户规模、销售途径来划分。该推销组织结构具有推销人员直接面对具体用户了解其需求，与用户密切联系，促成用户重复购买的优点。但若用户过于分散就不适宜采取这种结构。

4）复合式推销组织结构。复合式推销组织结构是以上三种组织结构的混合运用，具体又可以分为区域-产品复合式、区域-用户复合式、产品-用户复合式、区域-产品-用户复合式四种类型。当企业产品的销售范围较广、针对的用户类型较复杂时，企业就可根据其自身情况选择适合企业产品推销的复合式推销组织结构。

1.2.2 拉式方式

在英国伦敦，有一家名不见经传的小饭店，在激烈的竞争中独占鳌头，每日门庭若市。直接原因是该店的广告十分注目："本店饮食无与伦比——汤菜中任何时候都见不到一根头发！"原来该饭店为了招徕食客，全体人员一律"谢顶"。

拉式方式是指生产者（企业）主要运用非人员推销方式把消费者（客户）吸引过来，使客户对企业的产品产生需求，从而扩大销售。也就是说企业针对最终消费者展开广告攻势，把产品信息介绍给目标市场的客户，从而使他们产生强烈的购买欲望，形成迫切的市场需求，然后"拉引"中间商要求经销该产品，如图 1-3 所示。拉式方式具体包括广告推销、包装推销、营业推广推销、公共关系推销等方式。

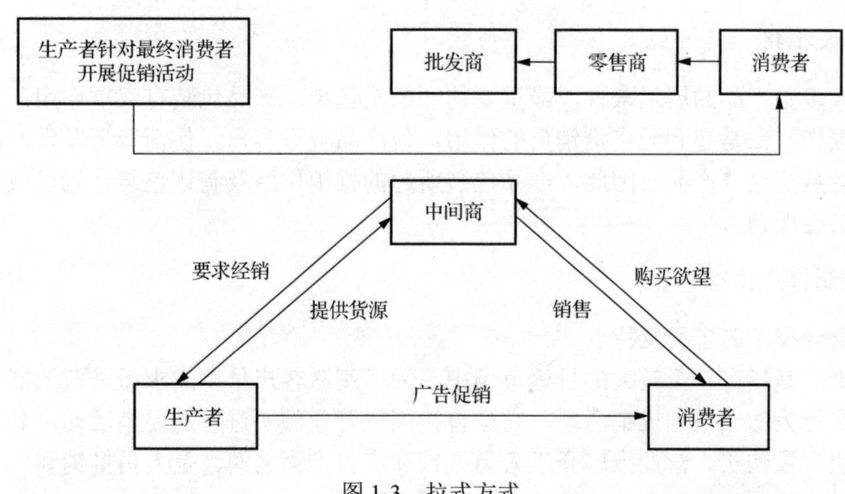

图1-3 拉式方式

1. 广告推销

（1）广告推销的含义

广告推销就是利用不同媒体向目标市场客户传播企业及推销产品的信息，诱发客户需求，扩大销售的一种宣传推销方式。

广告推销具有信息传递速度快、传播面广的特点。由于广告推销使得接受产品信息的客户人数较多，故而每次接触客户的单位费用较少。但由于其采取的是单向信息传递的方式，针对性没有人员推销方式强，很难促成即时购买。

（2）广告推销的形式

广告推销的形式多种多样，按照广告推销的目的和内容，可分为以下三种形式。

1）商品广告推销。商品广告推销是以推销商品为目的，向目标客户介绍本企业商品特性及服务方面的内容，以提高商品知名度，说服客户采取购买行动的信息传播活动。传播内容一般包括商品名称、商标、功能、特点、价格等，具体可分为倡导性广告推销、竞争性广告推销、提示性广告推销等类型。

2）企业广告推销。企业广告推销是以提高企业知名度和声誉度为目的，加强与广大消费者的沟通，树立企业在消费者心目中的可信任形象，最终达到销售商品的信息传播活动。传播的内容包括介绍企业名称、经营指导思想与观念、经营方针、服务宗旨及企业文化等。

3）综合广告推销。综合广告推销是将商品广告推销和企业广告推销相结合而进行的综合性信息传播活动。传播信息包括商品和企业信息两个方面的内容，涉及范围相对全面，但易受广告媒介及广告表现的限制，难以给人留下较深的印象。

（3）广告媒体的选择

在推销活动中，推销人员通常运用的广告媒体有三大类：一是视觉媒体，如报纸、杂志、简报、传单、招贴、交通广告、实物等；二是听觉媒体，如电台、录音、电话等；三是视听两用媒体，如电视、电影及其他表演形式等。此外，近几年来兴起的新媒体广告，种类较多且使用灵活。正确合理地选择广告媒体，做到花费少、速度快、影响深、效果大，可以对企业产品推销起到积极的作用。

2. 包装推销

对于大多数产品的展示来说，最重要的一条是包装。产品包装有双重作用：一是保护产品免遭损伤；二是起到无声推销员的作用，使产品吸引客户，使消费者发现产品，并且说服消费者购买这一产品。因此，产品包装所起的推销作用及制订包装计划已成为推销活动研究的必要课题。

3. 营业推广推销

（1）营业推广的含义及特点

营业推广是指在一个较大的目标市场中，为了刺激客户早期需求而采取的能够迅速使其产生购买行为的一系列推销活动。它是直接围绕营业额所进行的促销活动，其目的是鼓励客户尽快大量购买。营业推广介于人员推销和广告推销之间，是人员推销和广告推销的补充措施，也是一种行之有效的辅助性推销方式。其特点如下。

1）针对性。针对企业的销售难题、产品积压、缺乏影响力等而开展。

2）刺激性。常以让利、优惠等形式刺激目标客户产生强烈的需求，采取购买行动。

3）时效性。历时短暂，在影响期内能较快见效，但影响力也会很快消失。

4）自损性。容易损害自身形象，诱发客户的怀疑心理。

5）非经常性。多以让利等为代价，推广费用较高，不宜连续、经常使用。

（2）营业推广的方式

1）对消费者的营业推广方式。其主要目的是鼓励现有消费者大量重复购买，吸引新的客户试用，争夺其他品牌的客户。具体形式有样品赠送、有奖销售、现金折扣、特价促销、各种优惠券、附赠销售等。

2）对中间商的营业推广方式。其目的主要是鼓励中间商大批进货，加大季节性商品存储，努力建立固定产销关系。具体形式有批量折扣、现金折扣、类别折扣、展销、业务会议、赠送样品、竞赛、推销奖励、红利提成、商业信用奖励、经销津贴、POP 广告等。

3）对推销人员的营业推广。其目的主要是鼓励人员大力推销新产品，开拓新市场及推销积压产品等。具体形式有物质奖励、精神奖励、推销竞赛、红利提成等。

4）对制造商的营业推广。其目的主要是告知制造商采购本企业产品能为其带来的实际利益，即价值增值。具体形式有展销、业务会议、折扣销售、赠品销售、红利提成等。

4. 公共关系推销

美国默克制药公司因发现其生产的药品，病人使用后有可能存在一定的隐患，因此特地召回药品。该公司的这一做法得到了社会各界的一致好评，并没有因此而失去了自己原有的客户，反而因此增加了自身的信誉和社会公德，与其合作的公司越来越多。

麦当劳曾推出一种大号馅饼，起名为“1/4 磅”，广告声明肉馅重量为 1/4 磅，即 4 盎司。产品推出后，公司的公共关系部门遇到了一大难题。原来美国农业部搞了一项正式调查，宣布这种馅饼中的含肉量从未超过 3 盎司。麦当劳自查后登报声明：此种产品所用肉馅，加工制作之前重量为 4 盎司，借此渡过了信誉危机。

（资料来源：https://www.19lou.com/forum-16-thread-9784688-1-1.html.）

（1）公共关系推销的含义

公共关系推销是企业或推销人员遵循共同利益，以非付款方式通过第三者在各种传播媒体宣传自身及推销品，建立和保持与公众的良好关系，以树立良好形象的双向沟通活动方式。公共关系作为一种间接推销方式，更注重企业的长期销售目标。尽管其推销产品是通过企业与公众之间的不断沟通间接实现的，但效果却十分显著。

（2）公共关系推销的形式

1）宣传性公共关系推销，即综合运用各种传播方式介绍企业信息，加深和推动公众对企业的认识和理解，潜移默化地树立良好形象。其具体形式有宣传报道、赠送宣传品、记者招待会、展览会、免费招待参观、周年活动纪念、学术讨论会、授奖仪式、庆功表彰会等。

2）交际性公共关系宣传，即通过各种形式的直接接触和通信联系联络企业与公众的感情，加深公众对企业的印象。其形式有座谈会、招待会、茶话会、联欢会、舞会、拜访、参观企业、工作聚餐、电话书信联系等。

3）服务性公共关系推销，即通过各种服务手段来改善和密切与公众的关系，以获得公众好评，建立企业信誉，招徕客户。其形式有提供售前、售中、售后等多种销售服务，进行消费指导，宣传介绍有关商品知识，完善现有服务方式，新增服务项目等。

4）社会性公共关系推销，即通过举办参加各种社会性、公益性活动提高企业社会声誉，塑造企业良好的社会形象。其形式有各种形式的社会赞助、各种传统节日的纪念会、庆典等。

5）征询性公共关系推销，即通过了解公众要求、收集舆论等为企业决策提供依据，使企业的活动顺应公众要求和市场发展趋势。其形式有市场调查、重点客户访问、征名活动、设立接待机构、处理投诉等。

1.2.3 互动方式

互动方式就是生产者（企业）将推式方式和拉式方式两种方式结合起来运用，在向中间商进行大力促销的同时，通过广告刺激市场需求，如图1-4所示。

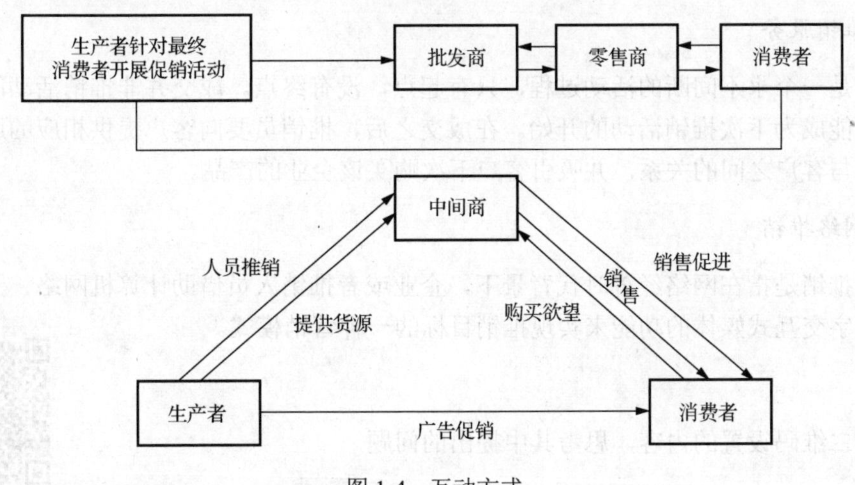

图1-4 互动方式

在推式推销的同时进行拉式推销，用双向的推销方式努力把商品推向市场，这比单独地利用推式方式或拉式方式更为有效，具体形式包括企业形象推销、推销服务、网络推销。

1. 企业形象推销

（1）企业形象推销的含义

企业形象是指企业及其产品在社会公众心目中的地位和形象。企业形象推销是通过塑造企业的良好形象来赢得客户信任、喜爱和偏好，由此招徕更多的客户选择本企业的产品。企业形象推销是按照先推销形象、再推销产品的战略思维进行的。

企业形象推销具有如下作用。

1）联想作用。

2）直觉作用。

3）心理满足作用。

4）指示作用。

（2）企业形象推销的内容

企业形象推销从总体上看是要提高企业的知名度、信用度和美誉度，塑造良好的整体形象。从具体方面看，企业形象是由多种内容形式构成的一个统一整体，包括如下内容。

1）产品形象推销。它是企业形象推销的基础，即通过产品的内在质量、外观设计、商标、包装等给客户留下深刻良好的印象，吸引客户购买。

2）职工形象推销。它是指通过全体职工的精神面貌、文化水平、工作能力、仪表举止等给客户留下良好的形象来推动产品销售。

3）服务形象推销。它是指通过企业的服务项目、服务方式、技能水准、服务态度等给客户留下深刻良好的印象来推动产品销售。

4）环境形象推销。它是指通过企业的建筑物、内部办公布局设计、外部装潢设计、物质技术设施等外在环境给客户留下良好的印象来推动产品销售。

5）企业风格推销。它是指通过企业的行为特色、精神特质、价值取向、目标追求、经营宗旨、管理方式等有别于其他企业的个性特征给客户留下良好印象来推动产品销售。

2. 推销服务

销售是一个永不间断的活动过程，只有起点，没有终点。成交并非推销活动的结束，它很有可能成为下次推销活动的开始。在成交之后，推销员要向客户提供相应的服务，以努力维持与客户之间的关系，并吸引客户下次购买该企业的产品。

3. 网络推销

网络推销是指在网络经济时代背景下，企业或者推销人员借助计算机网络、无线通信技术和数字交互式媒体的功能来实现推销目标的一种营销模式。

小思考

阅读二维码设置的内容，思考其中提出的问题。

谈谈推销

1.2.4 推销方式创新

现代推销方式虽然种类繁多，但为了适应社会的发展和满足客户的需求，其内容和方式仍在不断发展和创新。

1. 推销方式创新的内容

1）观念创新。推销观念是推销活动的指导思想。企业及推销人员要培养超前意识、不断更新自己的推销观念，这样才能更好地满足客户需求，有效地解决各种推销难题，获得成功。

2）表现手法创新。推销人员应潜心研究推销产品的特点及客户对推销产品接受的方式，不断开辟新颖、独特的产品表现手法，运用合理的、出乎客户意料的方法多角度展示推销产品，使客户更深刻地认识推销产品，促使其产生购买行为。

3）服务技术创新。推销人员应善于把先进的科学技术应用于推销活动中，用优质、高效、娴熟的服务打动客户，坚定客户的购买信心，促使其产生购买行为。

4）活动方式创新。在推销活动中，企业及推销人员应不断更新推销活动的方式，尽量开辟更多、更新颖的活动项目，吸引广大客户产生购买行为。

2. 推销方式创新的途径

1）不断提高企业推销人员素质，强化推销人员的竞争意识。推销人员素质的不断提高及竞争意识的不断强化，是推销方式创新的重要途径。

2）创造有利的推销环境。推销环境的好坏直接影响推销活动的效果。推销人员应在认识和适应环境的基础上，充分利用有利的环境条件开展推销活动，学会控制和改造环境，使其朝着有利于产品销售的方向发展，顺利完成推销活动。

3）密切注意客户的需求变化。推销人员应及时掌握客户的需求动向，了解客户需求的满意程度，从而迅速调整自己的推销方式，为客户提供优质的服务。

课堂实训

学会运用不同的推销方式

【实训条件】

张先生是一家餐饮连锁企业的老板，为了扩大企业的规模和影响力，使该餐饮连锁企业实现“百强”的目标，根据市场调研，张先生打算在远离市中心的大学城再开一家连锁店，专门为学生和大学城工作人员以及周边的居民提供餐饮服务。但是，张先生从未在这样的环境中开过店。如果你是张先生，你将如何在大学城开展生意？你会选取什么样的推销方式来招徕客户？

【实训要求】

1）学生分组模拟推销情景。

2）注重着装、礼仪，语言恰当。

【实训设计】

1）将学生分为4～6人一组，并指定一名组长。

2）每组帮助张先生撰写一份可行的推销方案，将选取的推销方式和具体实施的细则写清楚。

3）教师根据学生报告完成情况，选择优秀的报告进行展示，并点评。

【实训评价】

实训评价表如表 1-2 所示。

表 1-2　实训评价表

<table>
<tr><td colspan="2">被考评人</td><td></td><td colspan="2">考评地点</td><td colspan="2"></td></tr>
<tr><td colspan="2">考评内容</td><td colspan="5"></td></tr>
<tr><td colspan="2">考评指标</td><td>考评标准</td><td>分值/分</td><td>自我评价/分</td><td>小组评议/分</td><td>实际得分/分</td></tr>
<tr><td rowspan="5">专业知识与技能掌握</td><td>推式方式</td><td>会运用推式方式</td><td>10</td><td></td><td></td><td></td></tr>
<tr><td>拉式方式</td><td>会运用拉式方式</td><td>10</td><td></td><td></td><td></td></tr>
<tr><td>互动方式</td><td>会运用互动方式</td><td>10</td><td></td><td></td><td></td></tr>
<tr><td>推销方式创新</td><td>能创新推销方式</td><td>10</td><td></td><td></td><td></td></tr>
<tr><td>课堂实训</td><td>实训活动完成情况</td><td>10</td><td></td><td></td><td></td></tr>
<tr><td rowspan="4">通用能力培养</td><td>出勤</td><td>按时到岗，学习准备就绪</td><td>10</td><td></td><td></td><td></td></tr>
<tr><td>道德自律</td><td>自觉遵守纪律，有责任心和荣誉感</td><td>15</td><td></td><td></td><td></td></tr>
<tr><td>学习态度</td><td>积极主动，不怕困难，勇于探索</td><td>10</td><td></td><td></td><td></td></tr>
<tr><td>团队分工合作</td><td>能融入集体，愿意接受任务并积极完成</td><td>15</td><td></td><td></td><td></td></tr>
<tr><td colspan="3">合计</td><td>100</td><td></td><td></td><td></td></tr>
<tr><td colspan="6">考评辅助项目</td><td>备注</td></tr>
<tr><td colspan="2">团队之星</td><td colspan="4"></td><td rowspan="2">两项考评辅助项目是为了激发学生的学习积极性</td></tr>
<tr><td colspan="2">团队互评</td><td colspan="4"></td></tr>
</table>

注：1．实际得分＝自我评价×40%＋小组评议×60%。

2．考评满分为 100 分，59 分及以下为不及格；60～74 分为及格；75～84 分为良好；85 分及以上为优秀。

3．“团队之星”可以是本次实训活动中贡献突出者，也可以是进步最大者，同样可以是其他某一方面表现突出者。

4．“团队互评”是由评审团讨论后对各团队给予的最终评价。评审团由各团队组长组成。当各团队完成实训活动后，各团队组长先组织本团队内部进行商议，然后各团队组长将意见带至评审团，评价各团队整体工作情况，将各团队互评分数填入其中。

任务 1.3　现代推销模式认知

任务目标

1．知识目标

1）了解各种推销模式的含义。

2）掌握各种推销模式的运用。

2．能力目标

1）能够正确识别各种推销模式。

2）能够正确运用各种推销模式。

3. 素质目标

良好的观察、分析能力；足够的自信心。

故 事

我自信，我成功

“我自信，我成功”，身材不高，可谓“先天不足”的邓亚萍，在乒乓球训练和比赛中都有一种“舍我其谁”的“王者之气”，所定下的目标就是打败所有的对手，夺取冠军。在16岁拿到了世界双打冠军后，她又树立起“让所有奖杯都刻上中国人的名字，都刻上邓亚萍的名字”的目标。截止到 1997 年第 44 届世锦赛，她共夺得18个世界冠军和奥运冠军。

启示 信心和努力带来的是丰硕的果实。

情景导入

小张是某化妆品柜台的推销员，一天，有位客户要买“欧莱雅”的晚霜，恰好“欧莱雅”的晚霜卖完了。

思考：假如你是小张，该怎么办呢？

知识储备

现代推销模式是指人们根据推销过程中的特点及对客户购买活动各阶段的心理演变应采取的方式策略、归纳总结出来的一套程序化的标准推销模式。下面介绍几种典型的推销模式。

1.3.1 “爱达”模式

（商场 Disney 玩具专柜前，一准客户正带着一个四五岁的孩子挑选玩具）

推销员：“您好，这是我公司新生产的玩具，特别适合学龄前儿童。”

准客户：“我家已经有好多类似的玩具了，不买！”

推销员：“那您家的玩具一定也具有开发儿童智力的功能喽。”

准客户：“那当然。你看，我孩子手里拿的那个就是。”

推销员：“哦，还真漂亮！小朋友给我看看可以吗？”

（小孩把手中的玩具拿给了推销员）

推销员：“嗯，真的不错。”

准客户：“那当然，就这么个小玩具花了 200 多元呢！”

推销员：“谢谢你，小朋友，这个还给你。”（接着又转向准客户）

推销员：“一看您就特别懂得怎么爱孩子，益智的玩具对开发孩子的智力有好处。（开始示范产品）您看，这款玩具用的是进口的环保材质，孩子长期接触它，决不会因为材料使用引起中毒事件，您可以完全放心，而且它既可开发孩子的左脑，又可开发孩子的右脑，相比孩子手里的那款玩具，它还配有语音对话功能。”

准客户：“多少钱？”

推销员：“260 元，从性价比来看，非常划算，您买下它一定不会后悔的。”

准客户：“要真像你讲的那样，确实不算贵。”

推销员：“是啊，而且我公司的服务非常好，实行三包。”

准客户：“那你给我们来一个吧！”

1. “爱达”模式的含义

“爱达”（AIDA）是注意（attention）、兴趣（interest）、欲望（desire）、行动（action）的英文单词首字母的缩写。其含义可表述为：一个成功的推销人员必须把客户的注意力吸引或转移到推销的产品上，使客户对推销的产品产生兴趣，这样客户的购买欲望就随之产生，而后促使客户采取购买行动。

2. “爱达”模式的具体步骤与运用

（1）唤起注意

客户的注意包括有意注意和无意注意两类。前者是指客户主观能动地对推销活动发生注意，这类客户常采取完全主动的态度，只要推销员把握好时机，稍加说服就能使客户实现购买；后者则是指客户不由自主地对推销活动产生注意，这类客户事先没有预定的目的，对推销的注意往往来自周围环境的变化。若唤起客户注意的刺激物无法持续影响客户，则客户的注意力就会下降，从而转移到对其刺激更大的事物上去。因此，在推销活动中，在唤起注意阶段，应将重点放在对客户无意注意的唤起，就是要使客户注意力从自我或他人转向推销方面。

在推销活动中，可以通过出奇制胜法、旁征博引法、实物招徕法、气氛渲染法及计谋引诱法有效地唤起客户的注意。

（2）诱导兴趣

对推销而言，兴趣就是客户对推销产品或购买产品所抱有的积极态度。由于人们的需求具有多样性，所以决定客户购买的兴趣也具有差异性。因此，可将客户的购买兴趣分为以下四种基本类型。

1）效果性购买兴趣。效果性购买兴趣是指不同客户受外界的影响，特别是受购后感受的影响，对同一感兴趣的购买表现出不同认知结果的购买兴趣。

2）变化性购买兴趣。变化性购买兴趣是指客户在一定时期内，受环境、需要和个性等因素影响而经常改变的购买兴趣。

3）广泛性购买兴趣。广泛性购买兴趣是指同一客户因需求的多样性而同时具有多种不同的购买兴趣。

4）倾向性购买兴趣。倾向性购买兴趣是指客户受生活环境、职业、地位及个性等因素影响，形成各自不同的购买取向，从而产生偏向于某一销售区域、内容和方式的购买兴趣。

在推销活动中，客户的购买兴趣具有较大的自发性和可诱导性，只有当客户认为推销品有可能解决其实际问题或困难时，才会发生兴趣，产生购买。因此，要引起客户的兴趣，就必须向客户证实推销品的实际效用和可能带给他的利益。常用的方法有展示表演诱导法、感情联络诱导法、排除干扰诱导法、应变诱导法、客户亲身体验诱导法和对比诱导法。

（3）激发欲望

推销人员应根据客户的习惯、性格等个性特征，从认识、需要、感情和理智等方面入手，采取多种方法和技巧，不断强化客户的购买欲望，促使客户购买产品。那么，如何激发客户的欲望呢？主要有如下方法。

1）利益直陈法。利益直陈法就是通过直接充分地陈述客户购买产品后的利益来激发客户购买欲望的方法。使用这种方法时要求推销人员应做到实事求是地陈述产品的性能、特点，晓之以理、动之以情地强化客户的购买欲望。

2）因势利导法。因势利导法是指推销人员通过精心设计的系列提问或优惠方法来诱导人们逐渐悟出某些道理的方法。如该种方法运用得当，可以起到事半功倍的作用，因为客户在购买商品之前对商品并非非常了解，这时推销员能通过对一些问题的提问来了解客户的想法，并有针对性地诱导客户，让客户明白该产品对其的有利之处，从而激发其购买欲望。

3）突出优势法。突出优势法是指推销员和企业通过产品、服务和价格等方面的优势来吸引客户并产生长期兴趣的方法。这种方法可使客户对推销产品忠诚化，一般适合于产品形象和服务形象好、有独特竞争优势的企业和产品。运用此方法时，注意不要贬低其他企业。

（4）促成交易

促成交易是指推销人员运用一定的成交技巧来敦促客户采取购买行动的过程。有些客户在产生购买欲望后，可能会马上做出购买决策并购买。但通常情况下，客户虽然产生了购买欲望，但仍然处于犹豫不决的状态中。这时推销人员应必须有针对性地采取措施，不失时机地促进客户进行关于购买产品的实质性思考，坚定其购买的信心，让其信服，促使交易尽快达成。此外，推销人员还应密切注意成交的信号，把握有利的时机，运用一定的成交策略，让客户确信购买推销产品的正确性，从而促成客户的购买行为。

1.3.2 “迪伯达”模式

推销员：“欢迎光临，请问您需要些什么？”

准客户：“我想买一双鞋。”

推销员：“您看一下，这是刚到的新货，都是今年的流行款式。”

准客户：“我想在同学聚会时配我的那条红裙子。”

推销员：“您看一下这种款式，颜色很多，您配红裙子的话，买黑色的或金色的都可以。”

准客户：“我也不确定哪种颜色会好一些，今天裙子没穿来。”

推销员：“这样啊，没关系，我们这边有红色的裙子，我帮您拿来比一下吧。”

（随后将红裙子拿了过来）

推销员：“您看一下，是不是这种红色。”

准客户：“比这个颜色稍微深一些。”

推销员：“我建议您来这款黑色的，这样搭配起来显得比较自然，您认为呢？”

准客户：“听你这么一说确实感觉黑色的比较合适。”

推销员：“如果您现在购买的话，除了可以参加商场的返券活动外，厂家还赠送一支液体鞋油和擦鞋刷。”

准客户："实行'三包'服务吗？"

推销员："当然，只要不影响下一位客户的使用，在七天内无条件退货。"

准客户："那好……"

1. "迪伯达"模式的含义

与传统的"爱达"模式相比，"迪伯达"（DIPADA）模式被认为是一种创造性的推销模式。它是国际推销权威海因兹·姆·戈德曼根据自身推销经验总结出来的一种行之有效的推销模式。"迪伯达"模式将推销全过程概括为六个阶段：界定（definition）、结合（identification）、证实（proof）、接受（acceptance）、欲望（desire）、行动（action）。其含义可表述为推销人员要先谈客户的问题，后谈所推销的产品，即推销人员在推销过程中必须先准确地发现客户的需求与愿望，然后把它们与自己推销的产品联系起来。

"迪伯达"模式是以客户为中心的现代推销观念在推销实践中的具体运用，紧紧抓住客户的需求心理，以客户需求为核心。实践证明，对于工业产品、复杂的成套设备、办公设备、无形工程或无形产品的推销，以及向厂商和中间分销商的推销，"迪伯达"模式显得更为有效。

2. "迪伯达"推销模式全过程的各个阶段

（1）准确地界定客户的需求与愿望

客户的需求是取得推销成功的前提条件，是客户购买行为的动力源。推销应从探讨客户的需求开始，分析客户所要解决的问题，而不是急忙向客户介绍自己的产品，劝其购买。如此推销，体现了以客户为中心的原则，有利于制造融洽的推销气氛，消除推销障碍，使客户感觉到推销人员是来帮助他们解决问题的，是在设身处地地为他们着想的，从而易产生合作的愿望。

（2）把客户的需求、愿望与推销的产品相结合

在明确了客户自身需求和要解决的问题后，推销人员应及时以客户的需求为出发点，引出对推销的产品的介绍，顺理成章地将推销的产品与客户的需求联系起来，让客户意识到推销的产品可以帮助他们解决问题。

（3）证实推销的产品符合客户的需求与愿望

推销人员在推销自己的产品时，应证实其所推销的产品是客户所需要的，以增加客户的信任度，减少客户的疑虑。要想使客户从心理上承认推销的产品的确能解决他们的问题，推销人员务必拿出充分的证据向客户证明，让客户从证据中看到，推销的产品是符合他们的需求和愿望的，正是他们想获得的产品。证实具有客观性、可信任性、针对性、全面性和完善性。

（4）促使客户接受所推销的产品

推销人员必须拿出充分的证据，向客户证明推销的产品符合客户的需求，他所需要的正是这些产品，使客户从心理上接受所推销的产品。当然这些证据必须是真实可信的，同时，推销人员要想达到这个目的，一定要做好相关的准备工作，如收集相关的证据等，同时，也要熟练掌握展示证据和证实推销的各种技巧。

（5）刺激客户的购买欲望

客户在心理上承认推销的产品符合他们的需要，还不等于就一定会购买。所以，在推销过程中，推销人员还必须使客户意识到：他必须购买你所推销的产品才能满足其需要。因此，推销人员应设法刺激客户的购买欲望，使客户认识到购买你所推销的产品最能符合他们的利益。

（6）促成客户采取购买行为

此阶段与“爱达”模式的第四个阶段是相同的，它的主要任务在于针对客户的购买欲望，不失时机地促成交易，圆满结束推销。

1.3.3 其他模式

1. “埃德帕”模式

推销员：“您需要什么？”

准客户：“我想看一下手表。”

推销员：“我们有很多品牌和各种款式的手表可供您选择，不知道您是送人，还是自己戴？”

准客户：“我打算送人。”

推销员：“那您是打算送男士，还是女士呢？”

准客户：“哦，打算送给我的女儿，作为她18岁的生日礼物。”

推销员：“您看一下这边的几款。这些都是今年的新品，正适合像您女儿这样大的孩子戴。”

准客户：“我女儿应该喜欢颜色素一点。”

推销员：“好，您看这款淡黄色水晶表带的，它可以变色，现在的年轻人都喜欢这种款式，而且价格不贵，又是名牌。”

准客户：“看外表还可以，不知道它的机芯和防水功能怎么样。”

推销员：（演示）“这个您不用担心，您可以从表壳看到机芯，做工精细；最好的防水措施就像这样泡在水里还能准确地走时，不渗漏一点进入表盘。况且外形也比较新颖，我觉得您女儿一定会喜欢的，您说呢？”

准客户：“让我再看看，（操作）嗯，还可以。”

推销员：“如果您现在购买的话，还可以参加商场的抽奖活动。”

准客户：“嗯，开票吧。”

“埃德帕”（IDEPA）模式是“迪伯达”模式的简化形式，主要适用于内部推销人员或者零售行业的推销。由于内部推销人员接待的客户和零售企业的客户，一般都有明确的购买意图和购买目标，因此就省去了“迪伯达”模式中发现和明确客户的需求这一环节。其模式过程分为五个阶段：结合（identification）、示范（demonstration）、淘汰（elimination）、证实（proof）、接受（acceptance）。

1）结合。把推销的产品与客户的购买意愿结合起来，对上门的客户热情接待，直接提示哪些产品符合他们的需求。

2）示范。因为是在企业内部向客户推销，因而可以有多种产品。推销人员应按照客户的需求，根据产品的可替代性与可更换性，通过对多种符合客户需求的产品的示范，证实产品的特性和功能符合客户需求，使推销工作更具有目的性。

3）淘汰。淘汰不宜推销的产品，也就是不符合客户需求的那部分产品。推销人员通过产品示范，结合客户的心理反应和态度，逐渐淘汰掉那些客户不满意或认为不太合适的产品，使客户尽量买到适宜的产品。

4）证实。证实客户已做出正确的选择。当客户选择了他认为合适的产品时，推销人员应及时证明其选择是正确的，并予以赞扬，以坚定其购买决心。

5）接受。这一环节的主要工作是针对客户的具体特点促使客户接受推销产品，做出购买决定。此时影响客户购买的主要因素是购买后的一系列问题，如结算、运输等。推销人员如能妥善处理客户购买后的问题，必然会坚定客户购买决心，使其产生购买行为。

2. “费比”模式

（特点）“您好，这款冰箱最大的特点是省电，它每天的用电才 0.35 度，也就是说 3 天才用 1 度电。”

（优势）“以前的冰箱每天用电都在 1 度以上，质量差一点的可能每天耗电达到 2 度。现在的冰箱耗电设计一般是 1 度左右。您一比较就可以知道一天可以为您省多少钱。”

（利益）“假如 0.8 元 1 度电，一天可以省 0.5 元，一个月省 15 元。相当于省您的手机月租费了。”

（证据）“这款冰箱为什么那么省电呢？”

（利用说明书）“您看它的功率是 70 瓦，就相当于一个电灯的功率。这款冰箱用了最好的压缩机、最好的制冷剂、最优化的省电设计，所以它的功率小，省电。”

（利用销售记录）“这款冰箱销量非常好，您可以看看我们的销售记录。假如合适的话，我就帮您试一台机。”

（资料来源：http://www.globrand.com.）

“费比”（FABE）是特征（feature）、优点（advantage）、利益（benefit）、证据（evidence）的英文单词的缩写。“费比”模式是指通过介绍和比较产品的特征、优点，陈述产品给客户带来的利益，提供令客户信服的证据，从而有效地提高推销效率和节约购买成本的一种推销方式。

“费比”模式是由美国俄克拉荷马大学企业管理学博士中国台湾地区台湾中兴大学商学院郭昆谟教授总结出来的推销模式。由于其将产品特征、优点及带给客户的利益等列选出来，印在纸上或写在卡片上，因此客户能够很好地了解产品相关的内容，节省客户产生疑问的时间，有效减少客户异议。

FABE 这四个英文字母表达了“费比”模式的四个步骤，即展示特征、分析优点、尽数利益、证据说服。

（1）展示特征

推销人员在见到客户后，应以准确的语言向客户介绍产品的特征，包括产品的性能、构造、作用、使用的简易及方便程度、耐久性、经济性、外观优点及价格等。若介绍的是新产品，则介绍内容应更加详尽；若产品在用料或加工工艺方面有所改进，也应介绍清楚。

（2）分析优点

分析优点是指把产品的优点、差别优势、有利条件等充分地介绍给客户。

(3) 尽数利益

该步骤是"费比"模式最重要的一个步骤。推销人员应在了解客户需求的基础上，把产品能给客户带来的利益逐一列举出来。不仅要介绍产品外表的、实质上的利益，更要讲清产品给客户带来的内在的、附加的利益。

(4) 证据说服

在以证据说服客户的过程中，推销人员应凭借真实的数据、案例、实物等证据，消除客户的各种异议与疑虑，促使客户购买。

"费比"模式与其他几个模式相比，注重事先把产品特征、优点及能带给客户的利益等逐一列举，印在纸上或写在卡片上；对客户可能提出的各种异议，也是先准备好解决方案，并运用各种方式形象地表达出来，便于客户理解。正是由于"费比"模式具有这一特色，它受到了不少推销人员的大力推崇。

3. "吉姆"模式

推销员："您好，您想买电动车吗？"

准客户："是的，我打算买一辆半包式的。"

推销员："您看一下这种款式，××牌电动车是国家名牌、质量很好，返修率低，速度快，售后服务好。"

准客户："我能试一圈吗？"

推销员："可以，真金不怕火炼。"

准客户："感觉还行。"

推销员："我是这儿的店长，以后有什么问题您可以来找我。"

准客户："看你那么诚恳，就买它了。"

"吉姆"(GEM)模式，是推销模式的一个特例，适用于所有推销。"吉姆"模式提出了对推销人员的一种心理要求，其关键是"相信"，即推销人员一定要相信自己所推销的产品(G)，相信自己所代表的公司(E)和相信自己(M)。

(1) 相信自己所推销的产品

推销产品作为推销活动的物质基础，对推销的成功起着关键性的作用。只有好的推销产品，才能最终赢得客户的信赖。推销人员要使客户购买产品或服务，首先必须树立自己对产品的信心，相信自己产品的质量、价格、服务等能满足客户的需要。

(2) 相信自己所代表的公司

公司是推销员的归属，"身在曹营心在汉"的推销人员很难干好本职工作。只有忠于自己公司的推销人员，才会爱岗敬业，全心全意为公司奉献。

(3) 相信自己

在推销活动中，推销人员除了要对推销产品和企业有信心以外，更重要的还是要对自己有信心。相信自己，是推销人员工作动力的源泉，有利于促成买卖双方最终达成交易。推销人员只有相信自己，才会具有精神动力，自觉、愉快地迎接挑战，充分调动自己的智慧，克服各种困难，去争取成功。

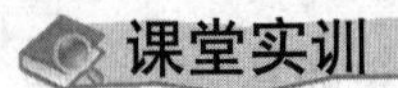

课堂实训

学会运用现代推销模式解决问题

【实训条件】

王芳是国美电器商城苹果手机专柜的促销员，正值“五一”假期，客户流量较大，恰巧一对夫妇来到王芳的柜台前向她咨询打算购买一部 iPhone 手机，但是王芳在向这对夫妇推销手机时，丈夫坚持要买新出 iPhone11 Pro 手机，而妻子则认为没有必要赶这个新鲜，iPhone11 手机已经足够了。假如你是促销员王芳，这时你该如何处理？

【实训要求】

1）运用所学知识，选取恰当的方法帮助王芳解决难题。

2）注重着装、礼仪，语言恰当。

【实训设计】

1）将学生分为 4～6 名一组，分别扮演“王芳”和“这对夫妇”。

2）模拟现场，选用恰当的推销模式，帮助王芳完成促销。

3）互换角色模拟。

4）教师根据学生表现进行指导，选择优秀的“王芳”进行示范，并进行点评。

【实训评价】

实训评价表如表 1-3 所示。

表 1-3　实训评价表

被考评人			考评地点			
考评内容						
考评指标		考评标准	分值/分	自我评价/分	小组评议/分	实际得分/分
专业知识与技能掌握	“爱达”模式	会运用“爱达”模式	10			
	“迪伯达”模式	会运用“迪伯达”模式	10			
	其他模式	会运用其他模式	10			
	课堂实训	实训活动完成情况	20			
通用能力培养	出勤	按时到岗，学习准备就绪	10			
	道德自律	自觉遵守纪律，有责任心和荣誉感	15			
	学习态度	积极主动，不怕困难，勇于探索	10			
	团队分工合作	能融入集体，愿意接受任务并积极完成	15			
		合计	100			
考评辅助项目						备注
团队之星						两项考评辅助项目是为了激发学生的学习积极性
团队互评						

注：1. 实际得分＝自我评价×40%＋小组评议×60%。

2. 考评满分为 100 分，59 分及以下为不及格；60～74 分为及格；75～84 分为良好；85 分及以上为优秀。

3. “团队之星”可以是本次实训活动中贡献突出者，也可以是进步最大者，同样可以是其他某一方面表现突出者。

4. “团队互评”是由评审团讨论后对各团队给予的最终评价。评审团由各团队组长组成。当各团队完成实训活动后，各团队组长先组织本团队内部进行商议，然后各团队组长将意见带至评审团，评价各团队整体工作情况，将各团队互评分数填入其中。

项目小结

本项目主要介绍了现代推销的含义、过程、方式和模式。

现代推销是指企业通过人员或非人员方式，运用各种推销技术和手段，帮助和说服现实的或潜在的客户接受特定的产品、劳务及推销观点的整体活动过程。

现代推销的过程：寻找客户→接近客户→推销洽谈→排除异议→促成交易→客户管理。

现代推销的方式包括推式方式、拉式方式和互动方式三种。

现代推销模式是指人们根据推销过程中的特点及对客户购买活动各阶段的心理演变应采取的方式策略、归纳总结出来的一套程序化的标准推销模式。典型的有“爱达”模式、“迪伯达”模式、“埃德帕”模式、“费比”模式和“吉姆”模式。

习 题

一、在线练习

在线练习1

二、思考题

1. 现代推销过程是如何划分的？
2. 人员推销具有哪些特点？
3. 人员推销的组织结构有哪些？
4. 什么是广告推销？广告推销具体有哪些形式？
5. 企业形象推销的内容是什么？
6. 推销方式创新具有哪些途径？
7. 典型的推销模式有哪几种？
8. 在推销活动中，采取哪些方法才能有效地唤起客户的注意？

三、案例分析题

案例1 顺利完成拜访前的电话联系

总机：“邦远制造公司。”

赵义：“请问刘万晟董事长在吗？”

（知道并说出客户的姓名是很重要的，尤其是在初次接触的时候。如果赵义问“请问董事长在吗”这种只有头衔没有姓名的话题就显得太不适当了。）

总机听了赵义的问话以后，毫不犹豫地把赵义的电话转到董事长办公室，由董事长的秘书小姐接听。

秘书：“董事长办公室。”

赵义：“你好。我是赵义。请问刘万晟董事长在吗？”

（赵义先自我介绍，然后说出刘万晟董事长的名字。这让人觉得赵义跟刘万晟早就认识，他们是朋友。如果秘书真是这么想，那她一定会把电话转接给刘万晟。这样，赵义希望和刘万晟通话的目的就达到了。不过，秘书没有这么想，她小心翼翼地继续提问。）

秘书：“刘万晟先生认识你吗？”

赵义：“请告诉他，我是胜美服饰公司的赵义。请问他在吗？”

（赵义并不认识刘万晟，他不能回答秘书的问题。赵义只好再自我介绍一次，这次他说出了公司的名字。赵义在谈话中一直不忘记说“请问他在吗”，这是不断地对秘书询问，使秘书不得不对这个询问做适当的答复。赵义也希望秘书小姐不再问问题。）

秘书：“他在。请问你找他有什么事？”

（秘书很直爽地回答，但附带了一个问题：“请问你找他有什么事？”）

赵义：“我是胜美服饰公司的赵义。请教你的大名。”

（赵义没有正面回答秘书的问题。赵义只是重复说着自己和公司的名称。他也附带问了一个问题，他想知道秘书小姐的名字，以便日后再通话时能拉近彼此的距离。）

秘书：“我是李莉。”

赵义：“李小姐，我能和董事长通话吗？”

秘书：“赵义先生，请问你找董事长有什么事？”

赵义：“李小姐，我知道刘万晟先生因为很忙而不能随便接电话，不过，你放心，我绝不占用董事长太多的时间，我相信董事长会觉得这是一次有价值的谈话，绝不浪费时间。请你代转好吗？”

（赵义确实遇到了困难。但他不气馁，仍再接再厉，试图突破困境。他坚持一个原则——不向秘书小姐说出自己的真正目的，因为他顾虑到，一旦向秘书小姐说出自己的目的，再经由秘书小姐转达，难免会产生误解。）

秘书：“请等一下。”

（赵义的坚定语气，使秘书小姐不再难为赵义。她把赵义的电话转给董事长。）

刘万晟：“喂!”

赵义：“刘董事长，我是胜美服饰公司的赵义。胜美服饰公司是专门为企业职工定制服装的公司。请问您知道胜美服饰公司吗？”

（赵义以介绍自己和公司作为开场白，然后说明公司的业务，简明扼要。赵义以一句问话结束，这能使对方有接着回答的机会，使彼此的谈话一来一往，增加交谈的气氛。）

刘万晟：“不知道。”

赵义：“我们是专门为职工定制西服的公司。有许多企业都是我们的客户。这些企业包括××银行、××电信公司、××保险公司等。我希望下个星期能拜访您，当面向您做详尽的介绍。我想在下星期二上午8点15分或星期三下午2点45分拜访您，您觉得方便吗？”

（赵义提到了几家就在附近的大公司，希望借此能引起刘万晟的兴趣。赵义不问刘万晟“是否愿意见面？”而问刘万晟“什么时候见面？”，这样会使刘万晟在无意之中忽略“愿不愿见赵义”的问题。赵义还自己先挑选了两个时间让刘万晟选择，两个时间都在下星期，这使刘万晟不会感到窘迫而断然回绝赵义的请求。）

刘万晟：“嗯，让我想想……就安排到下星期二上午7点钟好了。”

（赵义的电话交谈非常简明扼要。如果对方问问题，赵义总以简洁的话语答复，然后继续向“目标”迈进。“获得对方的邀约”是赵义此时唯一的目标。赵义是一位有专业素养的推销员，他认为在没有获得对方的邀约之前，任何推销上的说服行动都是没有必要的。先和对方敲定见面的时间，再在见面时展开缜密的说服行动也不迟。）

问题：赵义采用了哪种推销方式？你认为该案例的成功之处是什么？

案例2 寻物启事

“本人不慎将机动车行驶证丢失，姓名高芳，现在非常着急，请发现它的人及时交还，本人必有重谢，电话：××××××××××××。”

问题：该案例采用了哪种推销方式？还可以采取哪些推销方式？把它写出来并在课堂上进行演练。

案例3 新鞋推销

百思图（BASTO）推出了一款新鞋，推销员小李正在运用“爱达”模式来进行产品的推销。

请你补充正确的对话。

小李：________________________________

准客户：“这双是不错，不过我家已经有两双这种平跟儿的鞋了。”

小李：________________________________

准客户：“哦，我家的鞋是去年这个时候买的。”

小李：________________________________

准客户：“这种确实是今年的新款，而且是你们这个牌子独家设计的吗？”

小李：________________________________

准客户：“还能有效排除脚气，不会吧，时装鞋还有这种功能？”

小李：________________________________

孙先生：“那好吧，你帮我拿一双38号的吧。”

小李：________________________________

准客户：“看起来还行，就买这双吧。”

案例4 推销印刷滚筒

印刷用品公司的推销员弗兰克已约好去见普鲁莱印刷公司的生产部经理波恩。

弗兰克：“您好，见到您非常高兴。我知道您工作很忙，时间安排得很紧凑。对了！我在报纸上看到有关贵公司的报道，业绩超越最近这五年，这一定是您经营方向正确，领导有方，有很多人在谈论贵公司的管理。”①

波恩：“是的，我们对公司的业绩感到很欣慰，那不是轻易得来的。本公司和其他公司一样，也有同样的问题。”

弗兰克：“贵公司有哪些问题呢？”②

波恩：“最主要的问题是印刷时机器停顿的时间太多。”

弗兰克：“造成机器停顿的原因是什么呢？”③

波恩：“原因之一是本公司购买的滚筒质量太差，不只是向您的竞争厂商 Ajax 购买，同时也向贵公司购买。这些滚筒都不耐用，接缝处有撕裂的痕迹，绒布上沾有油墨。”

弗兰克：“这正是我今天来拜访您的原因。本公司最近开发了一种现代化的 3-Plate 湿滚筒，如果使用它，您刚才所提的这些问题就不会再发生了。您听说过这种新产品吗？”④

波恩：“没有听说过。”

弗兰克：“大约在四个星期前，Fred 公司试用 3-Plate 湿滚筒，发现减少了强烈碰撞、起泡、解开等问题。一个月以后，第一个湿滚筒仍然一直在使用。因为无须更换表面，所以减少了机器停顿的时间，节省的开支足够支付 3-Plate 湿滚筒的费用了。”⑤

波恩：“这是我常听到的推销员的说辞。这种新产品的价格一定很贵吧。”

弗兰克：“让我把这个问题说清楚之后，再来讨论价格吧！坦白说，3-Plate 湿滚筒是一种革命性的新产品，潮湿的表面是一个崭新的观念，它是一个完整的圆柱形，尤其是含有坚固的纤维管，完全没有接缝，可消除您所遭遇的问题。”⑥

波恩：“是吗？”

弗兰克：“纸质的单价比较便宜，但就长期而言，比布质更昂贵。3-Plate 套筒不会像您所使用的纸质套筒那样有裂缝、会伸张、会收缩。”⑦

波恩：“嗯，有些道理。”

弗兰克：“我为您准备了一份，我们到您的机器上试试好吧。”⑧

弗兰克：“您看，装套筒就是这么容易，只要把它置于滚筒上就可以了。这种套筒的单价虽然贵一点，但是当您要改变印刷颜色时，无须清洗，实际上是节省了不少费用；印刷中遇有短暂的停顿时，也不会像纸张一样变得干燥。现在就把 3-Plate 公司所赠送的套筒装到您的印刷机上吧。”⑨

弗兰克：“现在您能看出 3-Plate 湿滚筒都具备哪些优点了吗？”

波恩：“第一，印刷清晰，不会留有柳絮状的纤维；第二，改变印刷颜色时，无须清洗或更换套筒；第三，工作进行中，不会产生任何形式的痕迹；第四，无须重新准备或调整。”⑩

弗兰克：“您可能会担心成本问题，使用 3-Plate 套筒之后，无须使用酒精或其他特别溶液，也无须花费洗涤费用。使用过这种套筒的人，都发现 3-Plate 套筒比他们以前所使用的任何套筒都经济。”⑪

当然，最后的结果，是波恩买了弗兰克推销的产品。

问题：

1）①、④、⑤、⑥、⑦、⑧、⑨、⑪这几段话应用了哪种模式？

2）②、③这两句问话抓住了什么？

3）⑩为什么会是客户来总结？

案例5 出售会员卡

王强是大学三年级的学生，他在“枫叶”健身俱乐部做暑期工。王强的工作是出售会员卡。会员卡每人每年4000元，家庭每年5400元。王强希望通过暑期工来挣下学期的学费。

问题：请按照不同的推销模式设计对话。

实 训

一、能力训练

主题：正确运用推销方式与推销模式的训练。

课时：2学时。

地点：教室。

1. 过程设计

1）发放案例资料，学生阅读资料。

2）将学生分为每2人一组，分别扮演推销员和客户。

3）模拟推销，进行推销实践。推销中推销人员应采取各种方式主动接近客户，用现代推销的不同模式来促成买卖的成交。

4）互换角色模拟。

5）教师根据学生现场表现进行指导、纠正，选择优秀的“推销员”进行示范，并进行点评。

2. 实训目的

1）巩固所学的推销方式、推销模式的知识。

2）培养学生运用所学推销方式、推销模式的知识有效地促成交易的实现。

3）采用听、说、实践的形式，拓展学生的思维，提高学生正确运用推销方式与推销模式的能力。

4）最大限度地调动学生的积极性，使其参阅相关资料，并应用于课程上的模拟实践中。

建议：课前教师可以让学生复习所学知识，以发放奖品或计入平时成绩等奖励方式鼓励学生积极发言。

3. 案例资料

天津桂柳工程机械贸易有限公司成立于2010年，是按照现代企业制度规范运作的贸易企业。该公司主要经营工程机械、建筑机械及起重机械，并提供配件、维修等配套售后服务，是广西柳工机械股份有限公司天津和廊坊地区独家代理商。

4. 讨论

1）以天津桂柳工程机械贸易有限公司推销员的身份，运用推式方式对公司的任一产品进行推销。

2）以天津桂柳工程机械贸易有限公司推销员的身份，运用“埃德帕”模式或“费比”模式对公司的任一产品进行推销。

二、实战演习

1. 实战准备

将学生分为4～7人一组，让他们分别到各种类型的商品流通企业进行产品销售。

2. 实战目的

1）通过学生亲自到各种类型的商品流通企业，观察、学习推销员销售商品，了解和掌握如何有效地选择各种推销方式和正确运用各种推销模式，进行商品推销。

2）通过学生进行产品销售，培养学生正确运用推销方式、推销模式的能力。

3. 实战方案

1）教师事先和商品流通企业联系，约好时间，带领学生前往该企业；或者让学生利用课余时间自己去。

2）学生认真观察并做好相关记录。观察记录时主要围绕以下问题：

① 推销人员是如何进行推销的？具体分了哪几步去实现一宗交易？

② 推销人员在面对不同客户时所采用的推销方式有哪些？

③ 对于不同产品与不同客户，推销人员所采取的推销模式有哪些？效果如何？

3）每个小组的学生认真完成书面报告，并在课堂上汇报交流，并为以后的讨论打下基础。

4）学生在产品销售过程中，要记录推销人员在推销过程中运用了哪些推销方式与推销模式，效果如何，销售结束后要进行总结、介绍。也可就此进一步开展课堂讨论或课堂模拟演练。

项目2 推销准备

任务2.1 编制推销计划

任务目标

1. 知识目标

1）掌握推销计划的含义。
2）掌握推销计划的类型。
3）掌握编制个人推销计划的步骤。
4）掌握编制部门推销计划的步骤。

2. 能力目标

1）能够正确识别推销计划的类型。
2）能够正确编制部门推销计划。
3）能够正确编制个人推销计划。

3. 素质目标

认真；规划意识。

故　事

乔·吉拉德的故事

世界著名的推销大师乔·吉拉德，在15年中一共销售了13 001辆汽车，最多那年卖出1 425辆（每天4辆），这项纪录被收入《吉尼斯世界纪录大全》，他也被誉为“世界上最伟大的推销员”。吉拉德的成功并非与生俱来，35岁以前，吉拉德是个彻彻底底的失败者。他小时候不喜欢念书，经常逃学，连高中都没有念完。更要命的是，他患有严重的口吃。

走投无路时，吉拉德向朋友求得汽车销售员的工作。因为严重口吃，靠嘴谋生的吉拉德必须放慢说话速度，同时他更注意聆听客户的需求与问题。没有人脉的吉拉德，最初只靠着一部电话、一支笔和几页电话簿来寻找客户。只要有人接电话，他就记录下对方的职业、嗜好、买车的需求等生活细节。曾有人在电话中用半年后才想买车的理由打发他，半年后，吉拉德便提前打电话给这位客户。就是靠着掌握客户未来需求、紧迫盯人的超常毅力，吉拉德从对手如云的底特律，逐渐走向成功。

吉拉德曾在一次演讲中说道：“很多人早上起床后，糊里糊涂地过了一天，不知道生活的目标是什么；还有人总在等待机会的到来，期望一条大鱼撞到自己怀里。上帝才知道这种人是否能成功，我绝对不做这种人！我每天都有目标，而且是前一天就计划好的。不管别人怎么摸鱼，我只管捕自己的鱼！”

（资料来源：http://www.360doc.com/content/16/0404/13/535749_547753950.shtml.）

启示 提前计划才容易成功。

情景导入

我们常见到一些推销员轻松地接连转移他们的销售阵地，他们工作得很出色，但并不艰苦；同时也常看到另一些推销员往往手忙脚乱，穷于应付，他们虽然工作很努力，但效果却很差。

思考：两类推销员在推销活动的组织安排和计划上的差异在哪里？

知识储备

2.1.1 推销计划的含义与作用

推销是企业市场营销工作的重要环节和内容，是一个复杂的沟通过程，需要周密的计划才能确保成功。推销计划制订得合理与否，关系到企业推销业务的活动进程和实际效果，影响到企业市场营销工作的整体水平。因此，作为企业的推销人员，必须在掌握科学的推销方法、熟悉企业销售计划的制订过程和内容的基础上，拟定推销前的工作计划和推销洽谈计划，并有效控制推销计划的实施，这是推销人员基本素质和技能的重要体现。

1. 推销计划的含义

推销计划就是企业或推销人员根据实际情况，通过科学的预测，权衡客观的需要和主观的可能，提出在未来一定时期内要达到的推销目标及实现目标的途径。

2. 推销计划的作用

1）部门推销计划的制订有利于更好地协调各个推销员之间的关系。

2）推销计划是部门考评推销员的一个重要指标。

3）推销计划的制订可以使部门和推销员的工作有条不紊。推销计划是对未来一段时间内工作的安排，在推销界中有句常用的口号“计划你的工作和按你的计划工作”，有了计划，工作就会井井有条。

4）推销计划可以提高推销员的工作效率。推销员通过制订推销计划来减少访问时无谓的时间消耗，缩短谈话过程，使全部精神专注于有效的推销，并且在商谈中有针对性地解决问题，提高沟通效果和工作效率。

2.1.2 推销计划的类型

1. 按照职能范围划分

按照职能范围，推销计划可分为部门推销计划和个人推销计划。

部门推销计划是对整个部门近段时间所有推销活动的一个总体规划和实施工具，是企业营销计划的进一步分解落实。

个人推销计划是推销员具体推销工作的一个指南，也是实施推销行为的一个方案。它能确保推销工作有序、高效地完成。

2. 按照计划时间划分

按照计划时间，推销计划分为年计划、月计划和日计划。

推销计划可以在收集资料的基础上，对今后一年或几年的工作进行安排，这就是年计划；也可以对今后一个月或几个月的工作进行安排，就形成了月计划；还可以按照每日来计划推销工作，这是日计划。

一般来说，公司管理部门要求推销员汇报年计划或月计划，并对计划的制订提出指导思想和修改意见，而日计划则由推销员自己制订。日计划是年、月计划制订的基础，也是年、月计划完成的保证，所以日计划的制订至关重要。

3. 按照计划期间划分

按照计划期间划分，可以分为长期计划、中期计划和短期计划。一般来说，3～5 年期的计划为长期计划，描述了企业在较长时期的发展方向和方针，规定了企业的各个部门在较长时期内从事推销活动应达到的目标和要求，绘制了企业长期发展的蓝图；1 年以下者为短期计划，具体地规定了企业的营销部门在目前到未来的各个较短的阶段，特别是最近的时段中从事推销活动应达到的要求，从而为各位推销员在近期内的行动提供了依据；1～3 年期的计划，则为中期计划。

2.1.3 编制部门推销计划

1. 分析现状

企业的经营活动，是在一定的环境和条件下进行的。因此，首先必须对企业所处的环境和条件进行深入调查研究，充分搜集资料，分析企业或部门所处现状，为编制销售计划提供可靠的依据。应搜集的资料包括国家对本行业的有关方针、政策；市场需求情况；本类商品的生产情况，主要是历年来本类商品的生产量、品牌、规格、品种、等级等情况；企业历年销售业务方面的完成情况；企业现阶段各项经营要素的保证程度，主要是了解企业现有的人、财、物等方面的情况。

现状分析主要包括以下方面的内容。

（1）企业环境分析

企业的生存和发展与现实的企业环境及环境的未来变化有着密切的关系。因此，对企业的销售部门来说，把握住环境的现状和将来的变化趋向，利用有利于企业发展的机会，避开威胁因素，是谋求生存和发展的首要问题，也是部门推销计划得以顺利实施的前提。构成企业环境的因素很多，它可由主体环境因素、一般环境因素和地域环境因素构成。企业的主体环境因素是指与企业的经营成果有利害关系的个人和集团，如股东、客户、金融机构、交易关系单位、竞争企业、外部机关团体等；一般环境因素是由政治因素、经济因素、文化因素和科学技术因素等社会因素构成的；地域环境因素包括国内环境因素和国际环境因素。不同的推销员所负责的推销区域由于经济、文化、教育水平等不同，取得推销效果也不同。

环境分析是制定正确的企业发展战略的根本保证，也是推销计划顺利实施的保证。另外，销售部门应重点分析与本企业所推销商品有竞争关系的企业群体，以便作为选择计划方案的依据。

（2）企业、部门能力分析

销售部门在进行环境分析的基础上，应认真做好能力分析，预知企业和部门的现有能力对将来环境的适应程度，明确企业的优势和劣势，做到“知己知彼”，从而保证企业的发展战略和新销售计划建立在切实可靠的基础上。企业、部门能力分析是制订新推销计划的重要前提之一。

（3）营销部门业绩分析

营销部门业绩分析是指营销部门在维持现有能力不变的状态下，预测其在将来变化的经营环境中所能取得的经营成果。显然，这种经营成果预测值一般是达不到部门的长远目标值的，这就要求部门所有成员共同努力，制订出适应环境变化的推销计划。

2. 确定推销目标

企业在掌握了各方面的现有情况之后，就应该预测未来的发展趋势，确定部门的推销目标。部门的推销目标是为部门整个推销活动指示方向和明确要求的目标。它的实现有赖于部门所有营销人员的共同努力，既是推销员共同奋斗的方向，也是推销员制订个人推销目标和推销计划的基本依据。部门的推销目标包括直接目标和间接目标两部分。

（1）直接目标

直接目标是部门在一定时期内通过推销活动必须完成的重要任务及必须努力的方向。一般来说，部门的直接推销目标有三个。

一是销售产品，获得利润。这是企业推销活动最基本的目标，无论采用什么样的推销方式，进行什么样的推销活动，其最基本的目的是让消费者接受并购买产品，从而获得利润。

二是开拓新市场。企业不仅要保持同现有客户之间的良好关系，而且要不断发掘和培养新客户，开拓新市场。只有这样才能为企业提供广阔的发展空间，不断地提高企业的销售额。

三是提高市场占有率。在激烈的市场竞争中，由于竞争的各方在实力、战略、技术等各方面不断变化，因此市场占有率也处在不断变化中。企业推销活动的目标之一就是要努力避免市场占有率的下降，并能不断提高本企业产品的市场占有率。

（2）间接目标

间接目标是对实现直接目标起推动作用的目标，主要有以下三个。

一是提高企业信誉。企业信誉是企业的无形资产，企业推销活动的开展与企业的信誉直接有关，良好的信誉会对推销工作产生巨大的促进作用。推销活动所提供的各种服务项目、服务手段及服务态度等均会对企业信誉构成影响。因此，确立这一目标有利于约束和规范推销员的言行、仪表，把提高销售额与提高企业信誉有机结合起来，起到互相促进的作用。

二是宣传介绍产品。宣传介绍产品是推销员的本职工作，无论客户是否购买，只要他想了解，推销员都应给予介绍；不管消费者要了解的产品是否属于自己的推销范围，只要是本企业的产品，推销员都要满足客户的要求。对企业的新产品、新服务项目，更应该利用一切机会主动宣传，提高产品的知名度。

三是收集、反馈市场信息。推销员在进行产品推销活动的同时，要注意收集与本企业有关的市场需求信息、市场供给信息、市场行情信息、新产品开发信息等，并将这些信息及时反馈给企业相关部门，为企业的经营决策提供依据。

部门要在分析市场或预测市场需求的基础上，根据本企业和本部门的特点，结合现阶段工作的重点来确定、选择目标。

3. 分配推销任务

应根据工作的需要和个人的特点来进行具体工作安排。具体步骤如下。

1）根据推销人员的特点分配推销区域、推销产品和工作岗位。

2）根据整个业界的预测值，进行本部门的销售预测。

3）根据各部门主管及一线负责人所提供的销售额进行判断，再确定下年度的销售收入目标额。同时，为了保证能将目标付诸行动，还必须分配销售额。销售额分配的原则在于：不同产品销售额不同；不同地域销售额不同。

4）再进一步分配每一位销售人员的销售定额，以便迅速、顺利地完成销售收入目标。

4. 综合编制推销计划

推销计划大都可以采取多种方案加以实施。因为实际工作中不确定、可变的因素很多，为了适应这种情况，应加强计划的适应性和灵活性。当情况发生变化之后，可以迅速有效地采取应变方案加以实施。

根据部门所确定的计划和所拟订的各种计划方案，应和其他综合计划部门进行购、销、调、存、人、财、物等方面的全面平衡考虑，编制正式计划，并参考销售收入目标额、销售分配估计额、销售费用估计额，编制销售预算。

5. 执行并检测计划

推销计划的执行和检测是让推销计划落到实处的一个重点工作。在实施推销计划之前要做详细的检查确认，在方案执行中，要根据推销员的反馈情况及时做出适当的调整，切忌死板、教条。要随时将推销员的执行结果与部门计划目标进行比较，发现偏差要尽快查明原因，及时调整、补救，以确保计划目标的实现。

2019 年津安金属公司销售收入 240 亿元，实现利润 1.23 亿元。由于近几年世界经济增长缓慢，竞争进一步加剧。根据集团对工作的具体要求，津安金属公司制订 2020 年的销售工作计划如下。

1．年度销售目标

销售总额在去年的基础上递增 20%，达到 288 亿元，利润总额上升 20%，如表 2-1 所示。

表 2-1　2020 年度销售计划表

月份	上年度计划			本年度计划			备注
	目标/亿元	实际/亿元	完成率/%	目标/亿元	实际/亿元	完成率/%	
1	15	20	133	22			
2	20	22	110	25			
⋮	⋮	⋮	⋮	⋮			
年度合计	220	240	109	288			

2. 各分公司销售目标

2020 年各分公司销售目标如表 2-2 所示。

表 2-2　2020 年各分公司销售目标　　单位：亿元

月份	地区			
	天津地区	浙江地区	上海地区	河北地区
1	6	4	5	7
2	8	5	3	9
⋮	⋮	⋮	⋮	⋮
合计	90	50	50	98

2.1.4　编制个人推销计划

推销人员在进行推销活动前必须进行周密的计划安排，以保证推销活动成功地开展。

1. 掌握有效推销信息

企业的推销人员在进行推销活动前，必须掌握必要的信息资料，主要包括如下内容。

1）本企业在一定期间内所要推销的商品品种、数量及与推销工作密切相关的信贷条件、交货期限、广告方案等信息资料。

2）推销商品的相关信息，包括商品的品种、规格、花色、特点、质量，推销商品与市场竞争商品的不同特征及优势所在，推销商品的服务保证及客户利益所在，推销商品定价、变价的可能及幅度、策略等。

3）同类产品竞争对手的信息情报，包括竞争对手商品的品种、数量、花色、质量、价格，竞争对手的竞争实力及推销战略、市场营销战略、技巧等。

4）推销商品市场的供求形势、市场态势、需求特点、推销环境等情况。

2. 寻找潜在客户、确定准客户

寻找潜在客户、确定准客户是推销前的一项具体安排。企业可以通过市场调研和市场细分形成潜在客户明细表、现有客户的购买资料、各类买主的购货查询资料及由于广告、营业推广等产生的可能买主，选择和确定目标市场范围的重点目标客户，实施重点推销。

推销人员要在接触客户时与客户沟通并确定其需求，就必须对潜在客户以下情况预先有一个基本了解。

1）客户基本情况，包括客户的姓名、职务、性格、爱好和固有观念、客户的家庭情况、客户的权限等。

2）客户购买行为特征，包括对推销员的态度、推销过程会遇到哪些阻力、客户会有哪些反对意见、客户主要的购买动机、客户的购买政策等。

3. 确定推销活动的具体目标

推销目标分为推销活动目标和推销效益目标两种。

（1）推销活动目标

推销活动目标是由推销人员自己确定的在一定时期内的推销活动区域、推销活动对象及推销活动时间的目标。

1）推销活动区域目标是推销员计划在未来一个时期内所达到的市场范围。

2）推销活动对象目标包括三个方面：一是确定推销区域内的现有客户和潜在客户；二是确定重点客户；三是确定对每个客户的推销行动。对不同的客户，行动目标也各不相同。

对现有客户的推销行动目标一般有实现新的销售、处理抱怨、了解客户意见和建议、加强业务沟通、了解客户购买动向、推荐新产品等。

对潜在客户的推销行动目标有了解客户基本情况、介绍产品、建立感情，为以后的合作打下基础。

3）推销活动时间目标是通过对推销活动访问路线和洽谈时间的合理安排，达到提高有效时间比例的目标。

（2）推销效益目标

推销效益目标是指能够反映推销活动带来的利益的各项指标，包括如下内容。

1）销售额，也可用销售量表示。

2）销售目标达成率，即实际销售额与目标销售额之比。

3）折扣率，就是推销员对客户所让出的折扣额占销售总额的比例。折扣率反映推销效率的高低。

4）毛利率，销售总额减去成本，再减去推销中折扣的金额，剩余部分为毛利额，毛利额与销售金额之比是毛利率。毛利率反映产品的盈利水平。

5）货款回收率，就是收回货款金额与销售金额之间的比例。

6）推销费用，就是为完成推销任务而耗费的各项支出，推销人员对推销费用的控制目标不在于推销费用的绝对数额，而是要保证费用的增长率不超过销售的增长率。

推销活动目标和推销效益目标二者有密切的联系，推销效益目标是推销活动目标的综合反映，推销活动目标是推销效益目标的基本保证。

4. 研究推销策略

按照不同的推销模式、针对不同客户的特点来制定相应的推销策略时，具体需要考虑以下问题：了解业务洽谈的程序、安排适当的拜访客户时间、设计有效的拜访路线、确定随身携带的物品等。

5. 拟定推销访问的具体计划

推销人员应养成工作有计划的良好习惯，拟定访问计划能够使推销人员对推销访问进行主动安排，节省时间，提高访问效率。推销人员可根据业务量对一个月、一周和一天的推销访问做出具体安排。推销员个人推销计划一般有推销访问计划、推销效益计划、客户发展计划、推销日计划等。

（1）推销访问计划

有效而完整的推销访问计划应包括如下的内容。

1）何人，即确定要访问哪一个潜在客户或客户并了解拜访对象的基本情况。

2）何事，即要预计同潜在客户或客户谈些什么具体内容，潜在客户或客户可能提出的要求和问题。

3）何法，即采用什么样的策略和方法进行访问和交谈。

4）何处，即要在什么地方与潜在客户或客户会面洽谈。

5）何时，即在什么时间同潜在客户或客户会面洽谈。

此外，还应充分考虑访问中可能出现的情况，用何种证据来证明自己所说的内容，采用何种方法结束拜访等。推销访问计划如表 2-3 所示。

表 2-3　推销访问计划

客户：	访问时间：	
客户基本情况	姓名	
	工作职责	
与客户接触的方法		
客户可能提出的具体要求和问题		
与客户交谈的策略、方法（如客户的职务、采用暗示的方法和必要的报酬问题等）		
根据客户要求和问题，列出所推销商品的特征、优势和利益	特征	
	优势	
	利益	
用何种证据来证明所说的内容		
拜访中可能出现的（反对）情况		
结束拜访的方式		
根据这些资料，今天可以得出的结论		

（2）推销效益计划

推销效益计划是指推销员制订的在一定时间内要完成的效益指标计划，包括销售额、销售目标达成率、折扣率、毛利率、货款回收率、推销费用，分析产品的市场供求时间规律，据此制定在不同的时间完成的销售比例、确定一定时间内的销售目标达成率、制定全年的折扣率、毛利率、货款回收率及全年的推销成本最高值。推销效益计划表如表 2-4 所示。

表 2-4　推销效益计划表

计划指标	时间进度												
	全年	月份											
		1	2	3	4	5	6	7	8	9	10	11	12
销售额													
销售目标达成率													
折扣率													
毛利率													
货款回收率													
推销费用													

（3）客户发展计划

客户发展计划是判断出一定时间内，一定区域内发展现有客户、潜在客户的数量计划，是企业在竞争中不断巩固市场、拓展市场的基本保证。具体应包括以下工作。

1）划定推销产品的地理区域，确定市场范围和潜力目标，推广产品的种类用途不同，市场范围及潜力目标不同。

2）列出区域内所有现有客户和潜在客户的名单，并进行区域分类，列出区域内分类客户意见。

3）确定一定时间内要走访的客户名单。

4）分别制定年内发展新客户的数量及地域分布，计划工作要具体。

5）制订每月的客户发展计划，以督促推销人员的行动。

客户发展计划表如表 2-5 所示。

表 2-5 客户发展计划表

现有客户					潜在客户				
序号	个人或单位	客户类型	客户级别	行动目标	序号	个人或单位	客户类型	客户级别	行动目标
1		生产企业	A	扩大	1		生产企业	A	洽谈
2		零售企业	B	保持	2		批发企业	B	成交
⋮	⋮	⋮	⋮	⋮	⋮	⋮	⋮	⋮	⋮

（4）推销日计划

推销日计划是针对每天的推销活动而做的一种计划安排，具有很强的针对性和可操作性。推销日计划表如表 2-6 所示。

表 2-6 推销日计划表

日期	访问时间	访问准客户	客户类型	访问目的	乘车路线
2020 年 5 月 7 日	8:30～9:30	张月	生产企业	洽谈	
	10:00～11:00	赵刚	零售企业	签订合同	
	11:00～12:00	李力	批发企业	初次拜访	
2020 年 5 月 8 日					
⋮	⋮	⋮	⋮	⋮	⋮

6. 推销计划的实施

对于推销员而言，推销计划的实施有时比制订还重要。在具体执行计划过程中不能一成不变，要根据情况的变化，如客户需求的变化、客户购买能力的变化、洽谈时间的变化等，及时对计划进行调整。对不确定的客户要制定相应的应急计划。每次执行过后，要及时做好记录，并要定期把执行效果和计划目标进行对比分析，发现偏差要尽快查明原因，及时采取调整、补救措施，以确保计划目标的实现。

课堂实训

编制部门和个人推销计划

【实训条件】

某集团在推广新肤螨软膏时，提出了螨虫的概念，螨虫跟人体表面其他寄生虫一样，并非什么新发现。但把产品和消除螨虫结合起来，就适应了消费者追求健康的需要，适应了市场需求。这款软膏的主要特点是杀螨止痒，用于治疗痤疮。2021 年，其销量目标为 10 万支，销售额 10 亿元，利润目标为 1 亿元，分别比去年增长 30%。

假如你是该公司的一名推销员，负责某一地区的推销工作，如何编制部门和个人推销计划？

【实训要求】

运用所学知识，制订该地区产品的部门和个人推销计划。

【实训设计】

1）发放案例资料，学生阅读资料。

2）每 3～5 名学生分为一组，编制部门和个人推销计划。

3）互换角色模拟。

4）教师根据学生表现进行指导，选择优秀的计划进行示范，并进行点评。

【实训评价】

实训评价表如表 2-7 所示。

表 2-7　实训评价表

被考评人			考评地点			
考评内容						
考评指标		考评标准	分值/分	自我评价/分	小组评议/分	实际得分/分
专业知识与技能掌握	推销计划的含义与作用	掌握推销计划的含义与作用	10			
	推销计划的类型	掌握推销计划的类型	10			
	编制部门推销计划	会编制部门推销计划	10			
	编制个人推销计划	会编制个人推销计划	10			
	课堂实训	实训活动完成情况	10			
通用能力培养	出勤	按时到岗，学习准备就绪	10			
	道德自律	自觉遵守纪律，有责任心和荣誉感	15			
	学习态度	积极主动，不怕困难，勇于探索	10			
	团队分工合作	能融入集体，愿意接受任务并积极完成	15			
合计			100			
考评辅助项目					备注	
团队之星					两项考评辅助项目是为了激发学生的学习积极性	
团队互评						

注：1．实际得分＝自我评价×40%＋小组评议×60%。

2．考评满分为 100 分，59 分及以下为不及格；60～74 分为及格；75～84 分为良好；85 分及以上为优秀。

3．“团队之星”可以是本次实训活动中贡献突出者，也可以是进步最大者，同样可以是其他某一方面表现突出者。

4．“团队互评”是由评审团讨论后对各团队给予的最终评价。评审团由各团队组长组成。当各团队完成实训活动后，各团队组长先组织本团队内部进行商议，然后各团队组长将意见带至评审团，评价各团队整体工作情况，将各团队互评分数填入其中。

任务 2.2 塑造自我形象

任务目标

1. 知识目标

1）掌握推销员应遵守的礼仪规范。
2）理解推销员应具备的工作态度。
3）了解推销员应具备的心态及良好的习惯。

2. 能力目标

1）塑造良好自我形象，做到内外兼修。
2）学会控制并调整自己的情绪。
3）提高自我约束、自我管理的能力，养成良好的习惯。

3. 素质目标

自尊、良好的心态、良好的习惯。

故 事

乞丐变富翁

一个二十多岁的乞丐在街上行乞，遇上了一位中年人。中年人看他可怜，给了他几个铜子儿，便自言自语道："总比偷和抢要好。"乞丐听了乐滋滋的，想不到世界上还有人肯定他。第二天，他来到一位老农身边，重复着昨天的行当，老农左右打量他一番，撩起自己的裤腿说："看，我年纪都一大把了，还沾了一腿泥巴，年轻人，年富力强的，怎么干这一行？"刹那间，乞者脸红到耳根，撒腿就跑了，回到自己的破茅屋后，耳边始终回荡的是老农的声音："怎么干这一行?……"几年后，破茅屋变为新楼房，褴褛的乞丐衣换上了笔挺的新西装，他带着妻儿来到老农家："是您让我捡起了人格和自信，是您让我看到了前途和希望。"老农又说："哪里哪里，一切都靠你自己嘛，继续努力吧，前程会更好!"

（资料来源：http://www.zybang.com/question/bf924038f31ea8832ffa97bcd5ed1fc3.html.）

启示 从乞丐变成富翁，是什么促成了这样的转变？是自尊、自信、自立、自强。别人可以看不起你，但是，自己不能看不起自己。为了尊严，努力去实现目标吧。

情景导入

2019 年 8 月一个炎热的下午，一位钢材推销员走进了一家制造公司总经理的办公室。这个推销员身上穿着一件有泥点的衬衫和一条皱皱巴巴的裤子。他嘴角叼着雪茄，含糊不清地说："早上好，先生。我代表阿尔巴尼公司……"

“你也早上好！你代表什么？”这位总经理问，“你代表阿尔巴尼公司？听着年轻人，我认识阿尔巴尼公司的几个头儿，你没有代表他们——你错误地代表了他们。”

思考：这位推销员犯了什么错误？推销员应如何塑造自我形象？

知识储备

形象对推销员来说极其重要，这里所说的形象是广义的，既包括外表，也包括内涵。外表主要涉及推销员的衣着打扮、肢体风范和礼仪等，而内涵则主要是指推销员在工作能力、工作态度、心理素质、知识储备等方面的表现。一个穿戴整洁、举止有礼的推销员更容易赢得客户的信任和好感，而一个衣冠不整、举止粗鲁、言语不清的推销员却会给客户留下糊涂、懒惰的糟糕印象。因此，要想成为一流的推销员，首先要塑造出良好的自我形象。

2.2.1 注重礼仪规范

推销礼仪不同于一般意义上的社交礼仪，不是简单的“微笑六颗牙，握手摇三下，鞠躬四十五，双手递名片”就可以概括的。因为许多复杂产品的推销过程，都要求推销人员与客户进行深层次、多角度并且是长时间的交往。在推销过程中，如果推销礼仪运用得恰当，就会强化客户方对自己的信任和好感，提高订单获胜的概率，但是如果疏忽推销礼仪，就会危机立现，因为“小节丢失大订单”的例子比比皆是。因此，推销人员仅仅表现出窗口式服务的礼仪水平是远远不够的。

1. 推销人员普遍存在的礼仪问题

从实际观察来看，推销人员在与客户交往时，普遍存在的礼仪问题，主要有以下四个方面：

（1）忽视细节

> 推销员小李在与客户郭经理交谈时，把身体靠在沙发上，跷着二郎腿，一边摆弄着手中的名片夹，一边高嗓门说着话，并伴有唾沫星飞溅，郭经理见状起身告辞，这时小李先伸出了右手，郭经理迟疑了一下，然后伸出了右手。当郭经理已经迈出大门时，小李从后面小跑着追了出来：“唉！郭经理，请稍等一下，您还没给我留名片呢！”但听到的已是汽车发动机的声音了。

绝大多数推销人员对于基本的礼仪规范要求还是了解的，但问题却往往出现在许多细节当中，正如上面的案例所述，许多细节上的疏忽，小李自己可能都没有意识到。例如，坐姿、握手、谈话方式等，而正是这些细节上的失误，给这位郭经理带来了不好的印象，正所谓时下流行的一句话“细节决定成败”。

（2）未以客户感受为导向

> 推销员小王为与客户联络感情，邀请客户到 KTV 唱歌，客户本来是一位 K 歌狂热者，本想一展歌喉，彻底放松一下，结果小王却西装革履，正襟危坐，表情始终是不变的微笑，张嘴“请”闭嘴“谢”，语调平和，客户每唱完一首歌，小王就礼貌地鼓掌，客户邀请小王唱歌，小王就礼貌性地回唱一首，客户不邀请，小王就端坐在那里当观众，结果客户看到小王的举止也没有彻底放开，很是扫兴。

推销人员在运用社交礼仪技巧的时候，要更加具有灵活性，要与现场的环境相融合，这样才能使客户有更好的内心体验和感受。在与客户交往时，僵硬、刻板和过分正式的礼仪行为，只能给客户带来拘谨、封闭和疏远的内心感受，对创造良好的客户印象和最终成交并无益处。相反，以基本的礼仪要求为原则，灵活放松地运用，创造出轻松的氛围，甚至在做法上与正规的礼仪要求打些"擦边球"，反而更能使客户感到轻松、愉快，并乐于展开话题。

（3）与销售环节脱节

推销员小张在推销刚开始时，为了缓解紧张气氛，使客户放松警惕，故意投其所好，与客户聊起了足球，谁知这一聊不要紧，却打开了客户的话匣子，小张出于礼貌只能边应酬边耐心倾听，很快一个多小时过去了，小张这次拜访一无所获，无功而归。

前面讲过，推销礼仪不同于普通的社交礼仪，有其特殊性，而案例中推销员只注意了迎合客户的爱好，给客户留下好印象，却缺乏对谈话局面的掌控和驾驭，一味地迎合，导致谈话跑题，与销售环节脱节，无功而返。

（4）训练固化不足

某公司招聘推销人员后，只进行了一天的礼仪培训，就要求推销人员上岗工作，在工作中公司老板只强调业绩，而对于推销员平时的一些散漫、粗鲁的行为却睁一只眼闭一只眼。结果，不但公司的业绩没有上来，反而影响了公司的整体形象。

许多公司都存在着推销礼仪培训效果不佳的问题，究其原因，一方面是培训时现场的练习不够，流于形式；另一方面是后期的跟踪和督促不足，导致推销人员的脑子里好像有一些关于推销礼仪的知识，但在实际工作中，许多人由于没有养成良好的礼仪习惯，而忽视了礼仪，更不用说去自如地运用了，结果不仅影响了推销人员个人的业绩，还损害了企业的整体形象。

2. 推销人员应具备的礼仪

推销礼仪是指推销人员在推销活动中应当遵循的社交礼仪。推销人员是企业的"外交官"，是企业与客户沟通的友好使者。他们所代表的不仅仅是个人，更重要的是代表着企业。为树立良好的企业形象，推销人员应注重基本的推销礼仪。

（1）仪表礼仪

迪克是一家绣品公司的推销员。一天，他上门向怀特先生做销售推介。

"怀特先生，您好！恕我打扰，我想向您介绍一下我们的产品。您知道当今人们对于绣品的热爱越来越浓，大厅里如能挂上一幅精致的中国绣品，那会让您的家满堂生辉。您的朋友们也会在心底羡慕您的眼光，我们公司有各色各样的花纹和版式……"

迪克拿出了他们公司最近的图案缩样，不停地向怀特先生做介绍。可是，怀特先生却没有看图案，他的眼睛紧紧盯着自己眼前的小伙子：发白的牛仔裤，没有光泽的鞋子，最可怕的是那个带有明显油污的衬衫领子。哦，上帝！他不会这么随意就来见他的客户吧！

"怀特先生，我说了很多了，您对我们的产品也有了一定的认识。您知道吗，我现在有很多订单，我的客户也很多。我想，您也一定对此感兴趣吧，如果您现在订购我们的产品，我们会提供给您更多的优惠……”

“哦？”怀特先生回过神来，“对不起，迪克先生，我对这个不感兴趣，我想我考虑一下再给你答复吧。”

日本推销界流行一句话：若要成为第一流的推销人员，就应先从仪表服饰做起，先以整洁得体的衣饰来装扮自己。外表的魅力可以让你处处受欢迎，不修边幅的推销员给人留下第一印象时就失去了主动，服饰是我们的介绍信，就像商品的包装纸，如果包装纸粗糙，里面的商品再好，也容易被人误解为是低价值的东西。因此，作为推销人员，对仪表服饰进行研究和投资都是绝对必要的。

对推销员来说，对服饰最基本的要求是整洁、得体、自然、大方。要给人一种精神、富有活力的感觉。服饰打扮还要因人而异，要注重整体效果，从头（发型）到脚（鞋袜）应相互辉映，妆容、手袋、配饰等协调搭配，具体来讲应注意以下几方面。

1）要符合个人的职业特点，与推销的商品和推销对象相适应。

2）要适合自己的身材，扬长避短。

3）要和自己的年龄相符。

4）要适合不同的场合。

5）双方反差不要太大。

6）避免过于新潮、夸张而又不适合自己的服饰。

7）注意卫生细节，干净清爽，养成良好的卫生习惯。

（2）举止礼仪

有一次，原一平和一位资深的同事一起去做客户回访。在访问一家百货店之后，那位同事觉得很累，好在预定的访问任务完成得不错，只剩下有限的几项。原一平决定自己单独前往，让那位同事在百货店休息。

完成了剩下的访问之后，原一平已累得东倒西歪，连步子都迈不稳了。那天恰巧又比较热，原一平不由自主地放松了自己，帽子歪斜着，敞着领口。他匆匆忙忙赶回那家百货店与同事会合，推开玻璃门，边喊边闯进去。原一平认为，自己和那家百货店的老板已经很熟了，便把应该有的礼貌仪容全都抛在了一边。

那位同事已经先走了，百货店的老板见了原一平那副模样大为不满，愤怒地说：“早知道你们是这副模样，我压根儿不会投你们明治的保险。我是信任明治保险，没想到你们这些员工却是这么无礼、随便……”

听到这些，原一平赶紧惊慌地向客户赔礼道歉。

行为举止是一种无声的语言，是一个人性格、修养的外在体现，它会直接影响客户对推销员的观感和评价。推销人员在客户面前一定要做到举止有礼，坐、立、行都要大方得体，避免各种不礼貌或不文明的行为。因为客户是不会接受一个举止粗俗无礼的推销员的，即使他的产品再好也无济于事。

1）培养良好的坐姿。俗话说：“坐有坐相，站有站相。”推销人员在拜访客户时应得到客户的允许方可坐下，落座后坐姿要端正，避免引起客户的反感。为此，推销人员在就座时需要注意以下事项：首先，入座轻柔和缓，要坐椅子的2/3，不要坐满整个椅子面，上身要挺直身体，身体微往前倾，双腿要自然放松，注意两膝间的距离，应保持在一个拳头左右，千万不可以跷起二郎腿，这样客户会认为你傲慢、轻率。不可猛起猛坐，以免碰得乱响，或带翻桌上的茶具和物品，令人尴尬。其次，坐下后，不要频繁转换姿势、左右不停摇摆，也不要东张西望，这样客户会认为你缺乏耐心与毅力；最后，与客户交谈时，不要双臂交叉放于胸前、身体后仰，这样客户会认为你漫不经心。总的来说，男士的坐姿要端正，女士的坐姿要有样。

2）必须“站有站相”。良好的站姿能衬托出高雅的风度和庄重的气质。正确站姿的基本要点是挺直、稳重和灵活。站姿的禁忌：一忌两腿交叉站立，因为它给人以不严肃、不稳重的感觉；二忌双手或单手叉腰，因为它给人以大大咧咧、傲慢无理的感觉；三忌双手反背于背后，给人以傲慢的感觉；四忌双手插入衣袋或裤袋中，显得拘谨、小气；五忌弯腰驼背、左摇右晃、撅起臀部等不雅的站姿，给人懒惰、轻薄、不健康的印象；六忌身体倚门、靠墙、靠柱，给人以懒惰的感觉；七忌身体抖动或晃动，会给人留下漫不经心、轻浮或没有教养的印象。

3）注意走路姿势。潇洒优美的走路姿势不仅能显示出推销员的动态美，也能体现出推销员乐观向上的精神状态。因此，推销员走路时要注意自己的风度、形象。具体要求如下。

① 走路时要抬头挺胸、步履轻盈、目光前视、步幅适中。

② 双手和身体随节律自然摆动，切忌驼背、低头、扭腰、扭肩。

③ 多人一起行走时，应避免排成横队，勾肩搭背、边走边说笑。

④ 男性不应在行走时抽烟，女性不应在行走时吃零食。

除了注意坐、立、行的姿势外，推销员还要特别注意：一是千万不要在客户面前做出一些不雅的举动，如打哈欠、伸懒腰、掏耳朵、剔牙齿、修指甲、挠痒痒、咳嗽、随地吐痰、乱丢果皮纸屑等，这些不雅举动会使你的形象大打折扣，甚至会损害你的生意。二是在一个不吸烟的客户面前吸烟是一种很失礼的行为，这样做不仅会令对方感到不舒服，还会令他对你“敬而远之”。三是拜访之前的敲门和拜访结束后的辞别是否得体也直接影响推销的成败。

(3）谈吐礼仪

一位年轻的推销员走进洛德先生的办公室。“嘿，老兄！来看看我们的这种复印机吧！瞧，这正是你用得上的。”“对不起，我不需要。”洛德先生回答说。“别这样一口拒绝我！你看你现在的这台又老又旧，和办公室很不搭调，你该换换口味了，老兄！”接下来这位推销员熟练地把他带来的产品打开，在洛德先生的面前演示了一遍，他的解说真的很精彩，洛德先生几乎都要动心了，但——“年轻人，谢谢你的精彩演示，我的答案还是‘不’！不仅因为你对我的称呼，还因为你不该贬低我的这台老式复印机，它是我已故的父亲留给我的最珍贵的礼物！”

一般来说，推销员都是比较“能说会道”的人，可是并不是所有“能说会道”的人都能成为优秀的推销员。这是因为对推销员的语言要求，不仅仅是“善谈”，更重要的还要有“礼节”，言谈的有礼与否往往就决定了推销员的销售业绩。所以要成为一名合格乃至优秀的推销人员，必须掌握一些基本的交谈原则和技艺，遵守谈吐的基本礼仪，用自己的谈吐征服客户。

1）培养自己的声音美。声音在语言中的地位相当重要，优美的声音能带给人美的享受，推销人员要在音量、语调、语速、嗓音上不断下功夫。

① 说话的声音要适当，交谈时音调要明朗，语言要有力，切忌提高嗓门声嘶力竭。

② 语调讲究抑扬顿挫。讲话时应注意音调的高低起伏，以增强讲话效果。应避免平铺直叙过于呆板的声调，音调抑扬顿挫、搭配得当才能给客户留下较深的印象。

③ 讲话速度快慢适中。讲话时，要依据实际情况的需要调整语速，讲话速度不要过快，应尽可能娓娓道来，给他人留下稳健的印象，也给自己留下思考的余地。但语言的选择要简洁明朗，不占用客户太多的时间。

④ 吐字要清晰，声音清亮圆润，讲话有条理性，避免含糊其词，咬字不清，这是声音美的最起码的要求。

2）掌握说话的艺术。说话是一种艺术，推销人员要学会正确运用语言来为工作服务。

① 正确使用礼貌用语。在推销过程中，推销员每时每刻都应注意正确使用服务用语，把“欢迎”“请”“打扰您了”“您”“祝您愉快”等礼貌用语作为推销员的主要词汇，在有礼貌的言辞下与客户进行沟通。推销员的礼貌会得到客户同样的礼貌回应，起码会让他在心理上不排斥。

② 讲话要有激情，谈话时表情要自然，语言要亲切，表达要得体。

③ 词语的选择要讲究。谈话中不同语气、人称的选择给人的感觉是不一样的。回答客户的问题时，先要肯定客户的观点，然后再讲道理。在多数情况下，可以用“我们”一词代替“我”或有意识地淡化“我”字。以复数的第一人称代替单数的第一人称，可缩短双方的心理距离，促进彼此情感的交流。

④ 不要过度吹嘘产品。在与客户交谈时，如果不顾一切地宣传自己的产品，甚至歪曲了事实，夸大其词，这样或许一时会引起客户购买产品的兴趣，但过度宣传有时会犯画蛇添足的错误，言多必失，客户反而会怀疑你的产品。推销人员在与客户交流时，一定要看时机、场合、对象，考虑要说的每一句话，这样你的话才会更受客户的欢迎，才有机会和客户进行更深层次的沟通。

3）合理选择交谈的语言。如果客户讲方言，而推销员又正好熟悉他所讲的方言，就可以适当用方言与客户交谈，这样既能融洽气氛，又能拉近双方的心理距离，增进双方的感情；如果不熟悉客户的方言，就用普通话交谈，因为不地道的方言可能会在沟通中造成误会；若是同时很多人在场，又并非所有的人都讲同样的方言，最好用普通话交流，千万不要旁若无人地与其中某一位讲方言，让其他人不知所云，颇觉尴尬。

另外，与客户交谈时，还要注意使用通俗的文字，通俗易懂的语言最容易被大众所接受。所以，推销员在语言使用上要多用通俗化的语句，少用书面化、专业化的语句。如果故意咬文嚼字或使用深奥的专业术语，会令客户感到费解和不悦，这样不仅不能够与客户顺利沟通，还会在无形之中拉大你与客户之间的距离。

4）适当地运用肢体语言。

① 善用真诚的微笑。微笑是世界通用语，无论双方的语言表达方式或生活习惯等有多大差别，彼此间真诚的微笑常常可以消除一些隔阂。微笑是与人交流的最好方式，也是个人利益的最佳体现，特别是对于推销人员来说，更为重要。但是，微笑是有讲究的，并不是所有人的微微一笑都能轻易地打动客户。微笑应该体现整个人的精神面貌，所以推销人员必须是真诚动人、发自内心的微笑，不要空有一副“职业性微笑”的表情，而内心却厌

恶和排斥客户。另外，微笑的同时要注意自己内在涵养和素质的表现，既要让客户在彬彬有礼的微笑服务中感受到被尊重和关爱，又不至于使客户感到过分客气和生疏。对于推销人员来讲，微笑应贯穿于整个推销过程，包括处理客户异议的时候，达成交易与客户道别的时候，甚至是当客户表示拒绝的时候。

② 注意手势语的运用。手势语是现实生活中表现力极强、变化最多的一种肢体语言。适当地运用手势语能帮助表达特殊的情感，而错误的手势往往会给你的工作造成不利影响。在与客户交谈时不要手舞足蹈，不要用手指人，更不能拉拉扯扯、拍拍打打。

③ 恰当地运用注视。当推销人员与客户交谈时或向客户介绍产品时，如果眼睛炯炯有神地看着客户，那么其眼神中透射出的热情、坦荡和执着往往要比口头说明更能让客户信服，而且充满热情的眼神还可以增加客户对产品的信心及对这场推销活动的好感。关于视线的位置，如果对方是男性，则集中注视的位置应是对方的鼻子附近；如果对方是未婚的女性，注视的焦点是下巴；如果对方是已婚的女性，注视的焦点应是对方的嘴巴，眼睛注视的范围当扩大到对方的领结附近或者耳朵两边时，应停止。自己说话或者听对方说话时，可以不时注视一下对方的眼睛。在商谈即将结束或者提出什么特别请求时，可把视线集中在对方眼睛，这种轻轻的注视，会让客户产生亲切的感觉，但不应注视得太久。

④ 交谈中要给对方说话的机会。一些推销员之所以业绩不好，往往是因为他们忽视了倾听礼节。作为一名好的推销员，首先必须是个高明的听众，当客户热心谈论的时候，要做出认真倾听的样子，如此推销才能轻轻松松。倾听除了出于礼节的考虑之外，还能使客户感到被尊重，可以缓和紧张关系，解决冲突，增进沟通。对一个成功的推销员来说，有效的推销方法是自己只说30%的话，把70%的话留给客户去说。倾听也是一门艺术，你只有掌握了倾听的技巧，才能打动客户。

a．耐心倾听，把握推销良机。

b．倾听的态度要谦虚。

c．永远倾听，了解客户意图。

d．要有反馈性的表示。

一般来说，推销人员在倾听的同时，可以采用以下几种方法做出倾听反应：一是轻轻地点头做出反应表示同意；二是推销员的目光要注视正在说话的客户，不要做其他任何动作，也不要说话；三是推销员偶然发出声音，用尽量少的言词表示出自己的意思，如“没错”“是那样”等。

⑤ 与客户交谈要注意分寸。在与客户交谈时，有的推销员说到高兴时就忘乎所以，说话没有了分寸。要知道，这不但不礼貌，而且非常有损自己的形象。所以，在交谈中应注意以下问题。

a．当客户谈兴正浓时，要倾听、聆听，不与客户抢话，不打断客户。

b．对于自己不知道的事情，不要硬充内行，以免说错了贻笑大方。

c．不可在客户面前谈论他人的缺陷和隐私，或贬低自己的竞争对手。

d．不可谈论容易引起争执的话题，以免与客户产生冲突。

e．说话时避免引用低级趣味的例子，以免令客户感到尴尬，或觉得你没有风度。

（4）交往的礼仪

礼仪有多种表现形式，不同场合、不同对象，有不同的礼节和仪式要求，推销人员在与客户交往的过程中，涉及称呼上的礼仪、握手的礼仪、递名片的礼仪、问候的礼仪等诸多方面，因而懂得各种礼仪并将它们恰当地运用到工作与生活中，是推销员的基本素质之一。

1）称呼上的礼仪。称谓是推销人员与客户交往过程中不可避免的，而其中的礼仪有很多讲究。如果在称谓方面就使客户不高兴，那么接下来的推销工作就很难顺利进行。通常来讲应注意：

① 初次见面，不明对方身份，可视性别、年龄、长幼，称“同志”“师傅”“阿姨”“大伯”“先生”“女士”“小姐”等。

② 对于老客户，要熟记客户的姓名，在开口说话之前弄清楚客户姓名的正确读法和写法，读错或写错客户的姓名，就有可能使你与客户的交往变得很尴尬。但晚辈对长辈在我国是绝对不允许直呼其名的。

③ 对有职务、职称和学位的知识界人士，可以直接用职业名称、职务、职称等直接称呼，如“医生”“老师”“律师”“教授”“工程师”“部长”“经理”“主任”等，学位中只有“博士”可用于称谓，一般在这些称呼前面冠以姓氏。另外，称呼客户职务时就高不就低，如果与你交流的客户身处副职，大多数时候可以把“副”字去掉，除非客户特别强调。对德高望重的年长者、资深者，可在他的姓氏之后加上“公”或“老”，如“周公”“吴老”等。

2）握手的礼仪。握手是社会场合运用最多的一种礼节，与客户握手能拉近推销员与客户的距离。美国著名作家海伦·凯勒写道：“我接触过的手，虽然无言，却极有表现力。有的人握手能拒人于千里之外，也有些人的手充满阳光。”具体来说，要实施好握手礼节，应注意以下问题：

① 推销员在与客户握手时，要主动热情、自然大方，面带微笑双目注视客户。可根据场合一边握手一边致意，如“您好”“谢谢”“再见”等。握手时身体略向前倾，以表敬意。

② 握手的礼仪规范。一般情况下，握手要用右手，应由主人、年长者、身份地位高者、女性先伸手，握手时不要用力过猛，尤其对女性。当然，过分松垮地握手是对对方的不尊重、轻视。也不要长时间握住对方的手，不要在握手时紧紧握住对方的手指，好像有意与对方保持距离。几个人同时握手时，注意不要交叉，应当别人握完手后再伸手。握手时千万不要戴手套，手不清洁或有污渍时，应事先向对方声明并致歉意。当别人已经伸出手来，切忌慢条斯理或迟迟不伸出手，令对方尴尬。在与人握手之后，不能立即擦拭自己的手掌，这等于暗示你嫌对方的手脏。

3）递名片的礼仪。

① 递出名片时要恭敬礼貌。递送名片时，应该以审慎的态度，恭敬礼貌地给对方。在递出名片时，推销员切忌采用如下方法：捏住名片的一部分递出去；以指尖夹着名片递出。这两种递法容易将尖利的地方朝向对方，是极不符合礼仪的。正确的递法应是手指并拢，将名片放在掌上，用大拇指夹住名片左右两端，恭敬地送到对方胸前；或食指弯曲与大拇指夹住名片左右两端奉上。名片上的文字反向自己，使客户能够清楚地念出自己的名字，并且要走到对方容易接到的距离递送上去，这是递送名片的最基本礼貌。

同样，拿出名片时，请不要忘记脸上带着微笑，并且不要慢慢吞吞、拖拖拉拉，因为如此会让对方有焦急的感觉，甚至对你的推销工作产生排斥感。

② 出示名片时不可随便。出示名片时应严肃认真，不能采取随随便便的态度。初次交往时客户会凭推销员出示名片时的态度来衡量其人品，判断是否值得交往。外出时，推销

员应事先将名片放在易于取出的地方，在适当的时机顺手掏出，恭敬地递给对方，并客气地说："这是我的名片，请以后多加联系。"这必然留给对方一个较好的印象。

③ 接受名片时要有礼貌。客户回赠名片时推销员同样要双手接回名片。接过客户的名片，首先要看，这一点至关重要。而且最好轻声念出持片人的姓名或职务，以示尊重对方。不可接过客户名片不屑一顾，置于一旁，或放在手中玩弄，或随意装入口袋，或交给身旁的他人，也不可将它放置于下身裤袋里，更不可让名片遗失在桌上或地上。因为名片是一种"自我延伸"，在某种意义上讲它是客户的化身。对名片的不敬和轻视，就是对客户本人的轻蔑。

如果推销员在给多人递交名片，客户当场将自己的名片递过来，应立即停止对他人名片的递交，处理好对方的名片后，再继续递交名片，不要左右开弓。

④ 妥善保存好客户的名片。保存名片时，推销员必须把客户和自己的名片分开来放，因为如果错把别人的名片递送给客户，将是一件非常失礼的事情，而且也会遭遇尴尬的场面。

4）问候的礼仪。问候客户是推销礼仪的内容之一。打招呼时，一定要亲切、热情、发自内心，要真正从情感上打动客户。它能起到拉近推销员与客户的感情距离，自然进入会谈的过渡作用。问候应因人而异，一般来说对于初次合作的新客户问候时应热情，但不要过火，用"您好""早晨好"之类的话即可，而多次合作的老客户的问候可用赞美。赞美是最好的开场白，适当的赞美是人际交往中不可缺少的语言艺术，充满真诚的赞美，是取得他人信任的武器。而过分赞美就显得虚伪，反而不利于推销人员完成工作目标。所以在赞美时，必须把握时机，把握好赞美的尺度。

① 具体明确地赞美客户。所谓具体明确，就是在赞美客户时有意识地说出一些具体而明确的事情，而不是空泛含混地赞美。前者让人感到真诚，有可信度，后者因没有明确而具体评价缘由，令人觉得不可接受。因此，有经验的推销员在赞美客户时总是注意细节的描述，而不空发议论。赞美的切入点可以是多方面的，既可以是客户自身，如发型、着装、配饰、气质等，也可以是客户的事业、家庭、孩子、车子、爱心、孝心等。寻找具体的赞美点，我们的赞美才会让对方接受，让客户感觉到你的真诚。

② 选择适当的时间赞美客户。在推销过程中，在客户试用我们商品的时候，推销员可以趁机把客户身上的优点和产品结合起来进行赞美，这样就能更好地激发客户的购买欲望。

③ 赞美要迎合客户的心理。推销员在赞美客户时，赞美的切入点应与客户心理感觉的自身优点和长处相符合，这样你的赞美才能迎合客户的心意，客户才能高兴地接受，否则就会适得其反。

5）电话使用礼仪。电话已经成为推销员常用的一种推销工具。推销员可以通过电话进行市场调查、约见客户、直接推销或商谈具体的业务事项。因此，推销员也应注意使用电话的一些礼节。

① 选择恰当的拨打时间，以不影响对方的工作和休息为宜，而且最好别在节假日打扰对方。

② 开始通话，先问候对方"您好"，然后主动自我介绍，说明自己的身份、目的，应该问一句"这时候给您打电话是否合适"，通话过程中应用"请""谢谢"等礼貌用语，并始终面带微笑。讲话应层次清楚，逻辑性强，音量要适度。

③ 如果拨错电话，应向对方道歉。若通信因故中断，拨叫方有责任重新拨通对方的电话。结束通话时，应礼貌地挂断电话，以主叫方或尊者先挂断为宜。

④ 接听电话时不要让电话铃超过三声，若铃响了很长时间才接电话，应向对方表示歉意。

⑤ 打电话的同时，尽量不要和屋里的人说话。

2.2.2 具有正确的工作态度

凯伦是一家汽车公司的销售员。一天，她正在等一位客户，一辆汽车开了进来，从汽车上下来一对年纪较大、有点不修边幅的夫妇。他们老远就向凯伦打招呼，说想看看车库里的车型。

凯伦对他们进行预先判断后得出结论：这就是刚到本地的约瑟夫妇，据说他们没生意，也没孩子，几年来就是靠在学校附近卖个小零食为生，他们一定不会买一部小汽车的。他们只不过是去教堂顺路来凑凑热闹而已。他们根本就不想买东西，因为他们买不起，我没时间搭理这些人。

凯伦不冷不热地说："我在等一位客户，等我们商谈好了，再带你们去看车型吧！反正你们不会买。"

后来，这对老夫妇就到对面的汽车商那里去了。

就在这一天快要结束的时候，凯伦吃惊地发现，这对老夫妇竟在她所在公司的竞争对手那里签了订单，明天就来试驾新车。

据说这对老夫妇买车用的是毕生的积蓄，他们用一生的心血完成了自己的心愿。

推销人员要想在推销工作中取得超人的业绩，首先应该具有正确的工作态度，而诚实守信是正确工作态度的基础，也是现代企业推销人员必备的一个基本条件。这主要包括两个方面，一是对企业的忠诚，二是对客户的诚实。正确的工作态度具体体现在以下三个方面：

1. 推销人员要具有正确的推销观

现代企业奉行"客户就是上帝""信誉第一、服务至上"的观念，为此，在推销工作中，要想得到更多成功的机遇，一个优秀的推销员应该做到以下几点。

（1）认真地捕捉客户发出的信息

一旦客户有需求的意向，你就要抛开个人狭隘的眼界，投入到你的产品推销中去。用你的热心、耐心、诚心去挖掘客户的需求，为实现真正的交易做准备。

（2）尊敬客户，并热情地与他们交往

推销人员在实际工作中，要站在客户的立场上考虑问题，设身处地地为客户着想，对客户负责，应想到推销员的任务不仅仅是把商品推销出去，更多地应考虑到推销品和自己的工作能否使客户满意。事实上，只有真正地满足了客户的需求，解决了客户的实际问题，才能长期赢得客户，使推销工作稳步发展。相反，仅以赚钱为目的来推销商品，不考虑客户的利益，追求眼前利润，即使侥幸能取得一时的成功，从长远观点来看，无异于饮鸩止渴、杀鸡取卵，最终必将为市场和客户所抛弃。至于假冒伪劣，骗买骗卖，肆意坑害客户，则是商品经济中的一大公害，是每个推销人员应坚决杜绝发生的推销行为。

推销员应该知道，如果客户参加了购买活动但没有购买，可能是这次活动轻视了客户，也可能是没有适合他们的产品。千万不要认为客户只是凑热闹。对任何客户，推销员都应该礼貌相待，热情服务。

（3）在日常工作中扩大自己的推销范围

对优秀的推销人员来说，客户就在自己身边。推销员应当养成随时发现潜在客户的习惯。因为，任何一个企业、一家公司、一个人都有可能成为某种商品的购买者。一名优秀的推销员应该随时随地优化自身形象，注意自己的言行举止，恪守自己的工作职责。

2. 推销人员要具有强烈的事业心

强烈的事业心是成为成功推销员的首要条件。只有爱岗敬业、不怕困难、乐于奉献、勇于创新和进取才能做到干一行、钻一行、通一行、精一行，才能逐渐成为本行业的能手，创造出令人称道的业绩。

推销工作具有综合性、复杂性、多变性和不确定性的特点，因而推销极具挑战性、刺激性和创造性。它要求推销人员对互相联系的影响推销的诸多因素加以分析、综合、找到规律，洞悉新的市场机会，并创造性地运用各种推销技巧，促使推销成功。创造源于不断地开拓进取，在现代市场条件下，推销工作的多变性和动态性尤为显著。环境瞬息万变，市场机会转瞬即逝，推销人员如不善于创造性地开拓新的市场领域，就无法适应市场的发展变化，也不可能使自己的工作走向成功。可见，开拓创新是推销人员事业心的具体体现之一，开拓创新要求推销人员不能循规蹈矩、墨守成规、千篇一律，而应利用创造性思维进行开拓性推销。推销的开拓创新包括如下内容：

（1）推销方法上的开拓创新

2015 年大年三十晚上，微信与央视春晚合作，在春晚节目进行过程中由主持人口播，让观众一起“摇一摇”抢红包，红包由若干个广告品牌商赞助，抢到的红包也将显示“××企业给你发了一个红包”。结果微信摇一摇总量 110 亿次，企业营销场景也在微信中立足，微信借此将微信支付向二三线市场做了进一步渗透。

推销方法的开拓创新是指在业务活动中不要为传统观念、方式所禁锢，而应不断创新、不断提高，根据具体情况，采用适合新情况的推销方法。

（2）客户范围的开拓

2019 年，江淮汽车得知某油田将会于下半年采购大量的家用轿车用于员工福利，这次大批量采购的流程是先由油田统一挑选三种品牌车型进行价格协商洽谈，争取最优惠的采购价格后，再让员工自由选择车型，公司补贴 70%，员工个人出 30%的费用，所以，只有先入围才有被采购的可能。此时，恰逢江淮同悦生锈事件被当年的“3.15”晚会曝光。在这种情况下，江淮汽车每天坚持给油田个别员工打电话了解大家的反应，通过半个月时间的观察，江淮汽车了解到：一多半的客户在知道江淮同悦生锈事件之后对江淮汽车有抵触情绪，认为其产品质量不可信；另一小半的客户则对该事件无看法，不影响其购买判断。于是，江淮汽车接下来的主要工作就在这一小半客户的身上深入开展，最后江淮汽车成功入围，并销售了 65 台家用轿车，大客户开发成功。

客户范围的开拓是指推销人员应注意为推销品寻找新的客户群，不断提高商品的市场覆盖面。

（3）市场领域的开拓

20 世纪 30 年代，美国杜邦公司发明了人造纤维丝，当时主要用于工业生产，销量有限，后来该公司的推销人员发现，这种人造纤维丝与当时倍受美国妇女青睐的日本长筒丝袜的丝线相近，于是建议公司用来生产丝袜，获得了极大的成功，并成为该公司后来发展的摇钱树。

市场领域的开拓是指为推销品开拓新的使用领域（含行业和地区）。可见，成功的推销是建立在积极主动、持之以恒、坚持不懈的基础之上的，那些取得优秀业绩的推销巨匠，大多都是在强烈的事业心和进取精神的支撑下，从无数次挫折和失败中走过来的。

3. 要有崇高的使命感

对于一名推销人员，热爱企业，忠于企业的利益是最基本的要求。推销人员的工作直接关系到企业产品能否顺利销售和收到预期的经济效益，关系到企业的生死存亡，推销人员肩负如此重大的责任，必须做到真正关心企业的命运，把自己与企业紧密地联系在一起，与企业共命运、共繁荣，千方百计竭尽全力把完成企业推销任务作为自己的崇高使命。以企业的成功和自己对企业的贡献来体现自身的人生价值，激发高昂的工作热情。

2.2.3 具备良好的心态

李明是一家器材公司的推销员，据他回忆：“有一次，我负责向一个刚成立的具有很大规模的私立学校推销体育器材。其实在这之前该校负责人对这个项目有过将近两个月的调查，会谈的前几次也都很愉快，这位负责人准备和我签订九个年级的不同项目器材。也许是激动，太想得到这个单子上的签名了，我失败在最后一刻。那天，在我从文件夹里抽出几张需要客户签字的单子时，一种莫名的恐惧突然袭来，这种恐惧导致我举动的不自然，手不听使唤。那天对方负责洽谈的两个人中的一个，是和我沟通过的人，当看到我的举动时，就摇了摇头。后来他们到里面的屋子里交谈了一会儿。那天我只拿到了很小的单子。也许是以前那位接待我的人给我留的一点面子吧！”

推销员的心态是指推销人员在向客户推销产品时的心理状况与态度。良好的心态是现代企业推销人员所必须具备的又一个基本条件。推销是一项艰苦而又充满挑战的工作，每个推销员都要面对许多难关和障碍，如推而未销、推而不销的情况是经常发生的，有时还要遭受客户的怀疑、冷眼、嘲笑甚至拒绝，推销员对此要有充分的准备，只有跨越了这些障碍，在推销过程中不断修炼自我，才能在竞争中取胜，成为一名优秀的推销员。

心态决定命运，推销人员在向客户推销产品时的心理状况与态度，将严重影响推销效果。因此，对推销人员来说，最重要的并不是经验和技巧，而是成功的信念和心态，是推销员的信念决定了 80%的成功机会，是推销员的信念、品质决定了推销的品质。作为一名推销人员修炼出良好的心态，才能正视挫折，才能取得最后的成功。良好的心态一般包括以下几个方面的内容。

1. 树立自信心

推销人员的自信主要表现在三个方面。

（1）对自己充满信心

推销人员在任何时候，任何情况下都应对自己的能力充满信心，每天工作开始的时候，都要鼓励自己：我是最优秀的！我是最棒的！信心会使你更有活力，使你以高涨的热情、饱满的精神状态去面对客户。天才的推销员都是在推销过程中反复磨炼出来的。只要有信心，正确认识自己的长处和不足，加强学习，反复锻炼，注意扬长避短，甚至化短为长，充分发挥自身优势，不断总结，不断提高，假以时日，人人都可以成功。出色和平庸的推销员，真正的差别在于勤奋的程度不同。如何才能树立自信呢？

1）要认识到推销是一项值得骄傲的职业，正是推销人员的工作使千万客户的需求得到满足，享受到良好的服务，也使企业得到生存和发展，推销员在社会经济生活中扮演着不可替代的角色。

2）要正确对待被拒绝的现象，在现实生活中，根本就找不到没有被拒绝过的推销员。问题是要从拒绝中找出原因是什么，然后改进推销的工作方法，这样每一次推销的失败都会演变为走向成功的阶梯，正所谓“失败乃成功之母”。

3）推销员必须在客户面前表现出你的自信，推销员必须衣着整齐，笑容可掬，礼貌周到，对任何人都要亲切有礼，细心应付。这样就容易使客户喜欢你，从而增强你的自信。如此，推销员的自信也必然会自然而然地流露于外表。

（2）对所推销的产品充满信心

推销员对所推销的产品充满信心，这是推销工作的前提条件。无法想象，自己对所推销的产品都缺乏信心，又如何能说服客户建立信心来购买商品呢。当然在今天的市场上，商品十分丰富，同类商品很多，且各有千秋，在某些方面，自己推销的商品可能不如他人，但也不必因此而失去对推销产品的信心。这是因为任何产品只要具有使用价值，就会存在需要它的特定客户群，推销员的责任就是去寻找客户群。同时，任何产品在市场上都有相对优势和相对劣势，承认产品的不足，并不意味着必然失去客户，因为客户并不是非十全十美的产品不买，你的产品可能不是同类产品中最好的，但对于某些客户来说，却是最合适的，要确信推销品能带给客户利益，并如实地让客户了解产品，给自己树立信心。

（3）对自己代表的企业充满信心

推销人员对企业是否有信心会直接影响推销成果的好坏。现代客户在决定购买商品时，往往要做出多方面的选择。只有对企业充满信心的推销员，才能在推销中自豪地向客户介绍企业，从而影响客户，树立对企业的信心，坚定购买意向，做出决策。另外，推销人员只有对企业的财力、规模、未来发展和知名度充满信心，并认为在企业内自己能得到满意的待遇，能实现自己的人生目标，有归属感，才能表现出对企业的忠诚，在推销工作中，才会焕发出极大的工作热情、积极性和主动性，竭尽全力搞好推销工作。

2. 百折不挠，决不言弃

成功者决不放弃，放弃者决不会成功。要想成为一名优秀的推销员，毫无疑问，需要有不同常人的推销业绩，拥有大量的客户群，不断地签订新的订单是成为优秀推销员的保证。但推销员在走向优秀的过程中，在面对客户推销产品或服务的过程中，不管遇到多少挫折，也不管周围的人如何看待，都不要轻言放弃，没有什么可以阻止你迈向成功的脚步。美国著名的推销员克里曼特·斯通曾说过：“一位成功的推销员应具备一股鞭策自己、鼓励自己的内动力。只有这样，才能在大多数人因胆怯而裹足不前的情况下，或者在大多数人根本不敢参加的场合下，大胆向前，向推销的高境界迈进。推销员正是凭着这种过人的勇气、自信和上进心，凭着鞭策鼓励自己的内动力，总能克服怕遭白眼和被拒绝的‘心魔’，勇敢地去向每一个他可能遇到的陌生人推销自己的商品。”不要放弃，有时候坚持到底就是最大的胜利。

3. 热忱之心

推销人员需要热情，热情可以弥补推销经验和技巧的不足。热情对推销人员来说是无比重要的，对推销新人如此，对老推销员更是这样。试想一下，一个对自己的工作都不热情的人，怎么会调动客户的热情呢？

那么，推销人员应怎样提高热情呢？

（1）勤于健身

健康的身体是产生热情的基础。一个人如果行动充满活力，他的精神和情感也会充满活力。

（2）自我鼓舞

在推销活动之前，先给自己来一段精神讲话，或说些鼓舞人心的话。这种方式对提高热情极为有效。

（3）深入了解每个问题

要建立对事物的热心，就必须先学习目前尚不热心的事。因为了解越多越容易培养兴趣，只有进一步了解事情的真相，才会挖掘出自己的兴趣，才会更热心。

（4）传递好消息

推销员应尝试尽量把好消息带给家人、同事和客户，要知道优秀的推销员专门传播好消息，每次去拜访自己的客户，都把好消息带去，长此以往，客户也乐于见到你，因为见到你就仿佛就见到好消息了，这样会使推销员以更加饱满的热情投入到推销工作中去，达到良性循环的目的。

（5）培养客户至上的态度

热情的态度是一个人爱心的体现，是与别人交往最有效的方法。如果推销员能够让客户从你热情的态度中感受到爱心与关怀，唤起客户的信任与好感，客户就会对你保持很高的忠诚度。

4. 真诚之心

推销员必须保有一颗真诚之心，诚恳地对待客户，关心客户，设身处地地为客户着想。推销员的关心会使客户一次又一次地回头光顾你，更重要的是，客户们乐意介绍更多的新客户给你，这样一来，推销员就等于拥有了一座取之不尽的金矿。许多推销大师都指出，推销员首先要对人真诚，真诚面对自己，真诚面对客户，这样才能因尊重自己与别人而赢得客户的敬重，这样才能抑制挫折感的出现。真诚的关心能换来客户的信任，而客户的信任是无价之宝，如果推销员能更多地关心客户，时时处处为客户着想，那么，你的推销也一定会更加成功。

5. 感恩之心

对每个人来说，感恩是一份美好的感情，是一种健康的心态，是一种良知、一种动力。作为一名推销人员，应该知道，自己的薪水和业绩都建立在客户的认知和信任的基础之上，正所谓“客户就是推销员的衣食父母”，所以，不管是初次拜访的新客户，还是多次合作的老客户，推销人员都要用一种感恩的心态面对他们，了解客户的状况，解除他们的担忧，重视与客户的长期友好合作关系。那么，推销人员应如何体现其感激之情呢？

（1）从内心真正尊重、感激客户

当客户有什么需求与建议时，要积极帮助，谦虚接受，并给予言语感谢；而不是只有在做与推销利益挂钩的事时，推销员才出现。

（2）将感激之情表现出来

推销人员要把自己的感激之情，表现在日常的小事小节上，学习汽车推销大王乔·吉拉德每天都为自己的客户发送名片，短短的几行字表达出对客户的关心之意。要时刻关心客户的身体、生意状况、勤于问候他们。

（3）站在客户的角度考虑问题

如果推销员能够站在客户的角度上考虑问题，往往会取得意想不到的效果。

（4）与客户保持长久的关系

对推销人员来讲，感恩要从大处着眼小处着手，从生活中的小事开始。推销人员可以通过一个电话、一封邮件，也可以通过周日拜访来与客户保持联系。当你知道一种新的产品可以满足你的客户的需求时，可以及时告诉他们；对客户变动的电话号码、家庭住址要及时掌握。感恩的心态会使你的心胸放宽，使你更加勤奋地处理客户的异议。给予的越多，得到的就越多。总之，积极地发展与客户的关系，更多的时候，你们可能会成为朋友。

6. 进取之心

奥林匹克运动会有一句著名的格言：“更快、更高、更强。”这句话充分表达了奥林匹克运动所倡导的不断进取、永不满足的奋斗精神。对于推销人员来讲，要想在事业上不断成功，必须积极进取，戒骄戒躁，不断超越自我，永不满足。

7. 平常之心

推销人员必须具有平常之心，这样才能够面对挫折不气馁。每一个客户都有不同的背景，也有不同的性格和处世方法，自己受到打击要能够保持平静的心态，使自己能够去面对一切责难，只有这样才能够克服困难。同时，也不能因一时的顺利而得意忘形。只有这样才能够胜不骄、败不馁。

2.2.4 养成良好的习惯

推销人员的自我塑造形象不是一时一事一地的事情，也不是接触客户时就注意，而平时就可以放任自流，而是要在日常的工作和生活中提高修养，养成良好的习惯。

1. 养成良好的卫生习惯

戴安娜是一个日化用品推销员。有一次，她赶去某位夫人家里做产品演示，去的时候戴安娜充满自信，因为这位夫人是一个老客户介绍的，而且对戴安娜公司的产品颇有兴趣，但是不到半个小时，戴安娜就垂头丧气地从那位夫人家中出来了。因为她犯了一个错误。当她做演示时，发现自己右手的指甲缝里沾了不少油污，可能是做家务时留下的痕迹。这些平时不太引人注目的油污，此刻却变得格外刺眼，她感到那位夫人一直在盯着她这只手，于是她只好手忙脚乱地做完了演示，结果不言自明，那位夫人婉转地拒绝了推销，而最让戴安娜难过的是对方看她的眼光，那分明是在告诉她："你不是一个合格的推销员。"

推销人员不仅要注意自己的衣着打扮，还要注意一些卫生细节，养成良好的卫生习惯，包括勤洗澡、洗头，勤理发，没有头皮屑，勤剪指甲，不要有异样的口气，身上没有异味，眼角、鼻毛、牙齿的卫生等方面。推销人员如果忽略了这些细节，就会给客户留下恶劣的印象，往往会使推销活动功亏一篑。

2. 养成守时的好习惯

巴西一家公司到美国去采购成套设备。巴西谈判小组成员因为上街购物耽误了时间。当他们到达谈判地点时，比预定时间晚了 45 分钟。美方代表对此极为不满，花了很长时间来指责巴西代表不遵守时间，没有信用，如果老这样下去的话，以后很多工作很难合作，浪费时间就是浪费资源、浪费金钱。对此巴西代表感到理亏，只好不停地向美方代表道歉。谈判开始以后美方代表似乎还对巴西代表来迟一事耿耿于怀，一时间弄得巴西代表手足无措，说话处处被动，无心与美方代表讨价还价，对美方提出的许多要求也没有静下心来认真考虑，匆匆忙忙就签了合同。

等到合同签订以后，巴西代表平静下来才发现自己吃了大亏，上了美方的当，但已经晚了。

约见客户时，无论是推销员自己决定的访问时间，还是客户决定的，一旦与客户约定了见面时间后，推销员就必须注意守时，守时并不是说准时就可以了，最理想的是提早 7～10 分钟到达。

3. 养成记笔记的习惯

俗语说：好记性不如烂笔头。与客户约见时，记下时间、地点，客户的姓名、头衔，记下客户需求，答应客户要办的事情和拜访时间，以及自己的工作总结和体会。对推销员来说，这绝对是一个好的工作习惯。另外，当推销员真诚地一边做笔记一边听客户说话时，除了能鼓舞客户更多说出需求外，一种受到尊重的感觉也在客户心中油然而生，那推销员后面的工作就顺利多了。

4. 养成充分利用时间的习惯

一个推销员说早上七点到办公室的好处：我比一般人早到两个小时，没有任何人和我抢着用复印机和传真机，又可以打电话给工厂的客户服务代表，而且有时间修正前一天所做的日程表，还可以比其他人提早两个小时下班。

推销员是可以自由支配自己时间的人，如果不能很好地利用时间，没有很强的自控能力，那么推销的成功也就无从谈起了。对推销员而言，时间观念和业绩是紧密相连的，因此，推销员必须学会管理时间，运用自己的时间。提高时间利用率的方法如下。

1）把琐碎的时间利用起来，如等车、等电梯时，可以想一想自己将要拜访的客户，想一想自己要说什么，对自己的下一步工作做一下安排，那么推销工作一定能顺利展开。否则，这些时间就会白白溜走，千万不要小看这些不起眼的几分钟，也许正是由于这几分钟的策划，推销取得了成功。

2）制定一份合理的行程表。在拜访客户时，如果客户的时间允许，推销员应做好妥善的行程规划，在拜访几个客户时，避免跑冤枉路，既消耗了体力，也浪费了时间。另外，某些私人事务也可以在拜访客户的行程中顺道完成，如交电话费、水电费等，这也是节省时间的一个小窍门，这样，做事的效率自然事半功倍。

3）凡事都要限时完成。凡事必须定出完成时间，才会迫使自己积极地掌握时间。因此，推销员必须用正确而积极的态度面对时间管理，要求自己凡事都要限时完成，这样，事情才会一件接一件地完成，这才是有效的工作。

5. 养成记住每一位打过交道的客户的习惯

有一位高级时装店的老板说："在我们店里，凡是第二次上门的，我们规定不能直说'请进'。而要说：'请进！某某先生（小姐）。'所以，只要来过一次，我们就存有档案，要全店人员必须记住他的尊姓大名。"如此重视客户的姓名，不但便于时装店制作客户卡，掌握其兴趣、爱好，而且使客户倍感亲切和受到尊重，走进店里有宾至如归之感。因此，老主顾越来越多，不用说生意愈加兴隆了。

连客户的样子也想不起来了，这样绝对不可能成为成功的推销员。姓名虽然只是一个个体的符号，但却无比重要，如果推销员想通过别人的力量来帮助自己，首先要尊重别人的姓名。说出对方姓名是缩短推销员与客户距离的最简单迅速的方法。记住姓名是交际的必要，而交际等于推销员的生命线，记住他人名字和面孔的方法主要如下。

1）通过多种方法加深印象。

2）运用重复记忆法。

3）联想一下相关的事物。

6. 养成永远不与客户争论的习惯

乔·吉拉德的"250"定律：在每位客户的背后，都大约站着250个人，这是与他关系比较亲近的人：同事、邻居、亲戚、朋友。如果一个推销员在年初的一个星期里见到50个人，其中只要有两个客户对他的态度感到不愉快，到了年底，由于连锁影响就可能有 500 个人不愿意和这位推销员打交道，他们知道一件事：不要跟这位推销员做生意。由此，乔得出结论：在任何情况下，都不要得罪哪怕是一个客户。

"客户就是上帝""客户永远是对的"，这些都是推销员应恪守的原则，推销员每天要面对不同的客户，可能会遇到各种情况：被人拒绝、被人指责，甚至被人奚落，如果不能适当地控制自己的情绪，不急不躁，恐怕就很难适应推销的工作，更别说打动客户，达成交易了。另外，推销员对客户的抱怨应该持欢迎的态度，因为这正是推销员发现问题的机会。推销员应该采取积极有效的措施予以妥善处理，就会赢得客户的信任，达成交易。

7. 养成决不攻击竞争对手的习惯

老王在市场上招标，要购入一大批水泥。很快，有两家公司投标，其中一家是和他做过不少生意的公司，该公司的推销员找上门来，问他还有哪家公司来投标，老王碍于面子告诉了他。没想到接下来的谈话里，这个推销员开始了对那家公司喋喋不休的评价："他们啊，是一家刚开始起步的公司，他们能按照您的要求发货吗？他们的信誉也不知道怎么样，产品质量也不知道有没有保证，您就愿意冒这样的风险吗？王先生……"

老王是一个最不喜欢评论别人长短的人，听推销员这样说，非常反感，于是抱着一种客观的态度对那家公司进行了实地考察，没想到那家公司的管理非常严格，产品的质量也很高，老王当时就和他们签了订单。后来，他们之间一直保持着良好的生意往来。

"同行是冤家"，在推销中遇到竞争对手是一件很正常的事，有些推销员为了竞争而贬低对手，但这样做只会让客户降低对你的评价。不贬低诽谤竞争对手的产品是推销员的一条铁的纪律。一名合格的推销员一定要记住，把别人的产品说得一无是处，决不会给自己的产品增加一点好处。

8. 养成专注的习惯

法国小说家巴尔扎克年轻的时候，曾在很多领域做过尝试，他经营过出版、印刷业，但都没有成功，且欠下了巨额的债务。债权人经常半夜来敲他的门，警察局发出通缉令，要立即拘禁他。为了逃避债权人的纠缠，巴尔扎克总是居无定所。后来在一个晚上，他偷偷地搬进了巴黎贫民区卜西尼亚捷的一间小屋里，隐姓埋名，开始了他的文学创作。

反思以前，巴尔扎克深为自己不断变更工作而后悔。想着自己喜欢的文学创作，总是被自己浮躁不堪的其他想法阻挠，而不能有所突破。后来，他终于专注于自己的写作生涯，他从储物柜里找出拿破仑的小雕像，放在书架上，并贴了一张小纸条："彼以剑锋创其始者，我将以笔锋竟其业。"若干年后，巴尔扎克终于用他不朽的著作赢得了"世界文学大师"的美誉。

所谓专注，就是把自己的注意力集中放到某一点上，专注于某一确定的目标，集中自己内外所有的人力、精力、智力、物力和财力，投入到这个目标中，最终取得超越性的突破。

专注是成功必备的品质，适用于所有的行业和领域，适用于一个人不同的年龄阶段，特别是推销员，只有专注，才能有更多的精力去完成推销目标；只有专注，才能比别人更加精通，才有可能创新，才能在竞争中立于不败之地。

专注是一种态度，一种精神，推销员以专注的心态看待工作，在推销中保持专注的精神，专注于自己的行业，专注于自己的产品，专注于自己的客户，最终必能成功。

课堂实训

仪态训练

【实训条件】

进行站姿、坐姿、走姿、目光训练。

【实训要求】

1）站姿训练：①个人靠墙站立，要求后脚跟、小腿、臀、双肩、后脑勺都紧贴墙，每次训练20分钟左右，每天一次；②在头顶放一本书使其保持水平促使人把颈部挺直，下巴向内收，上身挺直，每天训练20分钟左右，每天一次。

2）坐姿训练：按坐姿基本要领，着重脚、腹、胸、头、手部位的训练，可以配舒缓、优美的音乐，以减轻疲劳，每天训练20分钟左右，坚持每天训练。

3）走姿训练：在地面上画一条直线，行走时双脚内侧踩在绳或线上。若稍稍碰上这条线，即证明走路时两只脚几乎是在一条直线上。训练时配上行进音乐，音乐节奏为每分钟60拍。

4）目光训练，以下两种方法坚持每天训练，不要间断，必使目光明亮有神：①点上一支蜡烛，视点集中在蜡烛火苗上，并随其摆动，坚持训练可达到目光集中、有神，眼球转动灵活的效果。②追逐鸽子飞翔可使目光有神。

【实训设计】

1）每4～6名学生分为一组，分别训练，然后以自我介绍的形式完成全过程。

2）组与组之间互相观摩学习并打分，且每组推出一名优秀者在班内进行示范。

3）教师根据学生表现进行指导，并进行点评。

【实训评价】

实训评价表如表2-8所示。

表2-8 实训评价表

被考评人			考评地点			
考评内容						
考评指标		考评标准	分值/分	自我评价/分	小组评议/分	实际得分/分
专业知识与技能掌握	注重礼仪规范	懂得礼仪规范	5			
	具有正确的工作态度	具有正确的工作态度	5			
	具备良好的心态	具备良好的心态	10			
	养成良好的习惯	养成良好的习惯	10			
	课堂实训	实训活动完成情况	20			
通用能力培养	出勤	按时到岗，学习准备就绪	10			
	道德自律	自觉遵守纪律，有责任心和荣誉感	15			
	学习态度	积极主动，不怕困难，勇于探索	10			
	团队分工合作	能融入集体，愿意接受任务并积极完成	15			
合计			100			
考评辅助项目					备注	
团队之星					两项考评辅助项目是为了激发学生的学习积极性	
团队互评						

注：1．实际得分＝自我评价×40%＋小组评议×60%。

2．考评满分为100分，59分及以下为不及格；60～74分为及格；75～84分为良好；85分及以上为优秀。

3．“团队之星”可以是本次实训活动中贡献突出者，也可以是进步最大者，同样可以是其他某一方面表现突出者。

4．“团队互评”是由评审团讨论后对各团队给予的最终评价。评审团由各团队组长组成。当各团队完成实训活动后，各团队组长先组织本团队内部进行商议，然后各团队组长将意见带至评审团，评价各团队整体工作情况，将各团队互评分数填入其中。

任务 2.3　研究业务知识

任务目标

1. 知识目标

1）掌握市场知识。
2）掌握商品知识。
3）掌握企业知识

2. 能力目标

能够熟练运用所掌握的业务知识，为推销服务。

3. 素质目标

提高学习能力，不断拓宽知识面。

故　事

善于思考的人

两个青年一同开山，一个把石块砸成石子运到路边，卖给建房的人；一个则直接把石块运到码头，卖给杭州的花鸟商人。因为这儿的石头是奇形怪状的，他认为卖重量不如卖造型。后来，不许开山，只许种树，于是这儿成了果园。每到秋天，漫山遍野的鸭梨招来八方客商，他们把堆积如山的梨子成筐成筐地运往北京和上海，然后再发往韩国和日本。因为这儿的梨，汁浓肉脆，口味纯正无比。就在村上的人为鸭梨带来的小康日子欢呼雀跃时，曾卖石头给杭州花鸟商人的那位果农卖掉果树，开始种柳。因为他发现，来这儿的客商不愁挑不到好梨子，只愁买不到盛梨子的筐。再后来，一条铁路从这儿贯穿南北，这儿的人上车后，可以北到北京，南抵九龙。小村对外开放，果农也由单一的卖水果开始谈论果品加工及市场开发。就在一些人开始集资办厂的时候，那个村民在他的地头砌了一垛 3 米高、100 米长的墙。这垛墙面向铁路，背依翠柳，两旁是一望无际的万亩梨园。坐火车经过这儿的人，在欣赏盛开的梨花时，会突然看到四个大字：可口可乐。据说这是五百里山川中唯一的一个广告，那垛墙的主人凭这垛墙，第一个走出了小村，因为他每年有 4 万元的额外收入。

（资料来源：http://bbs.chinaacc.com/forum-2-13/topic-2858644.html.）

启示 成功往往来源于不断地总结、学习和创新。与其说他是一个天才经营者，不如说他是一个善于思考、学习和总结的人。

情景导入

有一位推销员挨家挨户推销化妆品，在一家门前，进行必要的礼仪招呼之后，他说明了来意，正好对方有购买的意愿，推销员就拿出样品让客户观看。这时，客户发现化妆品的包装上有“果酸”的字样，就问推销员是什么意思，有什么作用。这个推销员一听就懵了，吞吞吐吐了很久，说不出个所以然来，结果可想而知。

思考：这位推销员失败的原因是什么？

知识储备

2.3.1 市场知识

娃哈哈认识到农村市场的巨大发展空间，在推广非常可乐时选择避开已被百事可乐和可口可乐占领的城市市场，采用“曲线救国”的策略在农村市场发力，取得了很大成功。

市场是企业和推销员活动的基本舞台，在当代激烈竞争的市场中，市场如战场，竞争如战斗，推销员必须全面了解和掌握市场运行的基本原理和市场营销活动的理论，这也是企业和推销员成功的重要条件。一般来说，推销员应掌握的市场知识包括如下几点。

1. 客户知识

关于现有购买者的特征、经济状况及变动情况，不同地区、不同民族购买者的消费习俗和需求特征，购买者的购买动机、购买习惯、购买频率及每次的购买数量，购买者的购买品牌、商标、商店和偏好及原因，购买者对新产品的反应及其对企业的要求和意见等。

2. 市场供求信息

关于现有市场需求量、销售量、供求平衡状况，市场上对所推销商品的最大潜在需求量，各个细分市场的绝对占有率和相对市场占有率，企业及同行业竞争者在市场中的地位、作用及优劣势比较，国内、外市场需求的变化和发展趋势等。

3. 商品销售效果信息

关于企业经营过程中所采取的各种营销策略的效果，如产品包装的改变、价格的改变、销售渠道的变化等。

4. 竞争对手的信息

关于竞争产品的更新状况，销售价格、分销渠道及网点设置，竞争者的促销手段的变化，目标市场及市场占有率的变化等。

另外，推销员是联结企业与市场的桥梁和纽带，他们直接与市场、客户接触，能及时、准确地捕捉市场信息。推销人员在推销过程中有意识地收集各种市场情报信息，加以整理分析，一方面是为推销做准备，另一方面还应将这些市场信息及时反馈给企业，使企业能够掌握市场动态，摸准市场的脉搏，相应地做出调整，增加市场信息的敏感度。

2.3.2 企业知识

客户：“请问一下，从报纸上看，你们公司分分合合的，到底是怎么回事？”

推销员：“这……我也不太好解释，实在是抱歉。”

推销员是企业的“外交官”，代表着企业。在现代市场营销中，客户不仅要选择商品，而且很注意选择品牌和生产厂家，讲究商品购买的安全性。客户在决定购买商品之前，一般要了解推销人员所代表企业的历史和现状，然后才做出购买的决策。可见，推销人员熟悉本企业的情况是相当重要的。另外，推销人员的工作是企业整体营销的一个组成部分，这就要求推销人员了解企业的总体规划、发展战略、企业目标和营销策略，自觉按企业的整体要求开展推销，为企业的整体利益和长期发展做出贡献。

一般情况下，企业的知识包括企业的历史、现状和未来三部分。

（1）企业的历史知识

企业的历史包括企业的前身、成立背景、年限、发展沿革、业务发展步调，甚至包括企业历史上主要领导人的履历、大的事件、背后的原因等。

推销人员系统地了解企业的历史，不仅能够使其在市场上流利地应对客户的询问，还能树立推销人员对企业的正确认识，有助于他们建立对企业的归属感，同时，还能最大限度地避免各种内部小道消息的散播。

（2）企业的现状知识

企业的现状包括四个大方面。

1）企业的近期目标，包括本年及未来两年的经营业绩指标、内部管理改善指标、团队建设指标等。

2）企业的组织结构，包括企业整体的组织结构框架、各部门相互间的配合和隶属关系、各个部门主要的负责人及各部门的关键职能等。

3）企业的市场定位，包括企业目前的市场竞争地位、企业的客户群概况、企业的市场覆盖区域及不同区域或客户群的侧重策略等。

4）企业的理念文化，主要包括名称的深层意义、会标图案解析、企业所倡导的核心价值观和企业使命等。

（3）企业的未来知识

对于推销人员来讲，了解企业的未来，对其是一种莫大的鼓励。因为推销人员能够很自然地从企业的未来就看到自己的未来。

企业的未来包括企业3～5年的市场目标、企业未来的市场定位、企业未来的组织发展和产品发展，甚至包括企业员工的个人职业生涯规划等。如果一家企业能够做出明确的未来五年的发展计划，并且能清晰地描述出实现未来目标的路径和方法，就能够进一步强化推销人员的信心和归属感，并且使推销人员的努力同企业整体的发展步调更好地协调一致起来。

2.3.3 产品知识

现代社会，推销人员面对的是受到更多教育和有更多需求的客户，这些客户会提出更多的问题，并要求对他们的购买问题提供更加精确的解决方案。所以推销人员必须认真研究自己的产品，对自己的产品了如指掌，毫不迟疑地解答客户提出的任何问题。优秀的推销人员应该不断地丰富自己的产品知识，这是客户的需求，也是推销人员的基本职责。推销人员在进行推销之前，一定要对产品的以下基本特征有充分了解。

1. 产品名称

有些产品的名称本身就具有特殊的含义，这些名称有可能包含产品的基本特征，也有可能包含产品的特殊性能等，所以推销人员必须充分了解。

2. 产品的技术含量

产品的技术含量指的是产品所采用的技术特征。一个产品的技术含量的多少，推销人员应该了如指掌，在对客户进行推销时，要扬长避短。

3. 产品的物理特性

产品的物理特性包括产品的规格型号、材料、质地、美感、颜色和包装等。

4. 产品价值

推销员应该知道该产品能够为客户带来什么样的利益，这是推销人员应该重点研究的地方。因为消费者之所以选择购买某种产品，是因为该产品能够给消费者带来他所需要的效用。因此，销售人员应该注意以下几点：

1）品牌价值。现在随着人们品牌意识的提高，对于很多产品，消费者比过去更注重产品的品牌知名度。

2）性价比。这是理智的消费者会着重考虑的因素，在购买某些价格相对比较高的产品时，这种考虑会更加深入。

3）特殊优势。特殊优势指的是产品蕴含的新功能、其他产品所无法提供的功能等。

4）服务。现在人们越来越关注产品的服务。但是，产品的服务不仅仅指售后服务，还包含销售前服务和售中服务。

推销人员不仅要熟悉自己的产品，还要熟知竞争对手的产品；不仅要了解自己产品的优点，还应正视产品的不足，实事求是地向客户表明真相。实践证明，拒绝接受客户的反对意见，常会使推销工作毁于一旦。

课堂实训

研究业务知识

【实训条件】

各推销团队分别选择特定的商品（服务），设计推销思路，完成推销品的介绍。

1）选择特定的商品（服务），设计推销思路。

2）产品特性分析——特征、优缺点、利益、证明等。

3）客户信息分析——基本资料、兴趣爱好、购买习惯、潜在需求等。

4）企业相关信息分析——历史、现状、未来发展等。

【实训要求】

1）以某公司推销员的身份，向客户介绍事先选定的商品。

2）以客户的身份，向推销员具体咨询该商品。

3）要求注重着装、礼仪，语言恰当，顺利完成推销任务。

【实训设计】

1）每 4～6 名学生分为一组，分别扮演推销员和客户。每人写出一份产品推销说词报告。

2）组织一次课堂交流与讨论，模拟推销，介绍商品。

3）互换角色模拟。

4）教师根据学生表现进行指导，选择优秀的“推销员”进行示范，并进行点评。

【实训评价】

实训评价表如表 2-9 所示。

表 2-9　实训评价表

<table>
<tr><td colspan="2">被考评人</td><td></td><td colspan="2">考评地点</td><td colspan="2"></td></tr>
<tr><td colspan="2">考评内容</td><td colspan="5"></td></tr>
<tr><td colspan="2">考评指标</td><td>考评标准</td><td>分值/分</td><td>自我评价/分</td><td>小组评议/分</td><td>实际得分/分</td></tr>
<tr><td rowspan="4">专业知识与技能掌握</td><td>市场知识</td><td>掌握市场知识</td><td>10</td><td></td><td></td><td></td></tr>
<tr><td>企业知识</td><td>掌握企业知识</td><td>10</td><td></td><td></td><td></td></tr>
<tr><td>产品知识</td><td>掌握产品知识</td><td>10</td><td></td><td></td><td></td></tr>
<tr><td>课堂实训</td><td>实训活动完成情况</td><td>20</td><td></td><td></td><td></td></tr>
<tr><td rowspan="4">通用能力培养</td><td>出勤</td><td>按时到岗，学习准备就绪</td><td>10</td><td></td><td></td><td></td></tr>
<tr><td>道德自律</td><td>自觉遵守纪律，有责任心和荣誉感</td><td>15</td><td></td><td></td><td></td></tr>
<tr><td>学习态度</td><td>积极主动，不怕困难，勇于探索</td><td>10</td><td></td><td></td><td></td></tr>
<tr><td>团队分工合作</td><td>能融入集体，愿意接受任务并积极完成</td><td>15</td><td></td><td></td><td></td></tr>
<tr><td colspan="2"></td><td>合计</td><td>100</td><td></td><td></td><td></td></tr>
<tr><td colspan="5">考评辅助项目</td><td colspan="2">备注</td></tr>
<tr><td colspan="2">团队之星</td><td colspan="3"></td><td colspan="2" rowspan="2">两项考评辅助项目是为了激发学生的学习积极性</td></tr>
<tr><td colspan="2">团队互评</td><td colspan="3"></td></tr>
</table>

注：1. 实际得分＝自我评价×40%＋小组评议×60%。

2. 考评满分为 100 分，59 分及以下为不及格；60～74 分为及格；75～84 分为良好；85 分及以上为优秀。

3. “团队之星”可以是本次实训活动中贡献突出者，也可以是进步最大者，同样可以是其他某一方面表现突出者。

4. “团队互评”是由评审团讨论后对各团队给予的最终评价。评审团由各团队组长组成。当各团队完成实训活动后，各团队组长先组织本团队内部进行商议，然后各团队组长将意见带至评审团，评价各团队整体工作情况，将各团队互评分数填入其中。

任务 2.4　把 握 客 户

任务目标

1. 知识目标

1）了解客户类型。

2）了解客户的心理特征。

2. 能力目标

1）能够正确判断客户类型，采取相应的推销策略。
2）能够把握客户的心理特征，将其朝有利于推销的方向引导。

3. 素质目标

培养观察能力、应变能力。

故 事

班 花

女生公开投票选班花，相貌平平的小梅发表演说：“如我当选，再过几年，在座的姐妹可以向自己先生骄傲地说，我上大学的时候，比班花还漂亮!”结果，她全票当选。

启示 想要说服他人支持你，不一定要证明比他们优秀，而要让别人觉得，因为有你，他们才变得更优秀，更有成就感。小梅的成功在于她的机智、审时度势和良好的应变能力。

情景导入

某女青年计划买一件羊绒衫，具体购买什么样的羊毛衫，选择哪种款式、品牌、颜色、价格、档次等方面的要求尚未完全明确。为此，女青年在购买过程中，需要对各种品牌、款式、色彩、价格的羊毛衫进行了解、比较，并希望得到别人的参谋帮助，最后根据自己的爱好，需要确定一个明确目标。

思考：她是哪种类型的客户？

知识储备

2.4.1 客户类型

在现实生活中，推销员的目标客户主要有两类：一类是生活品消费者，即个人和家庭，称为个体客户；另一类是社会集团消费者，即企业和社会团体，称为团体客户。二者的购买动机、目的、数量及需求、特点各不相同。团体用户——社会集团消费者的购买专业性比较强，购买量大，主要是为了满足生产经营的需要，所以一般都比较理性。而个体客户——生活品消费者一般购买数量小，购买频率高，购买产品是为了满足自己及家庭的需要，其需求、购买动机等是多种多样的。所以推销员必须对这些因素加以了解，按照不同的标准对客户的购买行为进行分类，探索消费者购买行为的差异性，总结其变化规律，有助于推销员更好地分析研究客户的心理活动，针对不同的客户采取不同的推销策略。个体客户即生活品消费者的分类如下。

1. 按照客户购买目标的选定程度区分

1）全确定型。此类消费者，在进入销售现场、发生购买行为之前，已有明确的购买目的，对所要购买商品的种类、品牌、价格、性能、规格、式样等都有明确的要求。这类消费者一般能有目的地选择商品，并主动地提出需购商品的各项要求，一旦商品合意，就能果断成交。

2）半确定型。这类客户在进入销售现场前，已有一个大致的购买目标，但目标还不是很具体、清晰。最后购买决定是经过选择比较而完成的。

3）不确定型。这类消费者在进入销售现场、发生购买行为前，没有任何明确的购买目标，进入商店主要是参观、浏览，一般是漫无目的地观看商品，或随便了解一些市场商品销售情况，碰到感兴趣与合适的商品也会购买，否则不买商品就离去。客户是否决定购买，与商店内外部环境条件及客户心理状态有关。

2. 按消费者表现的不同特征区分

1）习惯型。这类客户的购买行为特点是喜欢根据过去的购买经验、使用习惯来购买商品。他们在长期的购买活动中，往往会对某种商品或某家企业产生一种特殊的感情，非常信任、熟悉，以致形成某种定式，如商品质量过硬、企业服务周到等，在这种偏好和信任的基础上，客户往往会不加考虑，重复以往的购买行为，或长期惠顾某商店，这类客户在购买商品时，决策果断，成交速度快，不受时尚风气的影响，购买行为表现出很强的目的性。

2）理智型。这类客户的特点是，在购买活动中善于观察、分析、比较，根据自己的经验和对商品的知识，广泛搜集所需要商品的信息，经过周密的分析和思考，才能做出购买决定。此类客户购买行为以理智为主，很少感情用事，主观性较强，不受他人及广告宣传的影响。挑选商品仔细、认真，很有耐心。在整个购买过程中保持高度的自主，并始终由理智来支配行动。

3）感情型。此类客户的购买特点是带有浓厚的感情色彩，表现在选购商品时，感情体验深刻，想象力和联想力特别丰富，审美感觉也比较灵敏。例如，有些客户看到某件时装就会联想到自己穿上就会变得年轻漂亮，由“双喜牌”“幸福牌”的商标就会联想到吉祥如意和自己的幸福等。这类客户在购买活动中比较容易受外界因素的影响，如广告宣传、商品展销、社会流行等，在选购商品时，对商品的外观造型、款式比较挑剔，而对商品价格高低、性能好坏较为忽视。

4）冲动型。此类客户的特点是情绪易于冲动，心境变幻剧烈，对外界的刺激反应敏感，在购买过程中表现为冲动式购买。他们对产品的选择以直观感觉为主，易受广告宣传或产品造型、色调等外观的影响，并喜欢追求新产品和时尚产品，对价格是否合算，产品是否真正适用不大考虑，常凭个人兴趣购买，交易迅速，买后往往感到并非自己最满意或最需要的，因而产生懊悔之情。

5）经济型。这类客户购买行为特点是多从经济观点出发选购商品，特别注重商品质量好坏、使用效果大小及价格高低。这类客户的购买行为有两种表现：一种是喜欢选购价格低的产品，而对产品款式是否新颖、造型是否美观则不太强调，他们购买商品的原则是经济划算、物美价廉，优惠商品、折价商品对他们有较大的吸引力；另一种则是喜欢选购价格高的商品，认为价格高的商品必然质量好，经久耐用，而便宜没好货，因此，他们往往不惜耗资，以满足自己高质量消费的心理需求。

6）从众型。此类客户的特点是易受众多人同一购买趋向的影响，对所要购买的商品不去分析、比较，只要众多人购买，便认为一定不错。因此，在市场上经常发生这样的情况，只要有较多的人购买某种商品，就会有人跟随购买，尽管所购商品并非自己急需的商品，在购买食品、服装、百货、布料等商品时，从众行为表现得比较突出。

7）不定型。此类客户的特点是购买心理活动不稳定，缺乏购买经验，多属于不常购买或奉命购买商品的人。他们在购买过程中，缺乏主见，对自己需要的商品没有固定偏爱，往往长时间处于犹豫不决的状态。这类消费者渴望遇到态度温和的销售人员，乐于听取他们的参谋介绍。

3. 按消费者在购买现场的情感反应区分

1）沉静型。此类客户在购买活动中，很少受外界因素的影响，感情不外露，举动不明显，沉默寡言，态度持重，交际适度，但不随和，不愿与销售人员谈离开商品的话题。他们往往属于神经过程平静而灵活性低、反应比较缓慢而沉着类型的人。

2）谦顺型。此类客户在选购商品时愿意遵从销售人员的介绍和意见，做出购买决定较快，他们很少重复检查商品质量，但对销售人员的态度很敏感。这些客户往往属于神经过程比较薄弱，难以忍受神经紧张、内心体验较深刻的一类人。

3）活泼型（健谈型）。此类客户在选购商品时，能很快与销售人员接近，愿意与他们或其他客户交换意见。话题多、兴趣广、较开朗、爱开玩笑，有时甚至离开选购商品的话题，扯到其他事上。他们往往属于神经过程平衡而灵活性高，环境适应能力强，兴趣爱好易于变化的一类人。

4）反抗型。此类客户在购买过程中，往往不能忍受别人的意见，对销售人员的介绍持有戒心，异常警觉，持不信任态度，甚至于销售人员越是推荐、介绍其产品，他越不买。他们多属于性情孤僻、独立、主观意志较强的一类人。

5）傲慢型（激动型）。此类客户在选购商品时，表现出傲慢的态度。语言表情都神气十足，甚至会用命令的口吻提出要求，且情绪易于激动，稍不合意就会与销售人员发生争吵，爆发狂热而不能自制。他们多属于兴奋过程强烈，而抑制能力差、情绪易于冲动的一类人。

以上所述并非客户购买行为的全部类型。在现实生活中客户购买行为远非几种简单的类型所能归纳，而是相当复杂的。因此，研究分析客户的购买行为，必须结合现实购买环境，结合客户的言行特点，以及他们对商品的心理反应等方面进行具体的分析。

2.4.2 客户的心理特征

客户在准备购买和实施购买活动时所表现出的心理是各种各样的，推销员对这些心理的了解，有助于推销员认准客户，使推销工作有的放矢，提高推销的成功率。客户的心理特征包括以下几点。

1. 多样性

客户是各不相同的，他们表现出来的购买心理也会不同。甚至购买同一个产品，由于各人的经济条件、生活习惯、性格爱好、性别年龄、文化水平、民族宗教等差异，表现出来的消费心理也不一样，有的还会大相径庭。他们有的追求价廉物美，有的追求名牌档次，有的追求色泽鲜艳协调，有的追求款式新颖。推销人员如何适应客户购买心理多样性的特征是一个不容忽视的长期性研究课题。

2. 复杂性

客户的心理特征还表现在认识上、观念上的差异性所形成的消费者购买心理的复杂性。对于同一商品的购买，客户会有多种主导心理，其中有可能以某种心理为主，其他心理为辅，这种心理因素的主次关系又会随外界的环境而变化。推销人员要利用这种复杂性的心理特征，引导出有利于推销的心理状态。

3. 发展性

经济在进步，社会在发展，客户的需要也会随着发展。而且这种发展是永远没有止境的，其结果是使需要变为欲望；使潜在的需要变为现实的需要，使欲望变为可能。正是这种发展性成为推动人类社会和科学技术不断进步的动力。

消费者心理的发展性为广大的推销员提供了永久性的使命，如何改进产品、完善服务、提高服务质量、实现客户更高心理需求的满足也是推销事业永久性的课题。

4. 周期性

客户的某些需要获得满足之后，便会逐渐减弱、消退并在一定时间内不再产生。但随着时间的推移，已消退的需要又会重新出现，这就是消费心理的周期性特征。这一特征既是由生物有机体的功能及自然环境变化规律所决定的，又同产品寿命、社会时尚、购买习惯、工作与闲暇时间、固定收入等因素相关联。例如，许多产品的销售淡旺季循环变化是由季节更替和节假日造成的；消费者购买某些产品的频率与工休、发薪日相关，并形成周期；服装流行周期与社会时尚变迁相呼应。

对消费心理周期性的了解和研究，有助于企业对推销的产品根据周期变化进行调节。应当注意，这种周而复始地循环在很多情况下并不是停留在原来的起点和水平上进行的机械重复，而是不断变化和上升的。

5. 时尚性

客户总是有一种追求时髦和新颖的心理，称为时尚性。这种心理在不同价值观的国家和民族体现的程度不同，不同收入的客户表现的情形不同，不同年龄的客户也会有不同的表现。一般来说，开放发达国家的客户、经济收入高的客户和青年客户的时尚性表现更为突出。所以，企业推销的产品应该具有一定的时尚性，并在外观、外形、包装和售后服务方面具有一定的时尚性，力争跟上国际潮流。

6. 可诱导性

客户的需求心理和购买行为除了受自身的生理、心理因素影响外，还与客观现实刺激有着很大的关联。生活和工作环境的变迁、人际沟通与交往的启示、文化教育的培养、大众媒介的传播、广告促销的诱导等都会促使客户的心理产生变化：由一种需要转向另一种需要，由潜在需要变成现实需要，由微弱欲望变成强烈欲望等。也就是说，客户的需要可以通过引导、调节、激励和培养来形成。这个心理特征对于企业的推销员来说，尤为重要。

课堂实训

把握客户心理

【实训条件】

一商场中，一个客户在一款灯具面前驻足很久，推销员如何利用客户需求心理顺利成交？

【实训要求】

1）以某公司推销员的身份，向客户销售商品。

2）要求注重着装、礼仪，语言恰当，顺利完成推销任务。

【实训设计】

1）每4～6名学生分为一组，分别扮演推销员和客户。

2）模拟交流，完成销售任务。

3）互换角色模拟。

4）教师根据学生表现进行指导，选择“推销员”进行示范，并进行点评。

【实训评价】

实训评价表如表2-10所示。

表2-10 实训评价表

被考评人			考评地点			
考评内容						
考评指标		考评标准	分值/分	自我评价/分	小组评议/分	实际得分/分
专业知识与技能掌握	客户类型	正确区分客户类型	15			
	客户的心理特征	正确把握客户的心理特征	15			
	课堂实训	实训活动完成情况	20			
通用能力培养	出勤	按时到岗，学习准备就绪	10			
	道德自律	自觉遵守纪律，有责任心和荣誉感	15			
	学习态度	积极主动，不怕困难，勇于探索	10			
	团队分工合作	能融入集体，愿意接受任务并积极完成	15			
合计			100			
考评辅助项目						备注
团队之星						两项考评辅助项目是为了激发学生的学习积极性
团队互评						

注：1．实际得分＝自我评价×40%＋小组评议×60%。

2．考评满分为100分，59分及以下为不及格；60～74分为及格；75～84分为良好；85分及以上为优秀。

3．“团队之星”可以是本次实训活动中贡献突出者，也可以是进步最大者，同样可以是其他某一方面表现突出者。

4．“团队互评”是由评审团讨论后对各团队给予的最终评价。评审团由各团队组长组成。当各团队完成实训活动后，各团队组长先组织本团队内部进行商议，然后各团队组长将意见带至评审团，评价各团队整体工作情况，将各团队互评分数填入其中。

项 目 小 结

本项目主要介绍了编制推销计划、塑造自我形象、研究业务知识及把握客户。

推销计划按照职能范围，可分为部门推销计划和个人推销计划。按照计划时间，推销计划分为年计划、月计划和日计划。按照计划期间划分，可以概括为长期计划、中期计划和短期计划。

编制推销计划包括编制部门推销计划和编制个人推销计划。

塑造自我形象包括注重礼仪规范、具有正确的工作态度、具备良好的心态、养成良好的习惯。

推销人员除了要从物质上和精神上做好充分准备外，还必须深入研究业务知识，包括市场知识、企业知识和产品知识。

按不同的分类标志，从不同的角度可以把客户分成多种类型：按照客户购买目标的选定程度区分，分为全确定型、半确定型和不确定型；按客户表现的不同特征区分，分为习惯型、理智型、感情型、冲动型、经济型、从众型和不定型；按客户在购买现场的情感反应区分，分为沉静型、谦顺型、活泼型（健谈型）、反抗型和傲慢型（激动型）。

习 题

一、在线练习

在线练习 2

二、思考题

1. 什么是推销计划？推销计划是如何分类的？
2. 如何制订部门的推销计划？
3. 如何制订个人的推销计划？
4. 推销人员在推销过程中应注重的礼仪规范有哪些？
5. 推销员应具有怎样的工作态度？
6. 推销人员应具有什么样的心态？
7. 推销人员在推销过程中应养成哪些良好的习惯？
8. 推销员应具备哪些方面的业务知识？
9. 客户的心理特征是什么？

三、案例分析题

案例1 编制推销计划

2021年，某服装公司计划通过网络销售服装100万件，销售额10亿元，利润目标为1亿元，分别比去年增长20%。

问题：如果你是该公司的一名推销员，负责网络销售工作，如何编制部门和个人推销计划？

案例2 最好的介绍信

马先生要雇佣一名清洁工到他的办公室做事，大约有40多人前来应聘，但马先生却选中了一个男孩。他的朋友问道："为什么选中了那个男孩？他既没有介绍信也没人引荐。"马先生说："其实他带来了许多'介绍信'。他在门口蹭掉了脚上的泥土，进门后随手关上了门，说明他做事小心、仔细。当他看到一位残疾老人时，立即起身给老人让座，显得既懂礼貌又有教养。还有我故意在地板上放的那本杂志，其他所有人都从杂志上迈了过去，只有他俯身捡起那本杂志，并放回桌子上。当我和他交谈时，我发现他衣着整洁，头发梳得整整齐齐，指甲剪得干干净净。难道这不是最好的介绍信吗？"

问题：马先生最后为什么录取了那个男孩？

案例3 推销汽车

某推销员正在推销A、B两款汽车，他想卖出B款汽车，因此他在和客户交谈时说："现在B款汽车已经在前两天被人订下了，要我替他留着你现在要买没有现货，那你还是看看A款汽车吧，其实它也不错。"

客户看着两款汽车，觉得B款汽车好，但是着急用又没有现货，挺遗憾的。

过了几天，推销员兴高采烈地找到客户，说："你现在可以买B款汽车了，你真幸运，以前的客户由于钱紧，先不买了，我就把B款汽车留给了你。"

听到这，客户当然很高兴自己能有机会买到B款汽车，现在自己想要的东西被送上门，眼下不买，更待何时？因此，买卖B款汽车的交易很快达成了。

问题：推销员是运用什么知识达成交易的？

实训

一、能力训练

主题：研究业务知识的方法与技巧的训练。

课时：2学时。

地点：教室。

1. 过程设计

1）学生课前在网上或其他渠道查阅企业的相关资料，包括企业的历史、某名牌产品的相关知识及现在市场的状况（老师事先有针对性地指定一些知名企业，如有悠久历史的老企业达仁堂或成立不久的新企业联想集团等）。

2）每 2 名学生分为一组，分别扮演推销员和客户。

3）模拟推销，进行推销实践（主要是如何介绍产品让客户可信度增加及针对客户围绕产品提出的问题予以解决）。

4）互换角色模拟。

5）教师根据学生现场表现进行指导、纠正，选择优秀的“推销员”进行示范，并进行点评。

2. 实训目的

1）巩固所学的研究业务知识。

2）培养学生运用所学研究业务知识的内容准确向客户传递产品信息及解决客户围绕产品异议的能力。

3）采用听、说、实践的形式，拓展学生的思维，提高学生正确处理客户异议的能力。

4）最大限度地调动学生的积极性，使学生体会共同学习的重要性。

建议：课前教师可以让学生复习所学知识，查阅相关资料，然后在课程上应用于模拟实践中，同时为鼓励学生积极参与，可以采用发放奖品或计入平时成绩等奖励方式鼓励学生积极发言。

二、实战演习

1. 实战准备

1）把学生分成组，每组 4～7 人，让他们分别到各种类型的人才市场或劳务市场。

2）学校组织学生应聘，进行自我推销。

2. 实战目的

1）通过学生到各种类型的人才市场或劳务市场，观察、学习塑造自我，推销自我的方法与技巧，亲身体会到推销准备的重要性。

2）通过学生进行实际应聘，提高各方面的能力。

3. 实战方案

1）教师事先和人才市场或劳务市场联系，约好时间，带领学生去；或者让学生利用课余时间自己去。

2）学生认真观察，并做好记录。观察记录时主要围绕以下问题。

① 用人单位对仪表有哪些要求？

② 应聘时学生应做好哪些方面的准备？

③ 现在用人单位最需要学生的哪些知识与能力？

④ 应聘时学生应注重哪些礼仪规范？

3）各小组的学生认真完成书面报告，在课堂上汇报交流，并为以后的讨论打下基础。

项目3 寻找客户

任务3.1 寻找准客户

任务目标

1. 知识目标

1）掌握准客户确定范围。
2）掌握寻找准客户的途径。

2. 能力目标

能够正确运用寻找准客户的途径。

3. 素质目标

准确的观察能力；团队协作；乐观。

故事

乐观测试

20世纪80年代中期，美国某保险公司曾雇佣5000名推销员，并对他们进行了培训，每名推销员的培训费高达3万美元。谁知，雇佣后的第一年就有一半人辞职，4年后这批人只剩下了五分之一。

该公司的老板向宾夕法尼亚大学心理学家马丁·塞里格曼讨教，希望他能为公司的招聘工作提供帮助。

塞里格曼教授对公司招聘的1.5万名新员工进行了两次测试：一次是用该公司常规进行的以智力测验为主的甄别测试，另一次是用塞里格曼教授自己设计的对被测者乐观程度的测试。在这些新员工当中，有一组人没有通过甄别测试，但在乐观测试中，他们却取得了"超级乐观主义者"的成绩。而后，对这组员工进行了分类的跟踪研究。

跟踪研究的结果表明：这一组人是所有人中工作任务完成得最好的。第一年，他们的推销额比"一般悲观主义者"高出21%，第二年高出57%。从此，通过塞里格曼教授的"乐观测试"成了该公司录用推销员的一个重要条件。

塞里格曼教授认为，当乐观主义者失败时，他们会将失败的原因归于某些他们可以改变的事情，而不是那些固定的、他们无法克服的困难。因此，他们会努力去改变现状，以争取成功。

（资料来源：http://www.hujiang.com/qingshang_s/p544523.）

启示 困难和挫折是难免的，但积极、乐观可以战胜一切困难和挫折，对于推销人员来说更是如此。不要因为一时的失败而丧失了信心！

情景导入

拼多多成立于 2015 年 9 月，是国内主流的手机购物 App 之一，用户通过发起和朋友、家人、邻居甚至陌生人的拼团，以更低的价格购买商品。拼多多旨在凝聚更多人的力量，使消费者用更低的价格买到更好的东西，体会更多的实惠和乐趣。

2018 年 7 月 26 日，拼多多在美国纳斯达克证券交易所正式挂牌上市。2019 年 9 月 7 日，中国商业联合会、中华全国商业信息中心发布 2018 年度中国零售百强名单，拼多多排名第 3 位。2019 年 6 月 11 日，拼多多入选“2019 福布斯中国最具创新力企业榜”。

2019 年 10 月 25 日（美国当地时间 10 月 24 日），拼多多股价报 39.96 美元，上涨 12.56%，市值增加至 464 亿美元，超过京东。

思考：为什么创业者可以通过加入拼多多招商平台，通过拼多多独特的新社交电商思维寻找到客户？

知识储备

寻找客户往往是一个推销员销售活动的开端。只有选择恰当的客户，才有可能顺利地完成推销工作。准客户是指既有购买某种商品或服务的欲望，又有支付能力购买这种商品或服务的个人或组织。在寻找客户时，不能大海捞针般地盲目寻找，必须先确定客户的范围。在此基础上还应掌握寻找客户的方法，为日后的推销工作奠定良好的基础。

3.1.1 确定准客户范围

推销员不能奢望所访问的每一个人都能购买你所销售的商品，因而需要推销员结合具体情况发现能从所销售的商品中获益，又有能力购买这种商品的个人或组织，即准客户。寻找准客户的行为也称为开发客户。

在开发客户的过程中，应该结合各方面的因素来确定准客户的范围，并进行全面的分析，才能保证推销工作能够有的放矢地进行。

1. 根据商品因素确定客户范围

> 生产一体机的企业，将扫描、复印、打印、传真功能集于一体，占用较小的办公场地，提高办公效率，依靠功能的多样化扩大了客户群。

在确定准客户范围时，非常重要的一方面就是要考虑商品因素，即所销售的商品能够满足客户的需要。我们应从商品的性能、质量、花色、品种等方面考虑，进行全面分析。商品满足客户需求的能力越大，其使用价值满足需求的特点就越明显，商品扩散就越快，客户的范围也就越广。商品的性能越优越，相对先进性越明显，其客户范围就越广。质量、性能各方面相当，价格越低、操作越便利的商品，其客户的范围也就越广。反之，价格相对较高，操作较复杂或先进性不明显，甚至较差的商品，其需求量越小，销售速度也越慢，其客户范围也越小。

2. 结合企业的特点圈定客户范围

> 如果是生产教学仪器的工厂，推销员推销的目标应该是教学单位，并且要根据教学仪器的适用范围，到大学、中学或是小学去推销。

首先，企业所经营的商品的特点是推销员在确定客户范围时要考虑的重要因素。经营生活必需品的企业，如便利店、超市等，企业的位置对于确定客户的范围非常重要。因为经营这些用品的企业所提供的产品差不多，它们之间不存在明显的差别，客户在选择产品时不存在明显的倾向性或偏好，因而一般喜欢选择邻近的商店购买。因此，在这类行业中，谁能为客户提供时间上和空间上的更多的便利条件，谁就更能赢得客户。

其次，商品的品种规模也是确定客户范围时应该考虑的因素。大型企业占地广，经营商品的品种较多，而且在商品质量、售后服务等方面比较有保障，客户容易产生信任感，相应地，企业确定的客户的范围也大一些。

企业的形象或信誉也是不可忽视的重要因素。它是一个抽象的、综合性的概念，是企业的商品质量、性能、价格、服务、技术、设备等方面的集中体现。企业形象良好，在客户中具有一定的知名度和美誉度，在确定客户范围时可适当放大些。

再次，企业营销的力度和能力对确定客户的范围也有重大的影响。一般来说，企业营销的力度和能力与企业的客户范围存在着正比例的关系。企业的营销活动力度越大、覆盖范围越广，则客户范围就越广。

3. 结合消费者状况确定客户范围

> 如推销员销售的商品是奢侈品，在确定客户范围时应该将消费者的收入水平作为一个最主要的指标。

推销员在开发客户的过程中，应先确定所销售的商品应面向的对象。比如，向低收入者推销高档奢侈品是不可能达成交易的。推销员在确定客户范围时应从客户的角度考虑，设身处地地为客户着想，使确定的客户范围更加准确、合理。

3.1.2 寻找准客户的途径

圈定客户范围后就要寻找潜在客户名单。要充分挖掘潜在客户，除了依靠推销员自身的努力外，还必须掌握并正确运用一些基本方法。推销员可以通过下列方法寻找潜在客户。

1. 普通寻找法

普通寻找法，又称普访法、“地毯式”法、逐户寻访法。它是推销员在不熟悉客户或不完全熟悉客户的情况下，对某一特定地区和特定行业的所有单位或个人进行访问，从中寻找准客户的方法。

普通寻找法及由此引发的上门推销，一般应用于对生活资料挨家挨户地推销和工矿企业对中间商的推销。

普通寻找法的缺点是带有盲目性，由于推销员对客户的情况不了解，访问时针对性差，客户事先也不知道推销员来访，对所推销的商品不了解，往往采取拒绝的态度。为了提高使用效果，在应用普通寻找法时应注意以下两点。

首先，为了减少盲目性，推销员在上门访问前，应根据自己所推销商品的特性与使用范围等，进行必要的可行性研究，确定一个比较适当的行业范围或地区范围。

其次，要在总结以前经验的基础上，多设计几种谈话的方案与策略，尤其是斟酌好第一句话的说法与第一个动作的表现方式，减少被拒之门外的概率。

运用此法最大的障碍是如何接近客户，即在客户购买商品或接受服务之前，推销员努力获得客户的接待并相互了解的过程。接近客户可采用的方法有派发宣传资料、馈赠、调查、利益引导、赞美接近及求教接近。

2. “中心开花”寻找法

“中心开花”寻找法又称名人介绍法、中心人物法、中心辐射法，是指推销员在某一特定的目标客户群中选择有影响的人物或组织，并使其成为自己的客户，然后在这些中心人物的影响和协助下，把该范围内的个人或组织发展成为准客户的方法。

中心人物起着决定作用，而且往往难以接近。假如中心人物不愿意与推销员合作，推销员就会失去很多客户。另外，如果推销员选错了中心人物，就有可能弄巧成拙，既耗时间又费精力，最后往往贻误推销时机。

此法比较适合新产品、高级消费品或为企业创造名望的商品，如新款高级洗发水，只到理发店去推销，利用理发师的推荐来寻找客户。此法通常配合其他方法一起使用。

3. “耳目”寻找法

“耳目”寻找法是指推销员通过委托有关人士来寻找准客户的方法。一个推销员要想跑遍所有的地方去寻找客户，无论从主观上还是从客观上来说都是不现实的。一个企业也不可能派成千上万的推销员奔赴世界各个角落去推销。因此，利用“耳目”来挖掘准客户、拓展市场，是一种行之有效的方法。推销员的“耳目”可以来自同行、系统内、对口行业，也可以从竞争对手处寻找，还可以聘请兼职信息员。

在运用这种方法时要注意加强对“耳目”的选拔和制定对“耳目”的管理制度，注意加强与“耳目”之间的联系，以及对“耳目”进行有关产品及销售技巧的传授。不仅要对“耳目”以利诱导，更要注意以情感化。

4. 广告开拓寻找法

1956 年，艾柯卡被提升为福特公司费城地区销售副经理。这时，福特公司推出了 56 型新车，公司发给艾柯卡一部介绍该车安全装置的广告影片，以放映给汽车销售商看。影片的解说词介绍说：这种防震的安全垫很有效，如果你从二楼把鸡蛋扔到安全垫上，鸡蛋会从垫子上弹起来而不会破碎。

为追求推销宣传工作的戏剧效果，艾柯卡决定在有 1100 个汽车销售商参加的地区推销会上搞一次实物表演。他把新型安全垫铺在地板上，然后带着一纸盒鸡蛋爬上高梯子，亲自作掷蛋表演。第一个鸡蛋落下来，落在了地板上，鸡蛋碎了，引起一场哄堂大笑。第二个鸡蛋扔下来时，替他扶梯子的助手不巧晃了一下，结果鸡蛋掉在了这位助手的肩膀上，又引起了一阵喝倒彩声。第三、第四个鸡蛋虽然落到垫子上，但不幸都碰破了。直到第五个鸡蛋才算成功。

福特公司这场安全装置的宣传攻势并未取得预期的效果，福特汽车在各地的销售反而变得疲软。

艾柯卡所在的费城地区更糟，销量落在最后一名，艾柯卡面临被炒鱿鱼的危险。

艾柯卡急中生智，挖空心思想出一个名为“花 56 美元钱买一辆 56 型福特汽车”的推销策划方案。按照这个方案，凡购买 56 型福特汽车的客户，买时只需先付售价的 20%，其余部分每月缴付 56 美元，3 年付清。艾柯卡把这个点子向上级汇报，在得到实施许可后，利用当地媒体大肆宣传。

“花 56 美元买一辆 56 型福特汽车”这个诱人的广告，使福特汽车在费城地区的销量直线上升，仅仅 3 个月，费城地区的销量就从原来的最后一名一跃而居全国第一名。福特公司把这种分期付款的推销方法在全国各地推广后，公司的年销量猛增了 7.5 万辆。艾柯卡也因此名声大振。不久，公司晋升他为华盛顿特区经理。

广告开拓寻找法是指推销员利用广告媒体把产品或服务的信息广而告之，吸引广告的受众前来询问或购买商品的一种寻找客户的方法。

这种方法的基本步骤如下：

1）向目标客户群发送广告。

2）吸引客户上门展开业务活动或接受反馈，然后在目标区域展开活动。

广告开拓寻找法传播信息速度快、覆盖面广、重复性好，相对普通寻找法更加省时省力，但是需要支付广告费用，针对性和及时反馈性不强。

5. 网络寻找法

网络寻找法即借助互联网宣传、发布信息广告，介绍自己的商品从而寻找客户的方法。

随着移动互联网的普及，越来越多的互联网企业、电商平台将手机端作为销售的主战场之一。相关数据显示，手机端给手机电商带来的流量远远超过了传统互联网（PC 端）所带来的流量。网络寻找法覆盖面广、针对性强，更富创意，节省费用降低成本，使沟通变得简单。但是要求购买商品的客户具有一定的计算机网络知识，要求推销员必须具备一定的计算机网络知识和具有很强的身份识别能力。

6. 客户连锁介绍法

中国台湾台中市一家咖啡店的老板为了吸引客户，推出了一个独具匠心的促销举措，即为每位经常光临该店的客户设置专用咖啡杯，而且每个专用杯上都绘上了客户自己的肖像漫画。这既是一种标记，又是一种纪念品。此法一推开，该店立即名声大振，回头客越来越多，许多客户还带着自己的家人、朋友光顾咖啡店。咖啡店的生意越做越旺，销售额也直线上升。

通过老客户的介绍来寻找有可能购买该商品的其他客户的方法称为客户连锁介绍法。企业促销有多种方法，尽管各有千秋，但客户连锁介绍法是其中最为重要的一种。

企业利用客户连锁介绍法推销，其成功的关键是要努力留住老客户。推销经验表明：企业 80%的生意来自 20%的老客户。

日本著名企业家松下幸之助曾说：“好好留住一位客户，可能就此增加许多客户；而失去老客户，也就丧失了许多生意上的新机会。因此，老客户才是最好的客户，只要留住了他们，他们就会成为企业最忠实的介绍人和最有效的推销员。”

香港推销界有一句名言：“亲戚、朋友是生意的扶手棍。”在第一次推销时，不知准客户在哪里，首先从亲戚、朋友入手，不失为一个好方法。人们常说“龙交龙，凤交凤”。由于职业关系，许多亲戚、朋友认识的人都是具有相同职业背景的人。例如，酒店经理认识的酒店经理肯定比你认识的酒店经理多。认准这一点，你就可以询问你身边从事酒店业工作的人，是否知道其他酒店经理需要的商品，或是直接要求他给你介绍其他酒店经理，然后登门拜访。见到客户后，可以说："我是您的朋友××酒店×总介绍来见您的。"这样，客户"不看僧面看佛面"，必然会热情地接待你。

日本推销员相信的一句话是"即使摔倒了也要抓一把沙"，含义很简单，推销员不能空手而归，即使生意没谈成，也要收集几个有价值的推销线索，要求客户推荐几位客户。在客户推荐的客户中，开拓出真正的客户。

需要注意的是，利用客户连锁介绍法寻找新的客户，关键在于推销员要取信于现有客户，也就是说要培养最基本的客户。我们要知道，客户连锁介绍法主要是借助于现有客户的各种社会关系，然而现有客户并没有介绍新客户的义务。此外，现有客户因为与被介绍者有着共同的社会联系和利害关系，所以他们往往是团结一致、相互负责的。明确这一点，推销员就必须树立全心全意为客户服务的观点，千方百计为客户解决问题，急客户所急，想客户所想，赢得现有客户的信任，从而取得源源不断的新客户名单。

7. 会议寻找法

会议寻找法是指推销员利用参加各种会议的机会来寻找客户的方法。国内外每年都有不少交易会，如各种博览会、展评会、订货会、供货会、物资交流会、技术交流会等，也包括各界人士联谊会、亲朋好友的生日宴会、新婚宴会等。推销员应尽可能多地参加这些社会性会议，在这些会议上开阔眼界，广交各界人士，建立广泛的社会关系网，从而得到更多的客户来源。要充分利用各种会议，不仅为实现交易，更重要的是寻找客户、联络感情、沟通了解。

8. 资料查询寻找法

资料查询寻找法是指推销员通过查询各种资料来寻找客户的方法。运用这种方法，要求推销员要有很强的信息处理能力。通过查阅资料寻找客户，既能保证一定的可靠性，也减小了工作量，提高了工作效率，同时最大限度地减少业务工作的盲目性和客户的抵触情绪。更重要的是，可以展开先期的客户研究，了解客户的特点、状况，制定适当的客户活动针对性策略等。一些有经验的推销员，在接触客户之前，往往会通过大量的资料研究对客户做出非常充分的了解和判断。

使用此方法需要注意的是资料的时效性和可靠性，此外，注意对资料的积累往往能更有效地展开工作。推销员经常利用的资料包括：政府部门提供的资料，有关行业和协会的资料，国家和地区的统计资料，企业黄页，工商企业目录和产品目录，电视、报纸、杂志、互联网等大众媒体发布的消息，客户发布的消息，产品介绍，企业内刊等。

9. 市场咨询寻找法

市场咨询寻找法是指推销员通过向信息服务公司、国家有关部门、相关专家进行咨询，获得有关资料，从而寻找客户的方法。

一般来说，利用市场咨询寻找法寻找客户方便迅速、费用较低，可以充分利用专家的优势，对市场进行正确的分析。该方法比较适合在重大项目推销中寻找客户和在一些地区及行业中难以确定准客户时的寻找。但有时通过这种方法得到的信息不一定准确，因为市场复杂多变，信息的来源受主、客观影响很大。

10. 电话咨询寻找法

由于城市规模扩大、交通阻塞等原因，登门拜访式的推销效率越来越低，而成本却不断上升。这时利用电话进行推销就成了快捷、节省的推销方式。利用电话咨询寻找法，有以下优点：电话往往不会被拒绝；推销对象全神倾听，易于沟通；省时省力，效率高；工作环境熟悉，心理从容，易于摆脱被拒绝的消极影响。

利用电话咨询寻找法，需注意的事项如下。

第一，应坚持有限目标原则。电话咨询寻找法旨在创造和有希望成交的推销对象的面谈机会，它不能代替面对面的商谈，电话咨询寻找法的目标应是建立一个恰当的面谈机会。

第二，电话咨询寻找法应和登门拜访或推销一样，要事先有一个推销计划。

第三，选好打电话的时间，避开电话高峰和对方忙碌的时间。一般上午 10 点以后和下午都较为有利，如正值所找的人外出，可询问接电话者是否有其他人可以商谈，或问清对方什么时候回来，以便以后联系。

第四，讲话应热情和彬彬有礼。热情的讲话易于感染对方；彬彬有礼的话语，同样易于得到有礼貌的正面回答。同样，开门见山也是较受欢迎的说话方式，拿腔捏调、故意卖关子、吞吞吐吐都易招致对方反感。

第五，使用电话咨询寻找法不能急于推销，应以介绍商品信息、了解对方状况为主。降低推销意味，反而易于达成面谈机会。例如，做过自我介绍之后，可以说："我想问您一下，咱们公司有没有这种设备?"如对方回答"有"，则进一步问清其购买的年限、牌子、生产厂家、使用情况等，然后再介绍自己的商品，如对方回答没有，就可以直接介绍自己的商品。最后约定见面商谈时间。

第六，要留下对方姓名、电话、地址，并做好记录。询问对方姓名可在推销之初，也可在确定面谈之后，但无论何时，都应先报出自己的姓名，这样对方才可能留下姓名和电话。对电话中所谈内容，边谈边做简单的记录是很必要的，这些资料有助于下一步推销的筹划，也可借此建立客户档案。

第七，面谈时间，要提供两个以上的方案或形式供对方选择，应考虑对方的方便。但含糊其词的邀约，易被对方推脱。因此，较好的面谈时间多是明确而有所选择的。例如，"请问今天下午或明天上午，您哪个时间合适?"并进一步确定时间是上午九点，还是下午三点。

最后需要说明的一点是，在大家共用一个办公室或共用一部电话时，应取得大家的相互配合。无论是把电话打给对方，还是对方有电话打过来，办公室内保持必要的安静是恰当的，一个嘈杂的办公室或个别人的大声说笑，都会影响到洽谈效果。同时，在对方打来电话时，应主动热情去接，如找别人，应迅速转达。如所找的人不在，应询问对方能否代为效劳，也可让对方留下电话、姓名，并问清什么时间回电话较为适合。

11. 信函寻找法

信函寻找法是指以邮寄信函的方式来寻找客户的方法，如向目标客户寄送邮购产品目录、宣传单、插页等，向他们介绍公司的产品或服务及订购和联系方式。

12. 企业各类活动寻找法

通过企业的公共关系活动、市场调研活动、促销活动、技术支持和售后服务活动等，一般都会直接接触客户，这对观察、了解客户，深入地与客户沟通都非常有利，也是一个寻找客户的好方法。

有效地寻找客户的方法远远不止这些，应该说，寻找客户是一个随时随地的过程。一般处理过程是：所有目标对象—接触和信息处理—初选—精选—重点潜在客户—客户活动计划。

以上介绍了 12 种寻找准客户的途径。除此之外还有其他的方法，如委托助手寻找法、竞争插足法、短信寻找法等。推销员可根据企业及客户的具体情况，将多种方法结合起来，灵活运用。

小思考

阅读二维码设置的内容，思考案例中的客户是如何心甘情愿地被说服去购买速印机的。

我愿意买你的速印机

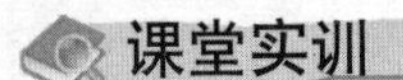

寻找准客户

【实训条件】

鄂尔多斯集团的羊绒制品质地优良，“鄂尔多斯”羊绒衫的质量、市场占有率、出口创汇连续多年均居我国羊绒行业之首，年出口能力在 200 万件以上。鄂尔多斯集团羊绒制品的生产营销能力占到我国的 40%和世界的 30%。鄂尔多斯集团公司羊绒衫有童装品牌 ERDOS KIDS。

【实训要求】

1）运用所学知识，根据所给资料采用多种方法寻找准客户。

2）注重着装、礼仪，语言恰当。

【实训设计】

1）每 4～6 名学生分为一组，分别扮推销员和客户。

2）模拟场景，寻找客户。

3）互换角色模拟。

4）教师指导，选优秀学生示范，并进行点评。

【实训评价】

实训评价表如表 3-1 所示。

表 3-1 实训评价表

<table>
<tr><td colspan="2">被考评人</td><td></td><td colspan="2">考评地点</td><td colspan="2"></td></tr>
<tr><td colspan="2">考评内容</td><td colspan="5"></td></tr>
<tr><td colspan="2">考评指标</td><td>考评标准</td><td>分值/分</td><td>自我评价/分</td><td>小组评议/分</td><td>实际得分/分</td></tr>
<tr><td rowspan="3">专业知识与技能掌握</td><td>准客户范围确定</td><td>会确定准客户的范围</td><td>15</td><td></td><td></td><td></td></tr>
<tr><td>寻找准客户的途径</td><td>采用适当的方法寻找准客户</td><td>15</td><td></td><td></td><td></td></tr>
<tr><td>课堂实训</td><td>实训活动完成情况</td><td>20</td><td></td><td></td><td></td></tr>
<tr><td rowspan="4">通用能力培养</td><td>出勤</td><td>按时到岗，学习准备就绪</td><td>10</td><td></td><td></td><td></td></tr>
<tr><td>道德自律</td><td>自觉遵守纪律，有责任心和荣誉感</td><td>15</td><td></td><td></td><td></td></tr>
<tr><td>学习态度</td><td>积极主动，不怕困难，勇于探索</td><td>10</td><td></td><td></td><td></td></tr>
<tr><td>团队分工合作</td><td>能融入集体，愿意接受任务并积极完成</td><td>15</td><td></td><td></td><td></td></tr>
<tr><td colspan="2"></td><td>合计</td><td>100</td><td></td><td></td><td></td></tr>
<tr><td colspan="5">考评辅助项目</td><td colspan="2">备注</td></tr>
<tr><td colspan="2">团队之星</td><td colspan="3"></td><td colspan="2" rowspan="2">两项考评辅助项目是为了激发学生的学习积极性</td></tr>
<tr><td colspan="2">团队互评</td><td colspan="3"></td></tr>
</table>

注：1．实际得分＝自我评价×40%＋小组评议×60%。

2．考评满分为 100 分，59 分及以下为不及格；60～74 分为及格；75～84 分为良好；85 分及以上为优秀。

3．“团队之星”可以是本次实训活动中贡献突出者，也可以是进步最大者，同样可以是其他某一方面表现突出者。

4．“团队互评”是由评审团讨论后对各团队给予的最终评价。评审团由各团队组长组成。当各团队完成实训活动后，各团队组长先组织本团队内部进行商议，然后各团队组长将意见带至评审团，评价各团队整体工作情况，将各团队互评分数填入其中。

任务 3.2 审查准客户资格

任务目标

1．知识目标

1）掌握准客户需求审查的方法。
2）掌握准客户支付能力审查的方法。
3）掌握准客户购买决策权审查的方法。
4）掌握准客户信用限度审查的方法。

2．能力目标

能够正确审查准客户资格。

3．素质目标

敏锐的识别能力；团队协作意识。

故 事

成功识别客户贷款虚假用途，有效防范个人贷款风险

近日，客户高某与配偶共同向某银行申请 50 万元个人家居消费贷款，用于装修其名下住房并购置家具电器。该客户提交各项资料齐全，工作收入稳定，资质良好。但在与客户面谈期间，除高某夫妻二人外，另有一人吴某也出现在签约现场，且对于该笔贷款的放款时间、支付方式等极度关注。

该行客户经理与客户进一步交谈后，发现高某与其配偶对装修的情况并不上心，且没有什么规划，只是一味地关心银行贷款何时放款、能否将贷款资金打入个人账户等，该情况引起客户经理的警觉，同时客户经理在吴某随身携带的资料里面发现有高某配偶的身份证复印件等资料。根据以往经验，客户经理判断申请人申请此笔贷款的实际使用情况很可能与吴某有直接关系。就此，客户经理找机会再次详细询问了申请人贷款用途，并针对用途发现其他相关问题，见此情况申请人最终承认申请贷款并非装修而是用于支付购置吴某名下一套房产的首付款。

（资料来源：http://wenku.baidu.com/link?url=heqGuft2_Jclwk8AxYUqGy3xWyGxZdZ8k853Ey_M5LOECWtAyqVp__4AlKgoS2S_mmcV2YO7twzL8vxgDynJLQt5quaebh5ztwgVBkhHllC.）

启示 正是客户经理敏锐的职业识别能力，避免了可能造成损失的情况发生，为自己在职场的成功加了分。

情景导入

一位保险业务员成功地向一名客户推销了价值 30 多万元的人身保险产品，这位客户将他的哥哥介绍给了业务员，这位业务员想，客户的哥哥一定也有很强的经济实力，会购买相同的产品，或者保费更高。

当他满怀信心地找到客户的哥哥后，问都不问就直接推销产品："你弟弟已经购买了，你要考虑的相信他一定考虑过了，就买你弟弟同样的险种，你看怎样？"他直接进入促成阶段，结果得到的回答是"保险是不错，不过我们的经济状况、工作条件都不一样，他需求的不等于我也需求"。

保险业务员听完感觉好像被人当头一棒，刚才的喜悦早已烟消云散。最后，哥哥碍于弟弟的面子，勉强购买了一份保费不高的保险。

思考：推销员寻找到潜在客户后，还应做什么工作？

知识储备

在推销活动中，对客户状况进行准确判断的基础是客户资格审查，科学的客户资格审查，可使推销员准确掌握客户各方面的基本状况，从而有针对性地制定推销计划与推销策略。

准客户资格审查是对有关客户购买信息及相应情况进行调查、了解和判断的业务活动过程，主要包括对客户的需求、支付能力、购买决策权和信用限度四个方面若干具体项目的审查。

3.2.1 审查准客户需求

需求是客户基于解决某一问题而对产品要求的描述。对客户需求的准确把握必须明确下列五个事项。

1）要什么。即对客户需要什么样的产品的描述。涉及客户购买产品的用途、使用要求、将在什么条件下使用等问题，这些问题决定了客户对产品的选择标准，并为推销员提供了推销说服的出发点。

当然，对要什么的问题，并不是所有的客户都十分清晰，推销员可通过客户对产品的使用条件、用途和使用要求这些具体事项的了解做出清晰的描述。而且，在洽谈中，推销员还可以此来确认和诱导客户的产品选择标准与选择倾向。

2）品牌倾向。即客户是否有对某一品牌的特别偏好。当客户没有明确的品牌倾向时，表明任何厂商的产品都没有优先性的排他优势；当客户有较明确的品牌倾向时，如果自己的产品品牌与客户品牌倾向一致，表明自己已获得优先性的排他优势，反之则表明自己的产品品牌已为客户所排斥。

大多数的客户品牌倾向往往是根据过去的购买使用经验，或者是主要决策者的认知结构，或者是其他周围客户的选择影响而形成的。所以当推销员的产品品牌与客户的品牌倾向不一致时，一定要分析客户的品牌倾向与其需求之间是否一致，找出不一致的地方，以此为基础建立自己品牌的卖点。客户的品牌倾向可以在与客户有关人员的接触中通过直接询问而获得。

3）期望价格。即客户为实现某项购买而设定的心理价位或购买（项目）预算。大多数情况下，尤其是当客户具有明确的购买意图和购买计划时，都会有相应的期望价格。如果客户没有明确的期望价格，往往表明客户尚未正式进入采购工作程序；或者是属于高度重视需求满足的客户，这类客户一般在明确需求、确定满足需求的最佳方案的基础上形成期望价格。了解和掌握客户的期望价格，对于推销员确定产品报价和议价的策略是极其重要的。推销员可通过正面或侧面向客户有关人员了解，也可通过客户对产品要求的档次进行推测，还可以从客户近期所购其他相关产品的价格档次中做出推测。

4）要多少。即客户需购产品的数量。购买量涉及推销员确定报价和议价策略及其他交易条件，推销员在考察客户要多少的问题时，既要考察当前的交易量，也要考察潜在的购买量。

推销员可根据客户业务发展计划及执行计划的能力，通过对客户有关人员的询问来判断客户要多少。但在考察购买量时，不能仅以客户所述为据，要结合产品性质及客户执行业务计划的能力确定。

5）何时要。即客户做购买决策、签约及履行合约的时间。时间问题可通过客户的采购计划日程做出相应的判断。但有时，也可能难以从客户处直接询问到准确日期或客户会因各种原因而调整计划日程，此时就要结合客户生产、经营或业务进程情况做出合乎实际的推测。

3.2.2 审查准客户支付能力

客户有无购买力或筹措资金的能力，即客户的支付能力。从推销的角度讲，客户的支付能力就是客户对其采购的货物按期支付货款的能力。客户的支付能力是推销员能否按期收到货款的客观基础。

客户支付能力可分为现有支付能力和潜在支付能力两类。进行购买力鉴定时，首先是鉴定客户现有支付能力，具有购买需求及现有支付能力的客户，是最理想的推销对象。其次应注意对准客户潜在支付能力的鉴定。掌握客户的潜在支付能力，可以为推销提供更为广阔的市场。当准客户值得信任并具有潜在支付能力时，推销人员应主动协助准客户解决支付能力问题。

支付能力的鉴定，对于个人或家庭，主要调查其收入水平；对于企业或单位，主要调查其经营状况，并可求助于银行的资信调查。但是，准确地鉴定客户的支付能力并非易事。要做好客户支付能力鉴定工作，需要推销人员做大量的多方面的工作，以便从各方面的资料中对客户的支付能力做出推算。

推销员可以用以下几种渠道了解客户资信状况和支付能力。

1. 主管部门和司法部门

可从政府部门、税务部门、市场监督管理部门、政府财政与审计部门了解推销对象经营状况、财务盈亏、款项往来等。

2. 金融机构（银行）

一般由业务经理提出委托申请，由业务员协助调查。通过金融机构调查，可信度比较高，所需费用少，但很难掌握客户的全部资产情况及具体细节，因客户的业务银行不同，所花费的调查时间也会不同。

3. 专业资信调查机构

这种方式能够在短期内完成调查，经费支出较大。调查人员的素质和能力对调查结构影响很大，所以应选择声誉高、能力强的资信调查机构。

4. 推销对象的内部

从内部摸清推销对象的支付能力和财务状况的变化，这样得来的信息较为真实可靠，有可信度。

5. 间接资料

对大众传播媒介所提供的信息进行分析，判断其支付能力。可以利用的媒介一般有银行的信用公告、他人或咨询机构等。

6. 观察判断

推销员可以根据推销对象的生产经营规模、从业人员数量、技术设备条件等外在特征，加上推销员的个人经验进行判断，从而审查推销对象的支付能力。

在对外商的支付能力进行审查时，一般可从对方的经营历史、目前经营状况、银行提供的资信资料等方面进行审查。在多数情况下，应运用信用证、担保、保险等手段保护自己的利益。

3.2.3 审查准客户购买决策权

准客户购买决策权即推销对象是否有购买决策权。在成功的销售过程中，能否准确掌握真正的购买决策人是销售的关键。通过审查购买决策权可以缩小推销对象的范围，避免盲目推销，提高推销工作的效率。推销员在选择新客户的时候，必须找到真正的决策人，搞清对方到底有多大决策权。所用的办法除了从第三方那里获得信息外，还可以直接询问对方能否做出购买决定。

购买决策人的寻找还是有规律可循的。例如，家庭购买中，不同经济收入、文化背景和职业背景的家庭，其购买行为受到不同决策人的控制，有丈夫决策型、妻子决策型、共同决策型等，在很多购买行为中，推销员弄清丈夫或妻子谁起决定作用还是两人共同决定是十分重要的。

企业、组织的购买行为与决策比较复杂。企业、组织的购买，受其自主决策权限、购买的规章制度与决策程序的影响，各部门、各具体人物在企业、组织购买行为与决策过程中所担任的角色是不同的。因此在推销过程中，推销员必须了解客户的组织机构运作状况，分析对方的领导管理机制，掌握推销对象内部主管人员与部门领导之间的权力范围和职责界限。

在当前的市场上，组织型客户的购买多以集体决策的形式进行，推销员往往要接近和说服客户决策集体中涉及不同职能部门、不同职位的若干对象。这些对象由于在整个采购活动中的角色和分工不同，自然形成了一定的决策程度和决策权力结构。所涉及的这些人也因各自的道德修养、习惯和行为方式的差异而有不同的信用度。推销员对客户决策程序、决策权力结构和客户单位及其主要决策人以及合同执行人信用度的了解和判断就是客户可靠性审查。

1. 决策程序

决策程序即客户采购活动在不同职能部门及相应人员之间的作业流程。例如，在客户单位中往往由常设的供应部负责收集供应信息，接待推销员；由产品使用单位和使用者提出对产品的使用要求；由总工程师负责拟定产品的技术和选型标准；由行政领导负责最终的购买决策。这就构成了该客户的采购活动的作业流程。

准确把握客户采购的决策程序，能帮助推销员在推销活动的不同阶段找准接近和说服的对象，并明确这些不同的对象在整个决策程序中能起到的作用，避免对某个特定对象的过分期望或忽视。例如，对提出使用要求的使用者，我们虽然不能寄希望于自己的产品获得选型认可，但能通过他充分了解客户的需求；对作为技术负责人的总工程师，我们可争取到选型认可，即使不能因此就得到订单。

推销员可根据本产品在销售中的一般规律，结合对客户的采购常设机构有关人员及其他类似性质产品推销员的询问，来了解客户的决策程序。

2. 决策权力结构

决策权力结构即客户内部决策流程中有关人员之间的决策权力制约关系。这通常是一个极其复杂而又微妙的问题，往往在无形中就决定了推销的成败。推销员必须极其慎重而准确地做出判断。

决策权力结构是与决策程序密切相关的。一般而言，客户决策程序中各决策环节上的职能部门主要行政负责人或项目负责人就是相应的决策权力人，他们分段决策、各负其责。但实际情况往往要复杂并微妙得多。例如，一个管理上高度集权的客户，上述决策权力人会变成名义决策权力人和事实上的执行人；而一个严格实行分权管理的客户，则情况就会相反。此外，由于历史的原因，有时这些决策权力人之间会产生一种十分微妙的权力制约关系。一种极端的情况是，他们由于历史积怨，或各自不可言明的原因而相互无原则地否定对方的决策取向。

对客户决策权力结构的审查不能仅以年龄长幼、职务高低、部门职责等表象来做主观判断，以免成为特殊的客户决策权力结构的牺牲品。

3. 信用度

信用度即客户单位及其主要决策人和合同执行人的可信任程度。在推销过程中，推销员与客户之间会彼此做出一系列的承诺，这些承诺是否得到兑现，很大程度上取决于客户的信用度。

信用度越低的客户，交易风险越大。为尽量避免交易风险，推销员要尽可能对客户信用度做出自己独立而准确的判断，并通过谈判实现自我保护。例如，对信用度较低的客户，推销员宁愿承担一笔转运费而争取在本公司或中立地点交验货；或宁愿对客户出让一定的利益而降低尾款比例等。

3.2.4 审查准客户信用限度

信用限度即信贷额度，确定信用限度的方法主要有以下几种。

1. 销售额测定法

销售额测定法的计算方法如下：

信用限度＝客户的总购入额（预计销售额×成本率）×本公司供货比率×信用期限

2. 周转资产分割法

周转资产分割法的计算方法如下：

信用限度＝周转资产（流动资金－流动负债）/供货商个数

3. 流动比率法

流动比率法的计算方法如下：

信用限度＝流动资产/流动负债×100%

如其流动比率高于一般水平，可确定高于一般水平的信用限度。

4. 净资产分割法

净资产分割法的计算方法如下：

信用限度＝（资产－负债）/供货商个数

5. 综合判断法

根据客户的收益性、安全性、流动性、购货情况及员工素质等，综合确定一个大致的信用限度额，然后根据支付状况和交易额大小，适当地逐步提高信用限度额。

为便于推销员方便而全面地进行客户资格审查，上述内容可以规范成客户资格审查通用表，如表3-2所示。

表3-2 客户资格审查通用表

单位名称					
地址					
所有制性质		电话		决策人	
使用者		技术负责人		采购部负责人	
有关人员的个人特征（偏好与忌讳）					
欲购品种与规格		品牌倾向		期望价格	
使用需求		使用条件			
欲购数量		购买时间			
决策程序描述：					
决策权力结构：					
信用度描述：					
资金来源与到位情况：					
访谈记录与待证实和解决的问题：					

将表3-2结合各自推销活动特点加以调整后，也可作为建立客户档案的基础资料。

课堂实训

设计客户资格审查表，筛选客户

【实训条件】

以任务3.1实训中寻找到的准客户为基础，设计客户资格审查表，搜集客户信息，完成准客户审查。

【实训要求】

1）运用所学知识，正确设计调查项目。

2）注重规范、合理、美观、实用。

【实训设计】

1）每4～6名学生分为一组，分别设计表格。

2）互换角色模拟。

3）教师根据学生表现进行指导，选择优秀的设计，并进行点评。

【实训评价】

实训评价表如表3-3所示。

表 3-3 实训评价表

被考评人			考评地点			
考评内容						
考评指标		考评标准	分值/分	自我评价/分	小组评议/分	实际得分/分
专业知识与技能掌握	审查准客户需求	正确审查准客户需求	10			
	审查准客户支付能力	正确审查准客户支付能力	10			
	审查准客户购买决策权	正确确定准客户购买决策权	10			
	审查准客户信用限度	正确确定准客户信用限度	10			
	课堂实训	实训活动完成情况	15			
通用能力培养	出勤	按时到岗，学习准备就绪	10			
	道德自律	自觉遵守纪律，有责任心和荣誉感	10			
	学习态度	积极主动，不怕困难，勇于探索	10			
	团队分工合作	能融入集体，愿意接受任务并积极完成	15			
合计			100			

考评辅助项目		备注
团队之星		两项考评辅助项目是为了激发学生的学习积极性
团队互评		

注：1. 实际得分＝自我评价×40%＋小组评议×60%。

2. 考评满分为 100 分，59 分及以下为不及格；60～74 分为及格；75～84 分为良好；85 分及以上为优秀。

3.“团队之星”可以是本次实训活动中贡献突出者，也可以是进步最大者，同样可以是其他某一方面表现突出者。

4.“团队互评”是由评审团讨论后对各团队给予的最终评价。评审团由各团队组长组成。当各团队完成实训活动后，各团队组长先组织本团队内部进行商议，然后各团队组长将意见带至评审团，评价各团队整体工作情况，将各团队互评分数填入其中。

项目小结

本项目主要介绍了寻找准客户和审查准客户资格两方面内容。其中，寻找准客户包括确定准客户范围、寻找准客户的途径。审查准客户资格包括审查准客户需求、审查准客户支付能力、审查准客户购买决策权、审查准客户信用限度。

习　题

一、在线练习

在线练习 3

二、思考题

1. 如何确定客户范围？
2. 寻找准客户的途径主要有哪些？
3. 普通寻找法的优缺点是什么？
4. 审查准客户需求主要包括哪几项内容？
5. 什么是信用限度？确定信用限度的方法有哪些？

三、案例分析题

案例1 李嘉诚的推销技巧

一个只读完初中的人，一个茶楼卑微的跑堂者，一个五金厂普通的推销员，经过短短几年的奋斗，竟然成为香港商界的风云人物。这听起来有点像天方夜谭，但却是不折不扣的事实，创造这一商业神话的人便是后来被誉为香港“超人”的李嘉诚。

对于李嘉诚，香港某报曾有如下评价：“李嘉诚发迹的经过，其实是一个典型青年奋斗成功的励志式故事，一个年轻小伙子，赤手空拳，凭着一股干劲儿勤俭好学、刻苦耐劳，创立出自己的事业王国。”不过，李嘉诚自己认为，他事业有成的真正原因是“懂得做人的道理”，他曾不止一次对亲友面授机宜：“要想在商业上取得成功，首先要懂得做人的道理，因为世情才是大学问。世界上每个人都精明，要令人家信服并喜欢和你交往，那才是最重要的。”

看来，做一名成功的商人，有一个精明的头脑还远远不够，还必须在为人处世方面有过人之处。事实上，李嘉诚的勤勉、节俭、朴实、坦诚以及善待他人（包括竞争对手）为他的事业王国奠定了坚实基础。

李嘉诚13岁丧父，从此，他不得不告别心爱的学业，过早地挑起家庭的重担。他的第一份工作，是在一家小茶楼当跑堂的。每天，他起早贪黑，侍候客人——倒茶、扫地、擦桌，忙得不可开交。尽管如此，他于每天工作间隙，还细心观察学习别人如何做生意，如何接待主顾，如何成交。

这段艰辛的打工经历，使他变得勤快能干，也使他具备了察言观色的高超本领，所有这一切对他日后从事的推销工作大有裨益。

没有吃苦耐劳的精神，是做不好推销工作的。刚开始做推销工作，李嘉诚因没有经验而屡屡碰壁。为了做得比别人更出色，他只能“以勤补拙”。他说：“别人做8小时，我就做16个小时。”那段时间，他每天都要背一只装有商品的大包，长途跋涉，挨家挨户推销产品。

过去在茶楼打工时，他就善于揣摩陌生人的心理，现在做推销，他的这一特长便有了用武之地。

一次，李嘉诚推销镀锌铁桶。他跑到居民区专找老太太卖桶，因为李嘉诚知道，老太太一般都喜欢串门聊天，如果她觉得铁桶好，自然而然会四处宣传，这样，只要李嘉诚卖出一只，就等于卖出一批。结果不出所料，他的推销大获成功。事后，李嘉诚得出如下结论：“做好一名推销员，一要勤勉，二要动脑。”

还有一次，李嘉诚推销新型产品——塑胶洒水器，走了几家，均无人问津。一天上班前，他来到一家批发行，等职员上班后进行推销，这时，清洁工正在打扫卫生，李嘉诚灵机一动，自告奋勇拿洒水器帮清洁工洒水。耳听为虚，眼见为实。来上班的职员，目睹了洒水器的方便与实用，他们自然很爽快地接受了李嘉诚的推销。

正是凭着自己的勤劳、机敏及对用户心理的准确把握，李嘉诚做推销的第一年就业绩骄人——年终统计，他的销售额是公司第二名的7倍。

一个人，若想成功，勤奋无疑是必备的素质，然而，世上勤奋者成千上万，成功者却寥寥无几，其中原因何在呢？还是让李嘉诚为我们指点迷津吧："具有判断力也是成功的重要条件，凡事要充分了解，详细研究，掌握准确资料，自然能做出适当的判断。"

李嘉诚打工时不断跳槽，而他当老板后也经常推出新的主打产品。当然，只有在经过深思熟虑之后，他才会跳槽；只有在对市场前景做出准确判断之后，他才会推出新产品。

李嘉诚离开茶楼后最先加盟的是一家五金厂，由于业绩突出，老板对李嘉诚极为器重。可是，当老板提出要给李嘉诚晋级加薪时，他却婉言谢绝，并向老板要求辞职。因为，此时的李嘉诚已从塑胶业的兴起中看出五金厂潜在的危机。他认为，塑胶制品易成型、质量轻、色彩丰富、美观实用，将会很快代替众多木质或金属制品。所以，他决定跳槽去一家塑胶皮带公司谋求发展。临别时，出于善意，他最后一次帮五金厂老板出谋划策，对他说："以后，要么转行做前景看好的行业；要么调整产品的种类，尽量避免与塑胶制品冲突，否则后果不堪设想。"

在李嘉诚的提醒下，这家五金厂未雨绸缪，后来及时转为生产系列锁，才免于被塑胶制品冲垮。李嘉诚敏锐的感受力、准确的判断力，由此可见一斑。

当李嘉诚决定开办自己的企业时，他选择的仍是自己非常熟悉、了解的塑胶业。因为，通过对大量资料详细而认真的研究，他愈加坚持自己原先的看法：塑胶是第二次世界大战后的新兴产品，由于它具备便于加工、经久耐用和价格低廉的优点，发展前景十分广阔。1950年，他开办了"长江塑胶厂"，工厂主要产品是玩具和家庭用品，如他所预期的一样，市场对此种产品需求量极大。李嘉诚运筹帷幄，初战告捷。

1957年，李嘉诚突然决定，塑胶厂不再生产玩具和家庭用品，改为生产供家庭装饰用的塑胶花。当时，第二次世界大战已结束12年，世界各国的经济开始复苏，香港的转口贸易步入一个黄金时代，李嘉诚据此推断，随着生活水平的蒸蒸日上，人们的消费观念也会大大改变，人们对室内装饰、美化的需求将日益增强，所以，塑胶花受到人们的青睐几乎是必定无疑的事。李嘉诚的料事如神，使他的商业神话得以延续。塑胶花在各大商场刚一露面，就被客户抢购一空，有人买花布置客厅，有人买花馈赠亲友，香港一时出现塑胶花热。

一个麻木迟钝对市场变化不敏感、目光短浅对市场缺少预见力的人，是注定要错失良机的；只有像李嘉诚这样能对市场的变化做出敏捷的反应，能对未来的行情做出准确的判断，才能从容不迫把握住一次又一次稍纵即逝的商机。

那么，李嘉诚的判断力又从何而来呢？还是让李嘉诚来告诉我们吧："求知是最重要的环节，不管工作多忙，我都坚持学习。白天工作再累，临睡前，我都要斜靠床头翻阅经济类杂志，我从中汲取了大量的知识和信息，我的判断力由此而来。"看来，判断力不是老天赐给我们的礼物，而是刻苦读书、不断学习才能学到的本领。

“做生意要以诚待人，不能投机取巧。一生之中，最重要的是守信。我现在就算再有多十倍的资金也不足以应付那么多的生意，而且很多是别人主动找我的，这些都是为人守信的结果。”

在这个急功近利的时代，人们为了所谓的成功，不惜挖空心思，甚至不择手段。对此类做法，李嘉诚颇为反感，他说：“我绝不同意为了成功而不择手段。如果这样，即使侥幸略有所得，也必不能长久，正如俗语所说，‘刻薄成家，理无久享’。”

（资料来源：http://wenku.baidu.com/view/5e3fcad6195f312b3169a526.html.）

问题：

1）在茶楼当跑堂时，李嘉诚做了哪些知识储备？

2）李嘉诚寻找客户的方法有哪些？

3）李嘉诚如何正确选择自己推销的商品？

4）从李嘉诚的成功，你能得到什么启示？

案例2 乔·吉拉德的“推销经”

乔·吉拉德是世界上最伟大的销售员之一，他连续12年荣登吉尼斯世界纪录大全“全球销售第一”的宝座，他的汽车销售纪录至今无人能破。乔·吉拉德也是全球最受欢迎的演讲大师，曾为众多“世界500强”企业精英传授他的经验，全球数百万人被其演讲所感动，为其事迹所激励。然而，谁能相信，35岁以前的乔·吉拉德却诸事不顺，干什么都以失败告终。他换过40余种工作，仍一事无成，甚至当过小偷，开过赌场。他从事的建筑生意也惨遭失败，身负巨额债务，几乎走投无路。他成功的秘诀究竟何在？

1. 生意遍布于每一个细节

乔·吉拉德有一个习惯性细节：只要碰到人，左手马上就会到口袋里去拿名片。去餐厅吃饭，他给的小费每次都比别人多一点点，同时放上两张名片。因为小费比别人多，所以人家肯定要看看这个人是做什么的。他甚至不放过看体育比赛的机会来推销自己，在人们欢呼的时候，他把名片抛撒出去，就如同天女散花。

2. 面部表情的魅力

乔·吉拉德特别强调面部表情的重要性，他认为：要把自己推销出去，面部表情也很重要——它可以拒人千里，也可以使陌生人立即成为朋友。笑容可以增加人的价值，他说：“当你微笑时，整个世界都在微笑，要是一脸苦相的话，没有人愿意理睬你。”

3. 热爱自己的职业

乔·吉拉德认为，成功的起点是热爱自己的职业。他说：“我打赌，如果你从我手中买车，到死也忘不了我，因为你是我的。”许多人宁可排长队也要见到乔·吉拉德，买乔·吉拉德的车。吉尼斯世界纪录大全核查其销售记录时说：最好别让我们发现你的车是卖给出租汽车公司，而确实是一辆一辆卖出去的。他们试着随便打电话给人，问他们是谁把车卖给他们，几乎所有人的答案都是“乔”。令人惊奇的是，他们脱口而出，就像乔·吉拉德就是他们的好友。

4.“猎犬计划”

乔·吉拉德有一句名言：“我相信推销活动真正的开始是在成交之后，而不是之前。”

乔·吉拉德有一个“猎犬计划”：借客户之力，寻找新的客户。成交后，乔·吉拉德总是把一叠名片和“猎犬计划”说明书交给客户，并告诉客户，如果他介绍别人来买车，每卖一辆他会得到25美元的酬劳。这还不算，以后他每年都会收到乔·吉拉德的一封附有“猎犬计划”的信件，提醒他承诺仍然有效。

5. 体验式销售

乔·吉拉德的诀窍，还在于想方设法让客户体验新车的感觉。他会让客户坐进驾驶室触摸、操作一番，如果客户住在附近，他还会建议其把车开回家，让他在家人和邻居面前炫耀一番。这样，凡是试过车的，几乎没有不买的。即使当时不买，以后也会买。乔·吉拉德认为，人都喜欢自己尝试、接触、操作，人都有好奇心，让客户参与其中能更好地吸引他们的感官和兴趣。

（资料来源：http://wenku.baidu.com/view/2d539e07a6c30c2259019e53.html.）

问题：乔·吉拉德成功推销的经验有哪些？

案例3　推销花露水

某公司新开发了一种“去痱止痒防蚊虫”三合一的儿童花露水，效果很好。夏天即将到了，正是客户购买花露水的时候了。

问题：用什么方法去寻找此产品的准客户比较有效？

实　训

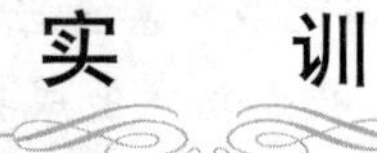

一、能力训练

主题：运用电话咨询寻找法开展推销的训练。

课时：4学时。

地点：教室。

1. 过程设计

1）发放案例资料，学生阅读资料，熟悉推销的产品。

2）将学生分为两组，分别扮演推销员和客户。

3）模拟推销，进行推销实践。演练中由推销员运用电话咨询寻找法向不同的客户介绍产品，客户可由不同类型的消费者组成。

4）互换角色模拟。

5）教师根据学生现场表现进行指导，选择优秀的“推销员”进行示范，并进行点评。

2. 实训目的

1）巩固所学的寻找准客户的知识。

2）采用听、说、实践的形式，拓展学生的思维，提高学生寻找准客户的能力。

3）最大限度地调动学生的积极性，使其体会共同学习的重要性。

建议：课前教师可以让学生复习所学知识，查阅相关资料，然后应用到模拟实践中，同时，可以采用发放奖品或计入平时成绩等奖励方式鼓励学生积极发言。

3. 案例资料

某品牌矿物质彩妆

某品牌矿物质彩妆系列因能与肌肤无痕贴合，并适合过敏性或有微创的皮肤而受到欢迎。

该品牌矿物质彩妆系列包括矿物质粉状粉底、矿物质眼影粉和矿物质胭脂粉。本系列彩妆的粉末不会堵塞毛孔，让肌肤自由地呼吸，展示纯净无瑕的光泽肌肤，没有任何细纹或粉妆的痕迹。

新颖别致的包装，低敏感彩妆配方，完美色彩贴合多种肤色，该品牌矿物质彩妆系列受到皮肤学专家的一致推荐。

4. 讨论

以公司推销员的身份，合理确定准客户范围，向"准客户"推销该品牌矿物质彩妆系列产品。

二、实战演习

1. 实战准备

1）把学生分成组，每组4～7人。

2）学校组织货源，学生进行产品销售。

2. 实战目的

1）使学生掌握观察、学习寻找准客户的技巧。

2）通过产品销售，提高学生寻找客户的能力。

3. 实战方案

1）教师事先和商品流通企业联系，约好时间，带领学生前去；或者让学生利用课余时间自己去。

2）学生认真观察，并做好记录。观察记录时主要围绕以下问题：

① 推销员是如何寻找准客户的。

② 推销员是如何推销的。

3）每个小组的学生认真完成书面报告，并在课堂上汇报交流，为以后的讨论打下基础。

4）学生在产品推销过程中，要记录熟悉产品的推销过程以及寻找准客户时所采用的方法。推销结束后要进行总结，也可就此进一步开展课堂讨论或课堂模拟。

项目4 接 近 客 户

任务4.1 准备接近客户

任务目标

1. 知识目标

1）掌握接近客户的步骤。
2）掌握制订拜访计划的要领。
3）掌握推销工具的准备。

2. 能力目标

1）能够接近客户。
2）能够制订拜访计划。
3）能够做好推销准备。

3. 素质目标

吃苦耐劳；充满活力、信心、热情和兴趣。

故 事

世界冠军邓亚萍

邓亚萍曾多次获得世界冠军，但是在此之前因为她身材矮小，甚至没有人认为她能够在这个高手辈出的乒乓球运动里生存，然而有谁知道邓亚萍每天要比别人多练两个小时呢，并且为了锻炼力量还要在腿上绑上数公斤的沙袋，用铁球拍进行训练。

启示 梅花香自苦寒来，成功总是伴随着汗水与艰辛。“常人眼里没有任何优势”的邓亚萍，凭着苦练，顽强拼搏，成了名副其实的世界乒乓球坛的“皇后”。

情景导入

推销员王先生在每次拜访客户前，都要搜集大量资料，做充分的准备工作，从而对客户企业的情况了如指掌，包括客户企业的采购负责人、决策者、企业的市场销售情况、企业的信用等。这样，当他和客户面谈时都能谈得很好。后来，他成为所在企业的“金牌业务员”，每月可以实现数百万元的销售业绩。

思考：王先生成功的秘诀是什么？推销员在接近客户之前应做好哪些方面的准备？

知识储备

4.1.1 了解客户情况

有一位推销员走进一家公司，很有礼貌地向前台小姐问道："您好，请问杨经理在吗？"

前台小姐一愣，对他说："我们这里没有杨经理。请问你有什么事情吗？"

推销员感到很不好意思，说："我是建材公司的推销员，我想向贵公司推荐我们最新的木质地板，所以想找你们采购部的经理。不好意思，我突然忘记他姓什么了。"

前台小姐看了看他说："我们经理出差去了，很抱歉，你改天再来吧。"

推销员想了想说："那没关系，我先把我们公司的产品资料和样品留在这里吧，等采购部经理回来了，麻烦你帮我转交给他。"

前台小姐急忙说："你千万不要放在这里，我们公司规定前台不允许摆放这些物品。"

对于一个推销员来说，除了要对专业知识和竞争对手的情况了如指掌外，还必须对客户的信息进行全方位的研究，做到"知己知彼，百战不殆"。推销员只有多方面了解客户，了解客户的需求、心理，才能减少推销的阻力，使推销工作有针对性，更有效率。

1. 了解客户情况

由于个体客户和团体客户的特点不同，所以需要了解的情况也有所不同。

（1）个体客户

对于个体客户需要了解的情况主要包括客户的姓名、年龄、籍贯、学历、经历、家庭背景、民族、宗教信仰、性格好恶、潜在需求、具体地址、联系方式等。

（2）团体客户

对团体客户需要了解的情况主要包括客户现在的经营状况、信用状况、采购惯例、购买决策时所涉及的当事人及购买决策者、企业的规模及未来的发展方向、管理者的风格和才能、企业内部的人事关系等。

2. 搜集客户信息需要注意的问题

在搜集客户信息时，推销员可以通过各种途径搜集，但首先要遵守相应的法律、法规及社会道德规范，同时还要注意以下问题：

1）尽量不要打扰客户的正常工作和生活。

2）学会辨别虚假信息，删除无关的信息。

3）整理客户信息，对重要客户的信息进行科学整理归档。

4）注意效率，不要在这方面花费过多时间，以免错过最佳推销时机。

5）对自己掌握的信息严格保密，不随意透露客户的重要信息。

4.1.2 制订拜访计划

推销员："您好，是华美公司吗？请问采购部的电话是多少？""您好，采购部吗？我是大兴公司的老刘，我们现在生产的最新类型的设备，比现在市场上通行的设备效率提高 40%，我想咱们详细谈一下，我是今天下午去拜访您还是明天上午去呢？"

客户："好的，那你今天下午 3 点半过来吧。"

没有拜访就没有销售，但不等于销售人员去拜访就一定能实现销售，最关键的还是要做好准备，所谓“思则有备，有备无患”。为了顺利达到拜访目的，就要拟订一个周密的拜访计划，才能提高工作效率，提高成功率，最终提高销售业绩。

1）拜访客户最好是事先预约，预约拜访一是有助于见到客户，二是有助于深入洽谈。

2）在拟订拜访计划时应注意以下几点：

① 对被拜访客户的背景和性格、兴趣爱好、职权范围等情况要有一定的了解。

② 随时掌握竞争对手的销售情况，了解同行及相关产品的最新动态，确定自己的优势。

③ 搜集各种有利于自己的资料，准备好交谈的话题，对于被拜访客户的询问和杀价要准备好对策，做到心中有数。

3）具体拟订拜访计划，注意拜访计划的内容一定要具体，主要包括以下几个方面。

① 确定拜访客户名单，即选择好当天或第二天要走访的具体客户。根据工作时间与销售产品的难度，以及以往的销售经验来确定人数，从所拟订的潜在客户名单上挑选具体人选，可以根据交通和客户地点来选择几个走访方便的客户作为一个客户群。这样有利于节省时间，提高效率。

② 选择拜访路线，根据确定走访的具体客户名单来确定拜访的路线，做到统筹安排。既要保证无一遗漏，又要保证节省时间和路费，尽量提高效率。

③ 安排拜访时间和地点，即确定已联系好的客户的访问时间与地点。如果已与某些客户取得了联系，那么不妨根据对方的意愿来确定拜访时间与地点。一般来说，预约拜访时间将有助于推销成功，而拜访地点与环境应该具有不易受到外界干扰的特点。

④ 拟订现场行动纲要。这一部分是指要针对一些具体细节、问题和要求来设计一些行动的提要，拟订介绍的要点。在对产品有了深入了解的情况下，不妨将产品的功能、特点、交易条款，以及售后服务等综合归纳为少而精的要点，作为拜访时把握的中心。设想对方可能提出的问题，并设计回答的方案。对于经验不丰富的销售人员，一定要在这上面多花一些时间，做到有备无患。

4.1.3 保持个人形象

前面已经讲过，推销员给客户的第一印象直接影响到推销的成败。因此，推销员为自己塑造一个良好的形象是成功推销的一个重要课题，值得注意的是推销员的良好形象不仅是一时一事的事情，其关键在于如何保持好个人形象，所以推销员每天不管是否拜访客户，都应注意衣着合体，整理好自己的发型，搭配好自己的服饰，拥有饱满的热情和充沛的精力，以及彬彬有礼的言谈举止等，初次见面一定要给客户一个真诚、彬彬有礼、沉稳干练的印象，不能不修边幅、随随便便。

4.1.4 做好心理准备

有一个人平时谈笑自如、口若悬河，尤其是朋友聚会时，他更是当仁不让的主持人，滔滔不绝，大有“天下舍我其谁”的英雄气概。朋友们都认为如果他不做推销员，那可是推销界的一大损失。

但是实际上他去拜访客户时，总是感觉浑身不自在。当他与客户交谈时，总会情不自禁地干笑几声，眼睛总不能正视对方，说话时还增加了口头禅，如“比方说、那么、唔”等。十分钟下来，类似的口头禅可能要说出 100 次以上。他与客户的交谈一度陷入困境，完全没有了往日气吞山河的气魄和幽默潇洒的风采。他也因此变得郁郁寡欢，要不是他及时调整心态，他恐怕不能继续留在推销行业。

一些推销员在平时谈笑风生，但与客户打交道时不是语无伦次，就是坐立不安，这主要是由于推销员心理恐惧造成的，所以，推销人员特别是推销新人在推销准备阶段首先要做好心理准备。

1. 推销员产生心理恐惧的原因

（1）自卑感

很多推销员都把推销看成是卑微的职业、求人的工作，并不是从心里热爱这份工作，因此在面对客户时总是有很大的自卑感。

（2）羞怯感

很多推销新人在最初从事推销工作时，总是不好意思开口，怕被客户拒绝后丢面子，或在推销过程中不敢据理力争，不愿讨价还价，不敢坚持原则，不会灵活处理，致使失去成交机会，这对推销员来讲往往是致命的。

（3）准备不足，缺乏自信

一些推销员特别是推销新人，由于对自己的知识和能力及所推销的产品缺乏信心，所以在推销过程中总是战战兢兢，生怕被客户拒绝。另外，推销员如果没有带齐必备的推销工具而又缺乏临场的应变能力，也会造成恐慌。

2. 推销员克服恐惧感的方法

推销员要克服恐惧感，应从以下几方面着手。

（1）端正自己的职业态度

身为一名推销员应该以自己的职业为荣，因为它是一份值得别人尊敬及会使人有成就感的职业，新产品的上市，需要推销员不断地向客户传播信息，以满足他人的需求。

（2）相信自己，正视挫折

自信是推销成功的基础，相信自己就意味着相信一切，包括相信自己能战胜一切困难。推销员只要树立对职业的自信心与自豪感，就会勇敢地面对陌生客户，就会放松心情，放开声音，同时，推销员应该正视挫折与失败。

（3）做好充分的准备

推销员在推销之前，要做好充分的精神准备，更要做好充分的物质准备，包括各方面知识的准备、推销工具的准备等，这样可以增强推销员的自信心，克服心虚胆怯的心理。

（4）在实践中战胜恐惧

推销员要真正克服恐惧心理，必须在实践中锻炼。所以，要不断尝试，不断进步，在实践中淡化自己的恐惧感。

总之，推销员要用积极平和的心态来看待交易的成败，不断磨炼自己的意志，让每一次的失败和拒绝都成为前进的垫脚石。

4.1.5 准备好推销工具

在一次顶尖推销员的颁奖大会上，一位推销安全玻璃、业绩一直保持第一的推销员讲述了自己的成功方法。他说："每次我去拜访客户时，都会在包里放上几块小的安全玻璃和一把锤子。面对客户时，我会问他：'你相信安全玻璃的安全性吗？'如果他说不信，我就会掏出来一小块安全玻璃放在他面前，然后用锤子狠狠砸下去。当他们发现玻璃安然无恙时，我就可以问他们：'你需要多少这样的玻璃？'这样我就推销成功了，前后没有超过两分钟。"

"推销工具犹如侠士之剑"，这是流传于台湾商界的一句至理名言。的确，推销员在进行推销时，如果能有效地利用推销工具，不但能吸引客户，激起他们的好奇心和兴趣，还能为推销员提供很多便利。所以，一名优秀的推销员，不仅要凭自己的说话技巧来打动客户，更重要的是，能够运用产品的特性，运用各种能促进销售的方法来吸引客户，激发客户的购买欲望。

不同的推销工具在推销过程中起到的作用是不同的，究竟选择什么工具，要根据客户需求来进行。对于推销员来说，以下的几样工具是必备的。

1. 样品及相关的展示工具

样品及相关的展示工具主要包括产品的样品或缩小的产品模型、产品目录、说明书、手提电脑、音像资料（幻灯片等）、价格表、检验报告、鉴定证书等，以便向客户直接展示商品的实物形态，达到"耳听是虚，眼见为实"的效果，这样既显示了推销员的诚意，也可向客户演示产品的功能。这样可以吸引客户的注意力，增加客户的信心，增强面谈的效果。

2. 证明身份及其他随身携带的物品

证明身份及其他随身携带的物品主要包括：①名片、身份证、工作证、介绍信、证明企业合法性的证件或其复印件、法人委托书、项目委托证明等，这些都是推销员自我介绍身份的重要材料，也是使客户迅速打消疑虑，接纳推销员的有力物证；②公司为客户准备的纪念品、手表、笔、记事本、计算器、手帕、打火机、小梳子等，这些物品对推销员来说，也都是极其重要的辅助工具。

3. 成交时的各种票据

成交时的各种票据主要包括合同文本、发货票、印章、订货单等，一旦达成交易，可以随时办理有关手续。

课堂实训

制订拜访计划

【实训条件】

某电脑公司销售代表拟向区域内学校推销多媒体设备。

【实训要求】

以电脑公司销售代表的身份，制订一份拜访计划书（PPT 形式）。

【实训设计】

1）每 4～6 名学生分为一组，分别调查区域内学校的具体情况（包括学校名称、地址、联系方式、联系人、学校规模、可能合作的概率等）。

2）根据了解的情况，制订一份为期一个月的拜访计划。

3）每组派出一位同学，利用教室中的多媒体设备进行宣讲。

4）同学之间互相评判，教师根据学生表现进行指导，对拜访计划做进一步修改。

【实训评价】

实训评价表如表 4-1 所示。

表 4-1 实训评价表

被考评人			考评地点			
考评内容						
考评指标		考评标准	分值/分	自我评价/分	小组评议/分	实际得分/分
专业知识与技能掌握	了解客户情况	正确了解客户情况	5			
	制订拜访计划	会制订拜访计划	10			
	保持个人形象	会保持个人形象	5			
	做好心理准备	能调整心理状态	10			
	准备好推销工具	会准备推销工具	10			
	课堂实训	实训活动完成情况	20			
通用能力培养	出勤	按时到岗，学习准备就绪	10			
	道德自律	自觉遵守纪律，有责任心和荣誉感	10			
	学习态度	积极主动，不怕困难，勇于探索	10			
	团队分工合作	能融入集体，愿意接受任务并积极完成	10			
合计			100			
考评辅助项目					备注	
团队之星					两项考评辅助项目是为了激发学生的学习积极性	
团队互评						

注：1. 实际得分＝自我评价×40%＋小组评议×60%。

2. 考评满分为 100 分，59 分及以下为不及格；60～74 分为及格；75～84 分为良好；85 分及以上为优秀。

3.“团队之星”可以是本次实训活动中贡献突出者，也可以是进步最大者，同样可以是其他某一方面表现突出者。

4.“团队互评”是由评审团讨论后对各团队给予的最终评价。评审团由各团队组长组成。当各团队完成实训活动后，各团队组长先组织本团队内部进行商议，然后各团队组长将意见带至评审团，评价各团队整体工作情况，将各团队互评分数填入其中。

任务 4.2 约 见 客 户

任务目标

1. 知识目标

1）掌握约见客户的内容。

2）掌握约见客户的方法。

2. 能力目标

1）能够正确运用约见客户的四要素。
2）能够正确运用约见客户的方法，达到推销的目的。

3. 素质目标

学会尊重客户；具有勇气、耐力、毅力、信念与决心。

故　事

尊　重　客　户

一次，一位中年女士走进乔·吉拉德的雪佛兰汽车展销室，说她想在这儿看看车，打发一会儿时间。闲谈中，她告诉乔·吉拉德她想买一辆和表姐一样的白色的福特车，但对面福特车行的销售员让她过一小时后再过去，所以她就先来这儿看看。她还告诉乔·吉拉德今天是她 55 岁的生日。“生日快乐，夫人！”乔·吉拉德一边说，一边请她进来随便看看，接着出去交代了一下，然后回来对她说：“夫人，您喜欢白色车，您现在有时间，我给您介绍一下我们的双门式轿车，也是白色的。”他们正谈着，女秘书走了进来，递给乔·吉拉德一束玫瑰花。乔·吉拉德把花送给那位女士，说道：“祝您生日快乐！”女士非常感动。“已经很久没有人给我送花了，”她说，“刚才那位福特销售员看我开了部旧车，就以为我买不起新车，我刚要看车他却说要去收一笔款，于是我就上这儿来等他。其实我只是想要一辆白色车而已，只不过表姐的车是福特，所以我也想买福特。现在想想，不买福特也可以。”最后她在乔·吉拉德这儿买走了一辆雪佛兰。

（资料来源：https://yuedu.baidu.com/ebook/a73f6d7af90f76c660371a76?pn=4.）

启示 心理学家马斯洛认为：人有受到他人尊重的需要。人人都希望自己能够得到他人的认可和尊重，客户也不例外。推销员常说，客户是我们的上帝。事实上，客户也认为自己是上帝。尤其是在供大于求，可供选择的产品与服务众多的情况下，客户尤为看重推销员对自己是否有足够的重视与尊重。乔·吉拉德正是因为满足了客户渴望受到尊重的心理而销售成功的。

情景导入

（一）

一名推销员与某机电公司的购货代理商接洽了半年多时间，但始终未能达成交易，这位推销员感到很纳闷，不知问题出在哪里。反复思忖之余，他怀疑自己是否在与一个没有决策权的人打交道。

思考：这名推销员应怎么办？

（二）

张主任要为企业购置500台电脑，某公司的推销员要约见张主任，想得到电脑订单。

思考：这名推销员如何约见张主任？

知识储备

所谓约见，又称为商业约会，是推销员事先征得客户同意，接近客户洽谈的行动过程。推销员在完成必要的接近准备工作之后，就可以开始约见客户，以实现面谈的目的。约见是整个推销过程中的一个重要环节。事先约见既是尊重客户的礼貌表现，又便于做好见面时间、地点的安排，避免由于推销员贸然拜访而未能见到客户或由于客户当时开会或处理公务而没有时间接待推销员，而且不速之客也会引起客户的反感，从而影响推销工作。另外，事先约见既有利于推销员接近客户，又可引起客户的重视；既是双方融洽合作的前提，又可从客户的语气、语调和态度中进行推销预测，为接近客户及开展洽谈提供更多的依据，提高推销效率。约见既是接近准备工作的延续，又是接近过程的开始。

4.2.1 约见内容

约见内容主要取决于接近和面谈的需要、推销员与客户关系的密切程度，以及客户是否容易接近等因素。推销员应该依据每一次推销拜访活动的特点和目的来确定具体的约见内容，综合考虑有关客户的各方面情况。

一般来说，推销员在约见客户时，一定要弄清“who”“why”“when”“where”，即约见的是谁，约见的理由是什么，约见时间是几时，约见地点在哪里。这是约见客户的四个最基本的内容，不要认为这是一件很简单的事，这四个要点往往会决定推销的成败。

1. 确定约见对象

推销员必须明确约见的对象到底是谁，认准有购买决策权的推销对象进行拜访，避免把推销时间浪费在那些无关紧要的人身上。在确定自己的拜访对象时，分清真正的购买决策者，是推销成功的关键。所以应找准关键人物，然后确定约见拜访的对象。当然，推销员在约见客户时也应该注意不要轻视那些对购买决策者有影响力的人物，如秘书、助手等，这些人对推销的成败也会起到很重要的作用。所以，在确定约见对象时，既要摸清具有真正购买决策权的要害人物，也要处理好与其相关的人事关系，与那些名义上的买主保持良好的接触，取得他们的鼎力支持与合作。

2. 明确约见理由

推销员：“我公司又推出了几款适合贵企业的新产品，我是今天下午还是明天上午，把新产品的说明资料给您送过去呢？”

约见客户一定要有充分的拜访理由，推销员可以根据推销活动的进展情况，针对每次约见要达到的目的，提出具体的约见理由，可以是送达产品的宣传资料、邀请客户到现场体验商品、征询客户对本企业产品的意见或赠送样品，也可以是提供售后服务或休闲娱乐等。

3. 选择约见时间

推销员："张总经理，恭喜您获得'五一'劳动奖章。这个星期六或是星期日的晚上您有时间吗？咱们一块儿交流交流。"

约见时间的安排，直接关系到接近客户甚至整个推销工作的成败，约见时间确定的基本原则应是尽量为客户着想，根据有效选择法确定最适合的约见时间。但是，由于约见的客户、约见的目的、约见的方式及约见地点不同，最适合的时间也不同。

一般来讲，推销员在确定约见时间时，应注意以下几点：

1）根据被访问客户的特点来选择最佳时间，尽量考虑客户的作息时间和活动规律，最好由客户来确定或由客户安排约见的时间。推销员应设身处地为客户着想，尊重对方意愿，共同商定约见时间。

2）根据访问目的来选择最佳访问时间。尽量使访问时间有利于达到访问目的。不同的访问对象，应该约定不同的访问时间。即使是访问同一个对象，访问的目的不同，访问的时间也有所不同。如访问目的是推销产品，就应选择在客户对推销产品有需求时进行约见；如访问目的是市场调查，则应选择在市场行情变化较大时约见客户；如访问目的是收取货款，就应选择在客户银行账户里有存款时约见客户。

3）根据访问地点和路线来选择最佳访问时间。推销员在约见客户时，需要使访问时间与访问地点和访问路线保持一致，要充分考虑访问地点、路线及交通、气候等因素的影响，确保约见时间准确可靠，尽量使双方都方便、满意。

4）尊重访问对象的意愿，充分留有余地。在约定访问时间时，推销员应把困难留给自己，把方便让给客户。推销员应考虑各种难以遇见的意外因素的影响，约定时间时必须留有一定的余地。除非有充足的把握和周密的安排，否则推销员不应该连续约定几个不同的访问客户，以免前面的会谈延长使后面的约见落空。

总之，推销员应该加快自己的推销节奏，选择有利时机约见客户，讲究推销信用，准时赴约，合理安排和利用推销访问时间，提高推销访问的效率。同时，推销员要培养自己的职业敏感度，捕捉一切有利的时机。推销员可利用下面几种情况，把握拜访约见客户的最佳时间。

1）客户刚开张营业，正需要产品和服务的时候。

2）对方遇到喜事的时候，如晋升提拔、获得某种奖励等。

3）节假日之际或厂庆纪念、大楼奠基之日。

4）客户遇到暂时困难，急需帮助的时候。

5）客户对原先的产品有意见，对你的竞争对手最不满意的时候。

4. 确定约见地点

选择一个合适的约见地点，同选择一个合适的约见时间一样重要，约见地点不同对推销结果也会产生不同的影响，为了提高成交率，推销员应学会选择在预计效果最佳的地点约见客户。选择约见地点的基本原则是方便客户，利于推销。从大量的推销实践经验来看，可供推销员选择的约见地点主要有客户的家里、办公室、公共场所和社交场合等。

1）家里。适合于推销宣传的对象是个人或家庭，推销的产品通常为日常生活用品。拜访时，如果有与客户关系良好的亲朋好友一同前往或写一封介绍信函，效果会更好。

2）办公室。适合于推销宣传的对象是某个公司、集体组织或法人团体，推销的产品通常为生产资料或办公用品。选择办公室作为约见地点，其优点是上班时间，容易见到客户；推销双方拥有足够的时间来讨论问题，反复商议，促使推销成功。缺点是办公室容易受外界的干扰，人多事杂，拜访者也许不只你一个人，或许还有许多意想不到的事发生，所以选择办公室作为约见地点，推销员应当设法争取客户对自己的注意和兴趣，变被动为主动，争取推销成功。

3）公共场所和社交场合。适合于老客户之间或初次合作的成交阶段。一位推销专家曾这样说过：“最好的推销场所，也许不在客户的家里或办公室里，如果在午餐会上、网球场边或高尔夫球场上，对方对你的建议更容易接受，而且戒备心理也比平时淡薄得多。”所以，推销员可以选择在气氛轻松的社交场合约见客户，如酒吧、咖啡馆、周末沙龙、生日聚会、网球场等。如果客户不喜欢社交，又不愿在办公室或家里会见推销员，可选择在公园、茶室等公共场所，这些也是比较理想的地点。

4.2.2 约见方式

做好约见准备工作后，就可以开始约见客户。目前，常用的约见方式主要有以下几种。

1. 电话约见

推销经理：“马先生？您好！我姓陈。我们没见过面，但可以和您谈一分钟吗？”

马先生：“您是做什么生意的？”

推销经理“我是××公司的业务经理，是为客人设计一些财经投资计划——”

马先生：“教人赌博？”两人都笑了。

推销经理：“当然不是！我们见见面，当然不会立刻做成生意。但看过资料印象深些，今后你们有什么需要服务的，一定会想到我啊！”

马先生笑了笑，没有说什么。

推销经理：“这两天我在您公司附近工作。不知您明天还是后天有时间？”

马先生：“那就明天吧。”

推销经理：“谢谢。马先生，上午还是中午？”

马先生：“下午吧！2点。”

推销经理：“好！明天下午2点见！”

电话约见速度快并且灵活方便，是约见客户的主要方式。它既使推销员免受奔波之苦，又使客户免受突然来访的干扰，几分钟之内双方可就约定事宜达成一致。但推销员在运用电话约见时，要讲求技巧，谈话要简明、精练、语调平缓、用词贴切、心气平和、好言相待，特别是客户不愿接见时不可强求。

获得电话约见成功的关键是推销员必须懂得打电话的技巧，让对方认为确实有必要会见你。由于客户与推销员之间缺乏相互了解，电话约见也最容易引起客户的猜忌、怀疑，因此推销员必须熟悉电话约见的原则，掌握电话约见的正确方法。

（1）精心设计开场白

> 您是否经常被失眠所困扰？您是否想不吃任何镇静药物就能一觉睡到大天亮？我们最新研制了一种高科技的……

推销员必须用自己的语言引起客户的兴趣和好奇心，或者至少不会被轻易拒绝。

（2）电话约见客户时，在时间上应符合“二选一”的原则

> 甲推销员：王厂长，我们什么时候去拜访您为好呢？
>
> 乙推销员：王厂长，我是在星期三上午拜访您，还是星期四下午呢？

上例中，很显然，甲推销员完全处于被动地位，用语模棱两可，客户可以随时推辞或加以回避。乙推销员的问话则恰恰相反，他将客户约见的时间主动确定，提出具体方案，让客户在时间上做出“二选一”的择优决定，而无推诿回避的机会。

（3）以订立约见为目的

推销员应在三十秒内说清理由，打电话是为订立约见，介绍产品，而不是让客户在电话中就做出是否购买产品的决定，这样客户可以放松戒备，不至于马上挂断电话。

（4）电话中注意礼貌和热情

热情的讲话易于感染对方，彬彬有礼的话语，同样易于得到礼貌的正面回答。例如，“您好”“打扰您了”“如您不介意的话”等礼貌用语，应成为推销人员的口头禅。同样地，开门见山，也是较受欢迎的说话方式，拿腔捏调，故意卖关子，吞吞吐吐都容易招致客户的反感。

（5）避开电话高峰和对方忙碌的时间

避开电话高峰是为了避免因电话占线而无法联系到客户，而如果客户正在开会、吃饭或休息，被贸然打扰，会引起客户的反感，以致约见客户遭到拒绝。

常见的电话约见方式如下：

1）直接进入主题法。

> 推销员：“请转王女士，我是张志。”

如果客户是王女士，她的秘书一接起电话，推销员就用非常自信的语气说完这番话，不要用疑问句。推销员这样说会给秘书这样一种感觉：推销员与王女士认识，而且王女士也认识推销员，可能还是很好的朋友，并且二人事先已约好打电话，一般情况下，秘书会把电话接到王女士的办公室。这样，推销员就避免了秘书步步追问的被动局面，而且如果推销员稍不注意，被秘书看出破绽，电话也会就此中断。

2）关心有加法。

> “经理先生，我是阳光电器公司的推销员马克。您上月 10 日寄来的用户调查表已经收到，非常感谢您的大力支持。目前我公司新推出了一系列家电产品，质量和效果与过去产品相比都有较大的改进，售价也比同类厂家产品低一些。因此，想尽早介绍贵单位试用。我是明天上午还是下午把新产品的说明书给您送过去？”

从这段对话中可以得知，推销员与客户代表已经认识，并且有了一段时间的交往，因此推销员可以在电话中向对方报上自己的公司姓名，立即进入谈话主题。在上述电话约见方法中，推销员马克利用自己与客户代表的熟识关系，借感谢对方大力协助之机，推广新投产的产品并要求对方约见，层层推进，极为顺理成章。推销员以客户利益为基准，使自己的促销宣传符合对方的需求，这种对客户的关心自然会得到客户的感激，从内心乐意接受推销员的约见要求，欢迎推销员的上门拜访。

3）问题明了法。

“史密斯小姐，我是纽约钟表制造公司的推销员，今天冒昧打扰，想向您介绍我公司最近研制成功的一种考勤打卡钟，它的特点是准确、精巧，特别是质量可靠，在纽约试销时返修率不到万分之一。价格也比进口的同类产品低 30%，很适合像您这样的商业企业使用。我打算明天上午 10 点或下午 4 点去贵公司拜访您，好吗？”

这位推销员理由充分，问话符合“二选一”的约见原则，又给对方考虑的余地。对方接到这类电话预约，通常是会同意与推销员直接面谈的。

4）资料跟进法。

“您好，上星期我公司寄来的一份电冰箱的广告宣传资料收到了吗？看了以后，您对这一产品有什么意见？”“电话里不便详谈，我是今天下午还是明天上午去拜访您？届时我将洗耳恭听。”

通常来说，对方接到推销员的这种电话，或多或少会有一番自己的建议与看法。此时，聪明的推销员会立即提出约见要求，以便听取客户对所推销产品的意见，届时他亲自上门向客户讲解推荐，一笔生意会很快谈成。这一预约方法，推销员是以预先邮寄的产品资料或广告信函为引子，让客户在尚未见到推销员之前，先对产品进行评价。在约见过程中，如果客户有意购买，自然会有所表露，推销目标也将实现。同时，约见之前推销员是以征求意见为理由，言下之意显示了对客户的尊重和对产品的负责态度。如此以礼为先，以诚相待，客户必然会对推销员产生好感，而拒绝约见的可能性便会降至最低限度。

5）细致周到法。

推销员细致周到的服务可以打动客户的心，客户早买早用，又能享受优惠价格和优良服务，何乐而不为呢？推销员能为客户的利益想得周到，而且亲切有礼。客户遇到如此约请，通常来说都会从百忙之中抽出时间，欣然前往赴约洽谈。

2. 当面约见

所谓当面约见，是指推销员和客户当面约定见面的有关事宜，如推销员在社交场合或一些公众场合如展销会、订货会等与客户面约。当面约见有许多优点：首先，当面约见容易成功。其次，当面约见方便推销员进行销售预测，从而进一步做好接近客户的准备。但是，当面约见也存在一定的局限。例如，某一场合下，参与该活动的人员都是同一层次的，约见虽简便易行，但仓促之下，约见对象可能会敷衍了事，随口答应，过后再当面约见可能遭到客户拒绝，推销员便处于被动局面。此外，当面约见还容易受到地理位置的限制。

3. 信函约见

请　柬

张总经理，您好！

我公司兹定于 2019 年 5 月 15 日上午 9 时在白云宾馆举办夏季商品展销会，请您届时亲临。

环球公司敬上

2019 年 4 月 10 日

信函约见就是推销员通过各种形式的销售信函来约见客户。电话约见时，客户无法对请求约见的推销员形成全面的了解，因此，在客户对推销员、对企业或对产品都不熟悉，或双方距离遥远，或不能在电话里约定会面时间的情况下，最好不要单纯使用电话约见方式，而应使用信函约见方式。

以信函方式约见客户同样有许多优点：它适用的范围比较广，费用低廉；约见信一般经推销员反复推敲，能尽可能避免各种失误和不当之处；约见信能表达口头言语难以表达的意思，并能保存备查。此外，即使客户拒绝见面，推销员也不会感到难堪。当然，信函约见也有许多缺点。以信函方式约见客户费时，不适于紧急约见；有些客户对约见信不重视，或推来推去，无人过问；或犹豫不决，迟迟不做答复；或扔在一旁，不了了之，不利于信息的反馈。此外，无论信件内容如何，终究无法当面解释，可能使客户产生误会。

为了避免推销员的书信文辞不当，难以达到拜见客户的目的。下面就写信时应注意的问题进行一些讨论。

1）要能为客户解决问题。写信的目的是引起客户的兴趣，最终达到说服客户购买产品的目的。因此，推销员在写信时要以客户的利益为中心，急客户之所急，为其解决实际问题。

2）内容要真实。在信函中应如实向客户介绍产品的性能、质量，而不应有所隐瞒，甚至欺骗。欺骗客户只会为下一步的洽谈设置障碍，并破坏客户对推销员的信任。

3）文笔生动流畅。书信能否打动客户，引起客户的共鸣，关键在于推销员的文笔功夫。只要文句生动有力，就会给客户留下深刻的印象。此类信函不求文字的优美，而是要能打动客户，引起客户的购买欲望，如用“物美价廉”四个字虽简洁，但不如“色艳味甜，鲜嫩多汁，每箱 20 千克，每千克仅 1 元 3 角”这样的字句更能打动客户，并留下深刻的印象。

4）简明扼要，重点突出。以书信方式约见客户，最忌讳的就是长篇累牍。收到这样的信件，客户不可能有耐心读下去。因此，推销员写信时必须做到简明扼要，重点突出，以节省双方的时间，提高效率。

5）措辞恳切。推销员写信给客户是为了请求接见，从而获得一个向对方销售产品的机会。因此，推销员可将一些个人的想法委婉地表达出来，以希望的语气，请求对方接见，并对占用客户的宝贵时间心怀抱歉和感激，以博得客户的好感，进而改变客户有可能拒绝接见的初衷。

除传统的信函形式外，还有电子信函，它具有方便快捷，及时反馈，不受时间、空间的限制，费用低等优点，但受到双方计算机、网络条件及操作水平的限制。

4. 委托他人约见

委托他人约见是指推销员委托第三者来约见客户。推销员若能通过客户的亲友的推荐、介绍进行约见，就可以排除客户心理上的疑虑，使约见顺利完成。与推销员自己约见客户相比，委托他人约见有一些明显的优点。

首先，有利于拉近与客户的距离。推销员往往不能或不便亲自接近某些客户，但这些客户并非绝对不可接近。事实上，在这些客户的周围总会形成一定形式的接近圈，而在接近圈内的人的周围又会形成一定范围的接近圈，与外部世界发生各种联系。在这种情况下，推销员可先接近客户的接近圈内的人，再通过他们约见客户。

其次，这种方式可以节省时间，提高效率。委托与客户亲近的人来约见客户，节约推销员与客户及其所委派的接待人员周旋的时间，而且一般成功率较高。

再次，有利于克服推销障碍，促成交易。由于有第三者的介绍，在推销员与客户约见时，客户就会考虑介绍人的因素，而且能够比较宽容，从而有利于排除推销中障碍，而且成功的可能性较高。

由于客户与介绍人之间关系密切，往往能够直言不讳地提出异议，有利于信息的反馈，使推销员可以有重点地进行劝说，克服障碍，促成交易。

当然，委托他人约见也有一定的局限性。相对于推销员亲自约见客户而言，委托他人约见不太可靠，若受托人不负责任，常常会引起误约。而且，不是推销员亲自约见，客户会误以为不是正式约见，不会给予足够的重视。

除了上面介绍的几种方法外，常见的约见方式还包括广告约见、宣告通知等。

课堂实训

电话约见与信函约见

【实训条件】

山东省的张勤俭有一次听广播时，偶然听到郑州永新花生制成的花生酱上市了。他怦然心动，心想：花生，我们这里有的是。于是，他灵机一动，一口气写了十几封信寄往北京、天津、上海等大中城市副食公司，询问要不要用新收获的花生制成的花生酱。过了没多久，他首先收到了天津市河东区副食公司的回函，要求寄上样品。张勤俭立即请能人研磨，制作了一小桶，亲自带着去了天津。对方看过样品后，当即要求订货 5 万千克。张勤俭成功了，盈利上千万元。

（资料来源：http://wenku.baidu.com/view/64eec173a417866fb84a8ecf.html.）

【实训要求】

1）为张勤俭撰写一封推销约见信函。

2）为张勤俭撰写电话约见稿。

【实训设计】

1）每 4～6 名学生分为一组，分别扮演张勤俭和副食公司客户。

2）模拟电话约见的场景。

3）互换角色模拟。

4）教师根据学生表现进行指导，选择优秀的“张勤俭”及“客户”进行示范，并进行点评。

【实训评价】

实训评价表如表 4-2 所示。

表 4-2 实训评价表

被考评人			考评地点			
考评内容						
考评指标		考评标准	分值/分	自我评价/分	小组评议/分	实际得分/分
专业知识与技能掌握	约见内容	掌握约见内容	20			
	约见方式	灵活运用约见方式	20			
	课堂实训	实训活动完成情况	20			
通用能力培养	出勤	按时到岗，学习准备就绪	10			
	道德自律	自觉遵守纪律，有责任心和荣誉感	10			
	学习态度	积极主动，不怕困难，勇于探索	10			
	团队分工合作	能融入集体，愿意接受任务并积极完成	10			
合计			100			

考评辅助项目		备注
团队之星		两项考评辅助项目是为了激发学生的学习积极性
团队互评		

注：1. 实际得分＝自我评价×40%＋小组评议×60%。

2. 考评满分为 100 分，59 分及以下为不及格；60～74 分为及格；75～84 分为良好；85 分及以上为优秀。

3.“团队之星”可以是本次实训活动中贡献突出者，也可以是进步最大者，同样可以是其他某一方面表现突出者。

4.“团队互评”是由评审团讨论后对各团队给予的最终评价。评审团由各团队组长组成。当各团队完成实训活动后，各团队组长先组织本团队内部进行商议，然后各团队组长将意见带至评审团，评价各团队整体工作情况，将各团队互评分数填入其中。

任务 4.3 接近客户的步骤和方法

任务目标

1. 知识目标

1）了解接近客户的步骤。

2）掌握接近客户的方法。

2. 能力目标

能够灵活运用接近客户的步骤和方法。

3. 素质目标

提高应变、忍耐能力；调整心态。

故事

会说话的小王

小王从职业学校毕业后开了一家理发店，由于手艺精湛，加之他伶牙俐齿，生意十分红火。一天，他给第一位客户理完发，客户照照镜子说："理得太长。"小王在一旁笑着解释说："头发长，显得有风度，魅力四射，你没看到，那些大牌影星都是像你这样的发型。"客户听了，心里很高兴，愉快地付钱走了。小王给第二位客户理完发，客户照照镜子说："头发剪得太短。"小王笑着解释："头发短，显得有精神，朝气蓬勃，人见人爱。"客户哈哈一笑说："是吗？那就好，那就好！"小王给第三位客户理完发，客户一面付钱一面笑道："时间挺长的。"小王笑着解释："为'首脑'多花点时间，很有必要。"客户大笑不止，挥手告辞。小王给第四位客户理完发，客户一边付款一边笑道："动作挺利索，20 分钟就解决问题。"小王笑道："时间就是金钱，为你赢得了时间和金钱。"客户满意地点点头说："嗯，很好，下次还来你这里理发。"

（资料来源：http://read.jd.com/2077/92639.html.）

启示 随机应变是智慧的一种体现，是成功推销的基本素质。虽然随机应变没有什么定式，但是却可以在突发事情面前，巧妙地避开和化解不利因素，抓住有利因素，从而帮助销售人员做到不因为意外事件而影响成交，甚至能使销售人员扭转劣势，促成交易。

情景导入

有一位推销人员，连着四次去拜访一位老板都被拒之门外。后来他左思右想，决定从这位老板的爱好方面下手。他打听到这位老板喜欢卷毛狗，而且每天傍晚都到小区里遛狗。

思考：这位推销人员应该如何接近老板？

知识储备

4.3.1 推销接近概述

1. 推销接近的概念

所谓推销接近，是指推销员为实现推销目的，直接接触特定客户的过程。它包括两层含义：一是指推销员和客户之间在空间距离上的接近；二是指推销员和客户之间消除感情上的隔阂，逐步趋于同一目标。

2. 推销接近的目的

1）接近必须能引起客户的注意。

2）接近必须能引起客户的兴趣。

3）接近必须能顺利进入洽谈阶段，达成交易。

3. 接近客户的基本需要

1）塑造令人难忘的第一印象。
2）激发客户与自己稳定持久交谈的兴趣。
3）创造引人入胜的面谈契机。

4. 接近客户的技巧

1）鼓足勇气，增强自信心。
2）消除客户的疑虑，减轻客户的压力。
3）控制接近时间，及时转入洽谈。

4.3.2 接近客户的步骤

1. 微笑

微笑是人类最美的语言，被称为人际关系的润滑剂，微笑是与人交流的最好方式，也是个人礼仪的最佳体现，特别对于推销员来说，更是重要。友好、真诚的微笑可以缩短推销员和客户的距离，减少抗拒心理，赢得客户的信任。

2. 注视

推销员用眼睛正视客户，眼神中传递出的热情、正直、自信、诚恳、坦荡和执着往往比口头说明更能让客户信服，而且充满热情的眼神还可以增加客户对产品的信心及对推销活动的好感。

3. 问候

问候是打开话题的最好开场白，推销员根据客户的不同职业、身份，不同的时间，不同的环境来选择问候语。问候时一定要亲切、热情，发自内心，要真正从情感上打动客户。

4. 握手

握手是现代社交常用的礼节，但注意应是客户先伸手，如果客户不伸手，推销员不要先伸手。

5. 自我介绍

自我介绍是推销员表现身份的常见方式，自我介绍时，要简单明了。一般是介绍自己的姓名和身份等，并说明来意，同时也可以递上自己的名片。如果有同行者，在自我介绍后，紧接着介绍同行人的情况。爽朗大方、充满自信的自我介绍会给人一种良好印象。

6. 赞美

适当地赞美客户，对于拉近双方情感距离是非常有好处的，但是要把握“度”，如果把握不好赞美的分寸，反而会起到反效果。正确的赞美法是“真诚地赞美而不是谄媚地恭维”，同时还要掌握良好的赞美技巧，审时度势。

7. 话题

话题是与别人交往的基础，推销员在选择话题时应投其所好，可以选择客户的爱好、工作、时事、问题等，这样能够营造出轻松友好的气氛，使客户对推销员产生认同感，对推销员完成接近客户这一阶段的任务有极大的帮助。但推销员应善于控制节奏和局面，尽快把谈话推入下一阶段。

4.3.3 接近客户的方法

接近客户是推销洽谈的前奏，是推销员与客户就交易事件正式接触见面的过程。接近客户是为了让客户了解和注意商品，也是为了推销员进一步了解客户的需求特征，以便为转入推销洽谈做准备。

推销员接近客户的方法是多种多样的，要注意掌握各种方法的综合运用。接近拜访客户主要有以下几种方法。

1. 商品接近法

有一家汽车轮胎厂的推销员到汽车制造厂去推销产品。他随车带去了该厂生产的50多个品种的汽车轮胎，包括刚刚投放市场的最新式子午线轮胎，琳琅满目，应有尽有。到了汽车制造厂后，他并未做过多的口头宣传，只求汽车制造厂总经理看看随车带来的满满一车轮胎。最后，汽车制造厂与该厂签订了常年订货合同，汽车制造厂生产的汽车全部采用这家轮胎厂的轮胎。

商品接近法是指推销人员利用商品的某些特征来引发客户的兴趣，从而接近客户的方法。这种方法对商品的要求比较高，商品应具有吸引力和某些突出的特点，并便于携带，使推销员能将有形实体商品展示给客户。

2. 介绍接近法

日本丰田汽车公司有一位推销员，仅用四年的时间就卖出100辆汽车，他的业绩让很多同行瞠目结舌。他是这样设计他的名片的：

名片大小是一般人的三倍，上面除了印有名字、联系电话、公司名称和地址外，还有一句手写体的话："客户第一，是我的信念；在丰田服务17年之久，是我的经验；提供诚恳与热情的服务，是我的保证。请您多多指教。"

名片的上方还贴有一张他两手呈V字的上半身照片；名片背面印有他的简历，包括简单的自我介绍、销售汽车的记录等。

这种设计独特的名片，使客户对他产生了很深刻的印象，为他与客户进行良好的沟通开了一个好头。

介绍接近法是指通过推销员的自我介绍或他人介绍来接近客户的方法。介绍的内容包括姓名、工作单位、拜访的目的等。为获取客户的信任，一般应递交名片、介绍信等相关证明材料。

在介绍时应注意言语简练、语调适中。该方法的缺点是接近客户太突然，与对方没有感情基础。因此，推销员的仪表和言谈举止显得尤为重要。由他人介绍的方式往往更有利于接近客户，取得客户的信任。

3. 社交接近法

社交接近法是指通过与客户开展社会往来以接近客户的方法。采用这种方法一般不开门见山地说明用意，而是尽量先与客户形成和谐的人际关系。

4. 馈赠接近法

推销员对客户说："这是我们酒厂最近研制出的新品种，我们特意准备了一些，赠送给像您这样与我们合作多年的老客户品尝，欢迎多提宝贵意见。"

馈赠接近法是指推销员通过赠送礼物来接近客户的方法。馈赠礼物比较容易博得客户的欢心，取得他们的好感，从而拉近推销员与客户的关系，而且客户也比较乐于合作。但赠送的礼品不要过于贵重，注意应符合国家有关政策规定。赠送礼物应具有实用价值，并尽可能制作精美。

5. 赞美接近法

推销员："啊！张经理，几个月没见，您看起来更精神啦！"

赞美接近法是指推销员利用客户的虚荣心，以称赞的语言博得客户的好感，接近客户的方法。推销员要注意观察客户的仪表，在称赞客户时要真诚、恰如其分。切忌虚情假意，以免引起客户的反感。

6. 反复接近法

推销员："我这次来拜访您，又给您带来了一些关于产品的新资料，希望对您有所帮助。"

反复接近法是指推销员在一两次接近不能达成交易的情况下，采用多次进行推销拜访来接近客户的方法。该方法一般在交易量较大的重点生意中采用。采用该方法，一方面要求推销员要有恒心、有信心；另一方面要特别注意与客户建立起良好的人际关系。通过反复接近将交易关系变成朋友关系，以促进交易的达成。

7. 服务接近法

推销员："如果您一次购买我们公司的 10 桶纯净水，公司将赠送一台饮水机，随时负责入户免费清洗，并保证在您打电话后两小时之内送到。"

服务接近法是指推销员通过为客户提供有效并符合需要的某项服务来博得客户的好感、赢得客户的信任来接近客户的方法。具体的服务内容包括维修服务、信息服务、免费试用服务、咨询服务等。采用这种方法的关键在于服务应是客户所需要的，并与所推销的产品相关。

8. 利益接近法

“销售初期1～5天全价销售，5～10天降价25%，10～15天降价50%，15～20天降价75%”，这个自动降价促销方案是由美国一个名为爱德华的商人发明的。表面上看似“冒险”的方案，但因为抓住了客户的心理，对于店铺来说，客户是无限的，选择性也是很大的，这个客户不来，那个客户就会来。但对于客户来说，选择性是唯一的，竞争是无限的。自己不去，别人还会去，因此，最后“投降”的肯定就是客户。

利益接近法是指推销员利用产品或服务能为客户带来的实际利益以引起客户的兴趣并接近客户的方法。采用这种方法时，推销员应把产品能给客户带来的利益放在第一位，以引发客户的兴趣，增强购买信心。从客户关心的重点入手，引发客户对所推销产品的兴趣。

9. 好奇接近法

一位推销办公用品的推销员对客户说：“我有办法让你每年花在办公用品上的成本减少30%。”

好奇接近法是指推销员通过引发客户的好奇心来接近客户的方法。好奇是人们普遍存在的一种心理。推销员在采用该方法时，应注意新奇但不荒诞，并要注意在恰当的时机将谈话引入正题。

10. 求教接近法

推销员问：“李工程师，你是机电产品方面的专家，你看看与同类老产品相比，我厂研制并生产的产品有哪些优势？”

求教接近法是指推销员通过请客户帮忙来解答疑难问题，从而接近客户的方法。推销员采用这种方法主要是利用对方好为人师的特点。注意一定要问对方擅长回答的问题，并在求教后及时将话题导入有利于促成交易的谈话中。

11. 问题接近法

一位推销员对一位业务经理说：“我有一本书能帮助您改善业务流程，如果您打开后发现很有趣，您会读一读吗？”

问题接近法指推销员通过直接向客户提问的方式来接近客户的方法。采用这种方法时，要注意所提出的问题必须是对方所关心的。可以循序渐进地提出一系列问题，也可在一个问题之后迅速转入推销劝说。在提问时，切忌含混不清、模棱两可，而要语气恳切、明确具体。

12. 调查接近法

推销员：“我公司最近想向我们的老客户征询一下对我公司产品和服务的意见及建议，特设计了一份调查问卷，希望得到您的配合和支持。”

调查接近法是指推销员利用市场调查的机会接近客户的方法。这种方法现在为许多企业采用。它既可以帮助企业了解客户需求的状况，又可以借调查之机扩大企业产品的知名度并进行宣传和销售。采用这种方法对推销员的相关专业知识水平要求较高，如此才能打消客户的戒备心理，从而进行深入的调查。

此外，还有表演接近法、震惊接近法等。由于推销的产品千差万别，客户的需要、购买力和心理各不相同，接近客户也就不可能有统一的、固定的模式。推销员应综合和灵活运用各种方法，充分发挥自己的智慧，创造性地开展推销工作，引起客户注意和产生兴趣，以便成功地接近客户，顺利进入洽谈阶段。

小思考

阅读二维码设置的内容，思考其中提出的问题。

小思考

课堂实训

接近客户的步骤及方法的运用

【实训条件】

某公司一位推销员，连着数次去拜访一位老板都被拒之门外。

【实训要求】

1）以该公司推销员的身份，接近这位老板。

2）设计接近这位老板可以采取的方法。

3）要求：注重着装、礼仪，语言恰当，顺利完成接近任务。

【实训设计】

1）每 4～6 名学生分为一组，分别扮演推销员和客户。

2）模拟接近客户的全过程。

3）互换角色模拟。

4）教师根据学生表现进行点评，评选出采用接近方法最多、最恰当的若干小组在课堂进行展示。

【实训评价】

实训评价表如表 4-3 所示。

表 4-3　实训评价表

被考评人			考评地点			
考评内容						
考评指标		考评标准	分值/分	自我评价/分	小组评议/分	实际得分/分
专业知识与技能掌握	推销接近概述	掌握推销接近的含义、技巧	10			
	接近客户的步骤	掌握接近客户的步骤	10			
	接近客户的方法	会运用接近客户的方法	10			
	课堂实训	实训活动完成情况	20			

续表

<table>
<tr><th colspan="2">考评指标</th><th>考评标准</th><th>分值/分</th><th>自我评价/分</th><th>小组评议/分</th><th>实际得分/分</th></tr>
<tr><td rowspan="4">通用能力培养</td><td>出勤</td><td>按时到岗，学习准备就绪</td><td>10</td><td></td><td></td><td></td></tr>
<tr><td>道德自律</td><td>自觉遵守纪律，有责任心和荣誉感</td><td>15</td><td></td><td></td><td></td></tr>
<tr><td>学习态度</td><td>积极主动，不怕困难，勇于探索</td><td>10</td><td></td><td></td><td></td></tr>
<tr><td>团队分工合作</td><td>能融入集体，愿意接受任务并积极完成</td><td>15</td><td></td><td></td><td></td></tr>
<tr><td colspan="3">合计</td><td>100</td><td></td><td></td><td></td></tr>
<tr><td colspan="2">团队之星</td><td colspan="3"></td><td colspan="2" rowspan="2">两项考评辅助项目是为了激发学生的学习积极性</td></tr>
<tr><td colspan="2">团队互评</td><td colspan="3"></td></tr>
</table>

注：1. 实际得分＝自我评价×40%＋小组评议×60%。

2. 考评满分为100分，59分及以下为不及格；60～74分为及格；75～84分为良好；85分及以上为优秀。

3. “团队之星”可以是本次实训活动中贡献突出者，也可以是进步最大者，同样可以是其他某一方面表现突出者。

4. “团队互评”是由评审团讨论后对各团队给予的最终评价。评审团由各团队组长组成。当各团队完成实训活动后，各团队组长先组织本团队内部进行商议，然后各团队组长将意见带至评审团，评价各团队整体工作情况，将各团队互评分数填入其中。

项目小结

本项目主要介绍了推销员在接近客户前应做好的各项准备工作、约见客户时应注意的问题、约见方式的选择和接近客户的步骤与方法。

接近客户前的准备包括了解客户情况、制订拜访计划、保持个人形象、做好心理准备、准备好推销工具。

推销人员在约见客户时应明确的内容包括：确定约见对象；明确约见理由；选择约见时间；确定约见地点。

约见客户的主要方式：电话约见；当面约见；信函约见；委托他人约见等。

接近客户的步骤一般包括：微笑、注视、问候、握手、自我介绍、赞美、话题。

接近客户的方法：商品接近法；介绍接近法；社交接近法；馈赠接近法；赞美接近法；反复接近法；服务接近法；利益接近法；好奇接近法；求教接近法；问题接近法；调查接近法等。

习题

一、在线练习

在线练习4

二、思考题

1. 推销员在接近客户前应了解客户的哪些情况？
2. 推销员在制订拜访计划时，主要包括哪些内容？
3. 推销员应如何克服恐惧感？
4. 推销员应准备好哪些推销工具？
5. 确定约见对象时主要解决哪些问题？
6. 电话约见的原则有哪些？
7. 接近客户的方法有哪些？试举其中的五例。

三、案例分析题

案例1　利用电话接近客户

推销员："上午好，请问这是时代公司吗？"

秘书："是的，请问先生需要什么帮助？"

推销员："请您帮我找约翰先生，好吗？"

秘书："您有什么事？"

推销员："这件事情很重要，需要和约翰先生直接电话沟通，希望得到您的帮助，可以吗？"

秘书："请稍等。"

推销员："谢谢您的电话帮助。"

秘书："十分抱歉，约翰先生到企业去做报告了。"

推销员："那太好了，祝愿约翰先生每场演讲都圆满成功。"

秘书："您有什么事情吗？"

推销员："这件事情很重要，需要与约翰先生直接沟通。请您告诉我约翰先生的手机号码，好吗？"

秘书："很抱歉，希望您能留下电话号码，方便吗？"

推销员："那太好了，感谢您对我的帮助，请问您贵姓呢？"

秘书："我叫玛丽。"

问题：推销员利用电话想要达到哪几个方面的目的？具体分析推销员是怎样做的。

案例2　约 见 客 户

杰克是一家从事写作咨询业务公司的文员，经常代人写作。一天，他得到消息说一位女士想找人为她代笔写一本书。杰克跟她通了电话，遗憾的是，她在电话中说，她几乎已经决定与另一位作家签订合同，而且已经与他面谈并讨论了此事。为了做最后的努力来挽救这笔生意，杰克打算约见客户。他请她在第二天上午喝茶，花点时间讨论这件事。客户同意了，杰克完成了约见前的关键一步。

当杰克与客户在约见地点见面时，彼此都感到相互之间的关系一下拉近了，这是在前一天电话中所没有感受到的，尽管杰克的客户已经确定了由谁为她代笔写作。这次见面本应是十几分钟，喝喝咖啡、聊聊天，最后却变成了关于人生哲学、个人观点及业务目标的谈论。约见时间变成了整整两个小时！杰克的客户当晚就打来电话，说她已经决定选择由他来写作。可以说，如果没有这次约见，杰克的这单写作生意不可能达成。

问题：杰克是怎样把这单写作生意谈成的？

实 训

一、能力训练

主题：电话约见与当面约见方法与技巧的训练。

课时：2 学时。

地点：教室。

1. 过程设计

1）发放案例资料，学生阅读资料。

2）每 2 名学生分为一组，分别扮演推销员和客户（中学校长）。

3）模拟电话约见与当面约见的内容。

4）互换角色模拟。

5）教师根据学生现场表现进行指导，选择优秀的“推销员”进行示范，并进行点评。

2. 实训目的

1）巩固所学的电话约见与当面约见的知识。

2）培养学生正确运用所学电话约见与当面约见知识的能力。

3）采用听、说、实践的形式，拓展学生的思维，提高学生电话约见与当面约见的能力。

4）最大限度地调动学生的积极性，使学生体会共同学习的重要性。

建议：课前，教师可以让学生复习所学知识，查阅相关资料，然后应用到模拟实践中，同时，可以采用发放奖品或计入平时成绩等奖励方式鼓励学生积极发言。

3. 案例资料

联想电脑的推销员张平获悉，某重点中学准备给每位教师配备一台笔记本电脑。他准备打电话约见该校校长。

4. 讨论

请你设计张平电话约见与当面约见的内容（电话约见可分别选用关心有加法、问题明了法、资料跟进法或细致周到法等）。

二、实战演习

1. 实战准备

把学生分组，每组 4～7 人，利用节假日，让他们分别到各种类型的商品流通企业做临时促销员。

2. 实战目的

1）通过学生亲自到各种类型的商品流通企业，观察、学习推销员接近客户、推销产品的过程。

2）通过学生进行产品销售，体会接近客户的步骤，学会针对不同的客户灵活采用不同的接近客户的方法。

3. 实战方案

1）教师事先和商品流通企业联系，约好时间，带领学生前去；或者让学生利用课余时间自己去。

2）学生认真观察，并做好记录。观察记录时主要围绕以下问题：

① 判断客户类型并分析不同类型的客户购物时各有什么特点？

② 推销员是如何处理的？效果如何？

③ 你认为应如何处理？

3）每个小组的学生认真完成书面报告，并在课堂上汇报交流，并为以后的讨论打下基础。

4）学生在产品销售过程中，要记录推销的过程、处理情况及其效果，推销结束后要进行总结、介绍。也可就此进一步开展课堂讨论或课堂模拟。

项目5 推销洽谈

任务5.1 认识推销洽谈

任务目标

1. 知识目标

1）掌握推销洽谈的类型。
2）掌握推销洽谈的内容。
3）掌握推销洽谈的步骤。

2. 能力目标

1）能够正确区分推销洽谈的类型。
2）能够根据洽谈步骤，正确进行推销洽谈。

3. 素质目标

诚实、注重礼节；坚强。

故 事

戴歪的官帽

元朝文人胡石塘名声很大，他到京城应聘，元世祖忽必烈亲自召见了他。上朝时，胡石塘没有察觉自己的官帽戴歪了。当元世祖问他平常所学的是哪些学问时，胡石塘回答："都是一些治国平天下的道理。"皇帝笑他说："自己的官帽都戴不好，如何能平天下呢？"结果没有任用他。

（资料来源：http://www.gs5000.cn/zheli/26208.html.）

启示 推销的实质就是说服潜在客户接受其观点并购买商品的过程。从接近客户到引起兴趣进而进行演示，激发购买欲望，克服种种障碍，每一阶段、每一环节都要运用到推销礼仪。推销人员应该掌握推销礼仪，善用各种方式，塑造良好的形象，从而提高自己的能力。

情景导入

湖南怀化的一家综合性服务公司策划了一个"十佳礼仪小姐大奖赛"的广告演出活动，该公司的推销员小胡受命推销公司的活动计划，以赢得广告客户，获得营业收入。

当地的工商企业不少，从哪家企业开始呢？小胡想，参与这个活动的企业必须具备两个条件：一是效益好，能有广告资金投入；二是重视广告宣传，乐于投入资金。一家制药企业进入了他的视野。这是一家沿海地区先进企业与内陆合办的工厂，联营后通过加大科技投入、不断开发新产品、努力提高产品质量、强化销售等一系列措施，使工厂发生了很大的变化。这家企业非常注重广告宣传，他决定上门推销。

厂长是一位精明的医学硕士，和小胡年纪相仿。自我介绍后，小胡即代表公司感谢这家企业对湖南特别是湘西人民的支持，对他们远离家乡、远离亲人在外艰苦创业的精神表示钦佩，随后他们谈起了工作、生活和工厂生产情况。待气氛缓和之后，小胡就将一本杂志递给了厂长，并翻出事先折好页的文章，请厂长指教。

推销怎么要带上一本杂志呢？原来，小胡事前做了充分准备。临去之前，小胡请一位与厂长很熟的朋友为他预先约见，动身时又带上这本杂志，因为里面刊登着小胡的一篇文章："公关广告的基本类型"，文章中引用了这家企业的总部开展赞助型公关广告的实例，这也算是小胡和这家企业总部的联系，拿着到时肯定会帮上忙的。果然不出所料，杂志起到了作用，当厂长看到已用红线划出的总部实例后，马上来了兴趣，不仅把实例看完，还把文章从公关广告与商品广告的不同，一直到公关广告有赞助型、服务型等七种基本类型的全文都认认真真地看了一遍。待厂长看完后，小胡乘机把计划和盘托出。或许是文章的宣传效应，没等小胡怎么解释公关广告宣传如何重要，厂长便对这次活动表现出了浓厚的兴趣，并就其中一些技术性问题进行询问。等听到小胡圆满的回答，了解到活动安排十分周密后，厂长便欣然应允，答应投入广告费一万元，买下本次大奖赛活动的冠名权。很快，一份关于举办"'××杯'十佳礼仪小姐大奖赛"的广告宣传协议书正式签署，一万元广告费如期汇到了小胡公司的账户上。

思考：

1）在推销洽谈开局时怎样和客户接近？

2）推销洽谈开局对于整个洽谈的作用是什么？

知识储备

5.1.1 推销洽谈简述

在推销人员实现与客户的成功接近之后，推销活动就进入了推销洽谈阶段。推销洽谈的成功与否对买卖双方最终能否达成交易起到至关重要的作用。推销人员只有成功地说服客户，才能达成最后的交易，从而真正完成推销工作。

1. 推销洽谈的含义

所谓推销洽谈，是指推销人员运用各种方式、方法和手段去说服客户购买推销品的过程，也是推销人员向客户传递推销信息的过程。

2. 推销洽谈的原则

推销洽谈的原则，是推销人员在洽谈过程中的行为准则。在推销洽谈过程中，推销人员为了达到推销目的，可以利用各种洽谈的技巧去说服客户，以达到最终的交易目的。但推销人员都要遵循以下原则。

（1）诚实性原则

诚实性原则是指推销人员在推销洽谈过程中要讲真话、凭实据，切实对客户负责，不玩弄骗术。只有诚信地对待客户，客户才能信任你，进而购买推销品。遵循此原则，推销人员要实事求是地介绍产品，出示真实的推销证明，树立良好的推销信誉，做到文明推销、合法推销。

（2）针对性原则

针对性原则是指推销人员必须服从推销目的，使洽谈本身具有明确的针对性。遵循此原则，推销洽谈活动要针对推销品的特点、客户的特点及推销环境和推销活动的特点来进行。

（3）参与性原则

参与性原则是指推销人员应设法引导客户积极参加推销洽谈，促进推销信息的双向沟通，增强推销洽谈的说服力。遵循此原则，推销人员要认真听取客户的意见，鼓励客户动手操作产品，调动客户的积极性和主动性。

（4）鼓动性原则

鼓动性原则是指推销人员在推销洽谈中用自己的信心、热情和知识去感染客户，说服客户，促使客户采取购买行动。遵循此原则，推销人员要始终抱有成功的信心，有强烈的推销热情，用自己丰富的知识说服客户、感染客户。

（5）自愿性原则

自愿性原则是指在推销洽谈的过程中，买卖双方无论实力强弱、规模大小，都要平等自愿、协商一致。

3. 推销洽谈的类型

（1）按照推销洽谈参与人数的多少区分

1）一对一洽谈。此种洽谈是指在一个推销人员和一个客户之间进行的洽谈。洽谈的双方都是只有一个人，没有人能够与其商量。一切的洽谈只有靠自己独立思考、分析、判断、决策，可以充分发挥推销人员的个人才干。

2）小组洽谈。此种洽谈指买卖双方各有两人以上同时参加的推销洽谈，适用于项目规模较大或内容较复杂的洽谈。这种方式重要的是合理配备洽谈小组的组成人员，成员之间分工协作，取长补短，形成整体优势。对于程序严谨、时间长的洽谈，有时还要把整个洽谈过程分成若干个阶段。要做好小组内的分工，进行对口洽谈，每个推销员要对自己负责的问题进行周密的考虑。

（2）按照推销洽谈的性质区分

1）输赢式洽谈。这种洽谈的性质表现在一方得到的利益就是另一方的损失。例如，在产品价格上的协商上，买方期望价格更低些，而卖方期望价格更高些，在价格条件上面的任何让步，都是自己一方利益的减少和对方利益的增加。

2）互利式洽谈。这种洽谈的性质表现在洽谈的成功对双方都有利，洽谈的结果使双方的需要都得到了满足。这需要双方都能够站在对方的立场上重新审视所进行的洽谈，从对自己有利、也对对方有利的角度考虑问题。

5.1.2 推销洽谈的内容

推销洽谈的内容是洽谈的主要方面，内容十分广泛，不同的推销洽谈，其内容也不同。一般推销洽谈的内容包括产品的条件、产品的价格、产品的质量、销售服务、结算条件等。

1. 产品的条件

推销洽谈的主体就是产品，离开了产品，推销也就无从谈起。因此，推销洽谈的内容首先是关于产品的有关条件的洽谈。产品的条件主要取决于客户的类型和购买的数量。对于个体消费者，购买的商品数量少、品种单一。所以，产品条件洽谈比较简单。对于中间商和团体客户，购买的商品数量多、品种型号复杂。所以，产品洽谈也较为复杂。一般来说，产品条件洽谈的内容包括产品品种、型号、规格、数量、商标、外形、款式、色彩、质量标准、包装等。

2. 产品的价格

产品的价格洽谈是推销洽谈的中心内容，是买卖双方最为关心的敏感问题。买卖双方会进行反复的讨价还价，最后才能敲定成交价格。在价格洽谈中，推销人员要掌握好价格和让步的幅度。同时，价格条件的洽谈还包括数量折扣、退货损失、市场价格波动风险、产品保险费用、售后服务费用、安装调试费用等条件的洽谈。

3. 产品的质量

产品的质量是影响客户购买的重要因素。在推销中，推销人员应向客户表明自己的产品符合同类产品的质量要求。另外，推销人员介绍产品质量应通俗、细致，而且要有重点。

4. 销售服务

推销人员应从本企业的实际出发，本着方便的原则，千方百计地为客户提供优质服务。销售服务洽谈的内容包括送货方式、交货时间、提供零配件和工具供应、技术咨询、培训服务、安装、维修、退换等。

5. 结算条件

在推销洽谈中，结算条件包括结算的方式和时间。在结算条件洽谈时，买卖双方应本着互惠互利、相互谅解、讲究信誉的原则进行协商。

推销洽谈的内容十分广泛，它因洽谈的时间、地点、条件、对象、目的不同而不同。但是，任何推销洽谈都是为了解决客户异议，以达到销售产品为目的的。所以，洽谈的内容也应围绕客户所关心的问题来确定。

5.1.3 推销洽谈的步骤

推销洽谈是整个推销过程的关键性阶段，也是一个循序渐进的过程。整个推销洽谈的过程中具体包括五个步骤：准备阶段、开局阶段、报价阶段、磋商阶段和成交阶段，如图 5-1 所示。

1. 准备阶段

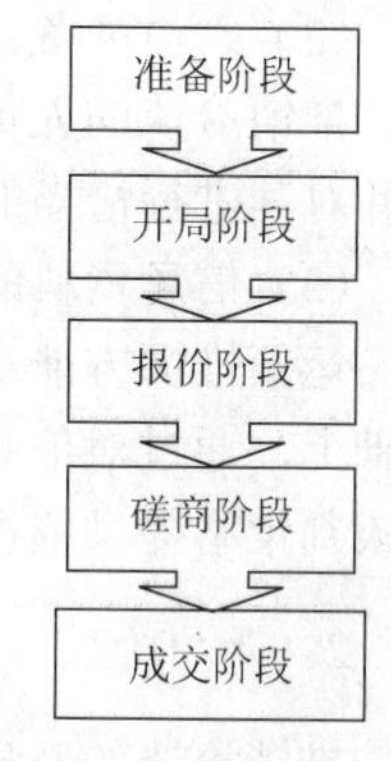

图 5-1 推销洽谈的步骤

推销洽谈是一项较为复杂的推销业务工作，它受诸多可控因素与不可控因素的影响，特别是对大中型的推销洽谈来说，局面更为复杂。因此，必须做好充分的准备，才有可能面对复杂的局面，达到推销洽谈的预期目的。

（1）方案准备

推销洽谈方案是推销人员在充分了解产品、市场、客户的基础上，制订的科学、可行的推销洽谈计划，是事先对洽谈过程的规划和安排。它对于谈判活动的顺利进行，具有重要的指导意义。拟定推销洽谈方案，一般应包括以下内容：

1）推销洽谈的目标。推销洽谈的目标是谈判方对洽谈所要达到的结果的设定，它是指导推销洽谈的核心，是制订推销洽谈方案时首先要明确的事项。在整个推销洽谈的活动中，洽谈策略的设计、实施与运用及其他工作，均以洽谈目标为依据，是为总体目标的实现服务的。推销洽谈的目标一般有三个层次：

① 高级层次。高级层次是通过洽谈达到的最理想的目标，能够最大限度地满足谈判方的利益和需求。这一目标在实际的推销洽谈中很少有实现的可能性，一般只作为谈判的起点，然后逐步后退。最高目标是对谈判要求的集中概括，为谈判者的行动指明了方向。

② 中等层次。中等层次是比较实际的、有可能实现的目标，在特定力量对比下最大限度地满足己方的利益。因此，要正确地选择、制订洽谈目标，最好是具有一定的弹性，规定一个可以上下浮动的界限。在实际推销洽谈中，只要环境允许，谈判方要力争实现这一目标，不要轻易放弃。

③ 低等层次。低等层次是推销洽谈中必须保证达到的最基本的目标，是洽谈成功的最低界限。只有实现了这一目标，谈判方才能获得一定的利益。

2）推销洽谈的主要策略。推销洽谈的主要策略是遵循洽谈原则，根据己方的具体谈判目标，在充分了解和分析对方的情况下，为了实现己方各级谈判目标而制定的措施与对策。谈判策略的正确选择可以使谈判方在谈判中化被动为主动，出奇制胜，实现最终的谈判目标。同时，也能识破对方的计谋，成功地保障自身的利益不受损失。

3）推销洽谈的内容。推销洽谈的内容是谈判的主要议题，内容十分广泛，不同的推销洽谈，其具体内容也不同。推销洽谈的内容一般包括以下几个方面：产品的条件、产品的价格、产品的质量、销售服务、结算条件等方面。

4）推销洽谈的地点。由于洽谈地点的不同，谈判双方在洽谈中所处的地位也不一样，各自承担的责任与费用开支也不同。因此，选择谈判地点也是谈判方案的一项内容。

5）推销洽谈的期限。推销洽谈的期限是指谈判双方从着手进行洽谈准备到洽谈结束的这一段时间。由于洽谈的议题都有一定的时间性，在谈判方案中确定期限，对于掌握谈判的进程，提高谈判的效率，适时评估谈判的得失非常重要。

6）谈判人员。推销洽谈方案中应对谈判负责人及小组成员做出明确规定。同时应明确各成员在洽谈中的角色、职责、职权等，便于在谈判中明确分工，团结协作。

（2）人员准备

推销洽谈的人员是具体推销方案的执行者，是企业利益的维护者。选择优秀的谈判人员并对其进行恰当的分配，组成强而有力的团队，是谈判成功的重要保障。

（3）信息资料的准备

运筹帷幄方能决胜千里。在推销洽谈中，运筹就是在广泛地搜集有关谈判信息资料的基础上，通过对信息的加工、整理，掌握充实的信息资料。为制定科学、可行的谈判方案和谈判策略提供依据。

2. 开局阶段

推销洽谈的开局阶段是指谈判开始直到双方提出各自的基本要求、立场的过程。在这一阶段里，谈判各方要处理好以下几个环节的问题：建立恰当的谈判气氛、明确谈判议题、初步表达自己的意向和态度。

谈判一开始所形成的气氛，双方持有什么态度，将制约着整个谈判活动。在谈判之初，谈判双方不能直接进入实质性洽谈阶段，要为洽谈创造一个轻松、合适的气氛，这将对推销洽谈起到积极的促进作用。在实质性洽谈阶段所创造的气氛会对洽谈的全过程产生作用和影响。

当谈判的双方在一种良好的气氛下达成共识之后，就转入了谈判的议题。在这个阶段，谈判双方要进行各自的开场陈述，各方要将自己的立场、要求做全面、粗略的叙述，同时要听取对方的陈述。陈述的内容主要有我方对问题的理解、我方的利益、我方为了合作可以做出哪些让步等。开场陈述一般采用书面、口头、书面与口头相结合的方式，全面陈述我方的立场。开场陈述要点到为止，要做到简明扼要，使对方能够很快理解，展开沟通与交流。

3. 报价阶段

报价阶段是推销洽谈双方分别提出达成协议的具体交易条件，是开局阶段开场陈述的具体化，它涉及谈判双方的基本利益。

谈判一方在向另一方报价时，首先应该弄清楚报价的时机与报价的原则。一般而言，对方在对推销产品的使用价值有了了解之后才会开始询价；对方询问价格时是报价的最佳时机；报价时出价要尽可能地高，以最大限度实现自身的利益，又要具有被对方接受的可能性。

4. 磋商阶段

推销洽谈的磋商阶段也称“讨价还价”阶段，是指谈判双方为了各自的利益、立场，寻求双方利益的共同点，并对各种具体交易条件进行磋商，以逐步减少彼此分歧的过程。在这个阶段，双方都极力阐述自己的立场、利益的合理性，施展各自的谈判策略和手段，企图说服对方接受自己的主张或做出一定的让步。磋商阶段是双方利益矛盾的交锋阶段，也是推销洽谈过程较为关键的步骤。

在磋商阶段，谈判双方存在分歧是不可避免的，这是影响双方交易顺利达成的障碍。因此双方都要采取各种积极有效的策略和方法，谋求分歧的解决，不要一味地要求对方做出妥协。积极的、充分的、恰到好处的妥协与让步是解决彼此分歧、达成协议的一种基本策略和手段。妥协与让步都必须是积极的，应该与己方特定的目标相联系，应该是调动对方趋近己方以实现己方利益的手段。在没有真正把握对方意图和想法的时候，不可轻易做出妥协、让步。让步应坚持以下原则：不做无利益的让步，不做同等幅度的让步，不要过早地让步；每次让步幅度不宜太大、太快。

5. 成交阶段

推销洽谈的成交阶段是谈判的最后阶段，也是最终成果达成的阶段。当谈判双方进行实质性的磋商后，经过彼此的妥协、让步，意见逐步统一，重大分歧基本消除，最终谈判双方就有关的交易达成共识，于是推销洽谈便进入了成交阶段。

在这一阶段，当谈判双方都产生了成交的愿望，而又都不愿意直接说出来的时候，推销方应把握好时机，用声明或行为向对方发出成交的信号。当买方明确表示愿意成交时，推销方应对最后成交的有关问题进行归纳和总结，双方要根据已经讨论的各项内容起草一个协议。在协议拟好之后，双方应就协议的每一个细节进行审核，以免由于一时的疏忽，对日后协议的实际履行造成影响。当协议经过审核无误后，谈判双方就要履行正式的签约手续了。

课堂实训

推销洽谈

【实训条件】

有一个生产木头梳子的工厂，找了四个推销员，让他们带着样品、订单，到指定的庙里去推销梳子。

第一个推销员回来了说：一把没有销掉，和尚说了我们光头没头发，梳子有什么用啊。

过了一会儿第二个推销员也回来了，销了十来把梳子，他说：我对和尚们说了，梳子的功能不仅是梳头发的，你用木头梳子经常刮刮头皮，可以止痒、活血、明目、清醒头脑、美容、养颜啊，有这么多好处呢，靠这第二个功能销掉了十来把梳子。

又过了一会儿第三个推销员回来了，销了几百把，订单一沓。他说：我到了庙里仔细地观察了一番，香火挺旺盛，香客挺多。我发现香客在叩头起来以后，头发一般有点乱，香灰掉到头发上头发有点脏，于是我就找到方丈，跟他说，香客多虔诚，你庙里得关心他们。每天早上，在每个佛堂前面放几把木头梳子，木头梳子挺便宜，香客头发乱了，可以梳梳头，他拿走就拿走，到了明天再换一个。这样的话香客感到庙里很关心他们，他们来得就更勤快了，你这里的香火就更旺了。

终于，第四个推销员回来了，销了几千把，订单一大摞，他说：我直接找的方丈，我对方丈说，有人经常给庙里捐钱送物，庙里去外面办事情也有很多公共关系需要联络，庙里得有礼品回赠给他们，木头梳子是最便宜的礼品。木头梳子两边可以刻上字，一面把庙里最好的对联刻一两副在上面，另一面方丈题几个字，如“日行一善”“积善为本”“佛在心中”，这样作为一个纪念品人家就留下了，给庙里捐钱的人就更多了，办事也会更方便了。

【实训要求】

1）分析四个推销员推销洽谈木头梳子的情况。

2）运用所学知识，与方丈推销洽谈木头梳子，把更多的木头梳子及新的创意推销给方丈。

3）注重着装、礼仪，语言恰当。

【实训设计】

1）每 3～5 名学生分为一组，分别扮演“推销员”和“方丈”。

2）模拟推销洽谈。

3）互换角色模拟。

4）教师根据学生表现进行指导，选择优秀的“推销员”和“方丈”进行示范，并进行点评。

【实训评价】

实训评价表如表 5-1 所示。

表 5-1　实训评价表

被考评人			考评地点			
考评内容						
考评指标		考评标准	分值/分	自我评价/分	小组评议/分	实际得分/分
专业知识与技能掌握	推销洽谈简述	掌握推销洽谈的含义、原则、类型	10			
	推销洽谈的内容	掌握推销洽谈的内容	10			
	推销洽谈的步骤	正确运用推销洽谈的步骤	10			
	课堂实训	实训活动完成情况	20			
通用能力培养	出勤	按时到岗，学习准备就绪	10			
	道德自律	自觉遵守纪律，有责任心和荣誉感	15			
	学习态度	积极主动，不怕困难，勇于探索	10			
	团队分工合作	能融入集体，愿意接受任务并积极完成	15			
合计			100			
考评辅助项目						备注
团队之星						两项考评辅助项目是为了激发学生的学习积极性
团队互评						

注：1．实际得分＝自我评价×40%＋小组评议×60%。

2．考评满分为 100 分，59 分及以下为不及格；60～74 分为及格；75～84 分为良好；85 分及以上为优秀。

3．“团队之星”可以是本次实训活动中贡献突出者，也可以是进步最大者，同样可以是其他某一方面表现突出者。

4．“团队互评”是由评审团讨论后对各团队给予的最终评价。评审团由各团队组长组成。当各团队完成实训活动后，各团队组长先组织本团队内部进行商议，然后各团队组长将意见带至评审团，评价各团队整体工作情况，将各团队互评分数填入其中。

任务 5.2　掌握推销洽谈的方法与技巧

任务目标

1．知识目标

1）掌握推销洽谈的方法。

2）掌握推销洽谈的技巧。

2. 能力目标

1）正确运用推销洽谈的方法。

2）正确运用推销洽谈的技巧。

3. 素质目标

倾听；思考；号召力。

如何把女性内衣卖给男生

五个营销专业的应届大学毕业生到一家女性内衣公司应聘，该公司对正式上岗前的业务员有这样一项测试：把公司的某品牌女性内衣推销给在校的男生，并在规定的时间内完成一定的销售任务。

第一个业务员，悄悄走访了几个熟悉的小师弟，但都遭到了拒绝。后来灵机一动，自己掏钱买了10套女性内衣，然后在规定的时间内回公司报到。

第二个业务员，拜访了很多男生宿舍，并挨个问买不买女性内衣，他的行为被很多男生斥责为“神经病!变态!”，但他仍然天天坚持，最后终于感动了一个也是营销专业的男生，出于对校友就业艰难的同情，掏钱买了1套女性内衣。

第三个业务员，反复思考了几套推销方案，最后决定发展一些小师弟成为销售代表，向他们的女同学推销产品。但因为是小师弟代销，他们都缺乏必要的培训，尽管小师弟们都很卖力，但总共只卖出了30套女性内衣，而且大部分是卖给自己的女朋友。

第四个业务员，回到母校找到原来的班主任，说要和下几届学生开展一次销售实践的交流活动。他强调跟小师弟小师妹互动和交流可以拓宽在校生的视野，到时他还要以一套生动的推销案例，在现场进行推销示范。班主任觉得有道理，便支持了这个小活动。由于事先安排了几个“内线”，在几个铁哥们的踊跃带领下，终于感动了很多小师弟小师妹，他们出于惺惺相惜的心理，每个人掏钱买了1套。当时一共80人在场，其中五个是“自己人”，所以该业务员一共卖出了75套女性内衣。

第五个业务员，经过充分的分析之后，回到母校找到颇有商业意识的学院主任，以给在校生增加工作实践为名，发起了一个颇有轰动效应的活动：“你能把女性内衣卖给男生吗？——暨面对就业形势，某国际品牌营销专家实战训练专题讲座”。活动内容是聘请某国际品牌营销总经理来学校举行营销实战专题讲座，每个在校生都可以自愿参加，由于受场地限制，每个参加者需支付60元的活动组织费用。同时，作为培训讲座的最后一个环节——一项非常有挑战性的实战演练，即每位参加者负责在一个星期之内向男生推销两套女性内衣（不再收费），推销收入作为购买入场券的补偿。活动之后还将在本院举行总结交流活动。由于就业形势严峻，这样一个集理论、技能及社会实践于一体的富有创意的项目，在各班级引起了强烈反响。事后统计该活动共有600人参加，一共卖出了1000多套女性内衣。公司营销总经理也很重视这次树立公司形象的公关事件，亲自到场做了精彩演讲，参加的学生对本次活动都感到非常满意！

（资料来源：http://www.sohu.com/a/115147148_427987.）

启示 推销人员应善于把握机会，创造全新的需求和有利的销售环境，策划具有正面轰动效应的公关事件，把握问题的核心并制定巧妙的政策，让参与各方都成为事件的忠实执行者和拥护者。

情景导入

亚伯特·安塞尔是铅管和暖气材料的推销商，多年以来一直想跟布鲁克林的某位铅管商做生意。那位铅管商业务做得极大，信誉也出奇的好。但是安塞尔一开始可吃足了苦头。那位铅管商是一位喜欢使人窘迫的人，以粗线条、无情、刻薄为傲。他坐在办公桌的后面，嘴里衔着雪茄，每次安塞尔打开他办公室的门时，他就咆哮着说："今天什么也不要！不要浪费你我的时间！走开吧！"

然后有一天，安塞尔试了试另一种方式，而这种方式使他们建立了生意上的联系。安塞尔交上了一个朋友，并得到了可观的订单。

安塞尔的公司正在商谈，准备在长岛皇后新社区办一间新的公司。那位铅管商对那个地方很熟悉。因此，安塞尔去拜访他时就说："先生，我今天不是来推销什么东西的，我是来请您帮忙的。不知道您能不能抽出一点时间和我谈一谈？"

"嗯……好吧，"那位铅管商说，嘴巴把雪茄转了一个方向。"什么事？快点说。"

"我们公司想在皇后新社区开一家公司，"安塞尔说，"您对那个地方的了解程度和住在那里的人一样，因此我来请教您对那里的看法。那里好还是不好呢？"

情况有些不同了！多年以来，那位铅管商向推销商吼叫、命令他们走开，但今天这位推销员来请教他的意见，使他觉得自己很重要。

"请坐请坐。"他说，并拉过来一把椅子。接着用一个多小时的时间，他详细地解说了皇后新社区铅管市场的特点。他不但同意那个分公司的地点，而且还把集中在他脑中的购买产业、储备材料和开展营业等方案全盘告诉了他。铅管商从告诉安塞尔如何去展开业务中得到了一种重要人物的感觉。接着他与安塞尔的谈话扩展到私人方面，变得非常友善，并把家里的困难也向安塞尔诉苦一番。

"那天晚上当我离开时，"安塞尔说，"我不但口袋里装了一大笔初步的装备订单，而且也建立了坚固业务友谊的基础。这位过去常常吼骂我的家伙，现在常和我一块儿打高尔夫球。这个改变，都是因为我请他帮了个小忙，而使他有一种重要人物的感觉。"

（资料来源：https://zhidao.baidu.com/question/1829944017034913 24.html.）

思考：安塞尔使用了哪种巧妙的推销洽谈技巧使得谈判获得了成功？

知识储备

5.2.1 推销洽谈的方法

推销洽谈可以随着情况的不同采用不同的方法。这就需要推销人员在推销洽谈中，针对不同的推销产品和客户采取不同的洽谈方法和技巧，以激发客户的购买欲望，促成购买行为的实现。推销洽谈的方法包括提示法、演示法和介绍法。

1. 提示法

提示法是指推销人员通过言语，提示客户产生购买动机，促使其做出购买决定，从而促成交易的推销洽谈方法。提示法可分为以下几种具体的方法。

（1）直接提示法

推销员："这款液晶电视清晰度高，内部使用的显像管采用高端产品，辐射小，可以保护小孩的视力。16∶9的比例最适合人眼视觉的观看，您可以轻轻松松在家享受家庭影院的效果。"

直接提示法是推销人员直接劝说客户购买所推销产品的一种方法。用于直接向客户传递商品信息，立即引起客户的购买欲望，迅速促成交易。这种方法的特点在于节省推销洽谈的时间，能够提高效率，是一种常用的推销洽谈方法。

（2）间接提示法

推销员："这台液晶电视昨天还是原价销售，今天刚好有活动9折，降价几百元。某公司在户外做活动时，就是用的我们这款电视做放映宣传的！"

间接提示法是推销人员用间接的方法劝说客户购买商品的方法。此种方法推销人员不直接提出自己的观点，而是通过间接提示让客户自己决定是否购买。

（3）积极提示法

推销员："您看照片中的这位女孩多漂亮啊！看这皮肤，犹如出水芙蓉一般，她平时用的正是我们公司的护肤品。您的皮肤也不错，通过我们产品的保养，一定会更加年轻。"

积极提示法是指推销人员运用积极的方式劝说客户购买商品的一种方法。积极的方式指的是从正面调动客户心理活动的积极因素，促进购买欲望。

（4）消极提示法

推销员："听说了没有，过了60岁，保险公司就不受理健康长寿医疗保险了，到那时要看病可怎么办？"

消极提示法是指推销人员用消极的、否定的暗示提示客户，若不购买产品，可能会带来的消极作用，从而刺激客户的购买欲望。

（5）明星提示法

推销员："我们的产品可是中国××队比赛时指定的饮料，他们能够在赛场上取得好成绩，我们也起了作用啦。它能够及时补充能量，缓解疲劳，特别适合爱运动的人士！"

明星提示法是指推销人员利用名人效应来劝说、动员客户产生购买商品的行为的方法。此种方法利用了客户崇拜明星的心理，可以消除客户的购买疑虑，影响客户的购买态度。

（6）联想提示法

推销员："我们生产的奶制品来自纯正的大草原，经过×道加工工序，经过×次的消毒，符合国家检验的标准，您完全可以安心饮用！"

联想提示法是指推销人员通过向客户描述与推销有关的情景，使客户产生相应的联想，从而来刺激客户的消费欲望。

2. 演示法

演示法是指推销人员通过一定的非语言形式来展示商品特性，通过演示让客户看到产品的优点，从而刺激购买的一种方法。一般来说，演示法包括产品演示法、文字演示法和图片演示法。

（1）产品演示法

推销员："我们这款汽车动力性能非常强，内部安装有GPS系统，而且车厢内的空间足够您带着一家人到户外郊游。特别的是，它的耗油量是很低的！您不妨亲自驾车来试一下！"

产品演示法是指推销人员通过对产品的展示、示范操作等方式直接进行产品推销，这样会把产品的性能、特点全盘地展示在客户面前，使客户对产品有直观的了解。

（2）文字演示法

推销员："我知道您非常关心产品的质量和性能，这是国家权威机构颁发给我厂的质量检验证书及产品获奖证书，还有我们这种产品的说明书、价目表，以及新闻媒体对我公司信誉的评价，您可以参考一下！"

文字演示法是指推销人员利用文字资料来劝说客户购买产品的一种洽谈方法。这种方法既省力又节约时间，还能使客户更全面地掌握产品及企业信息。这些文字资料可以提高客户对产品的信任感。

（3）图片演示法

小李是一家全屋定制公司的销售员，在接待客户时，小李总是首先询问客户对全屋定制的总体想法，了解各房间尺寸，然后通过电脑软件将定制后的效果显示在电脑屏幕上让客户看。由于客户能够提前看到定制后的效果，因此客户很容易接受小李的建议，往往在与小李的洽谈中就签订了协议。

图片演示法是指推销人员利用图片资料来说服客户购买产品的一种洽谈方法。这种方法可以比较生动形象地传递企业、产品信息，会对客户产生强大的感染力。

小思考

阅读二维码设置的内容，思考天津市鸵鸟墨水有限公司（原天津市天津墨水厂）是如何成功地使鸵鸟牌系列产品声誉大振的。

鸵鸟牌墨水

3. 介绍法

介绍法是利用生动形象的语言介绍产品，劝说客户购买产品的洽谈方法。使用这种方法需要推销人员在推销过程中有一定的亲和力，能够抓住客户的注意力，使客户考虑所推销的产品。同时，在推销的过程中，要保持一个良好的态度，避免冒犯客户，从而达到销售产品的目的。介绍法分为直接介绍法和间接介绍法。

（1）直接介绍法

> 推销员：“这种空调强力制冷，低噪声，超薄机身，轻巧美观，还配有大液晶中文屏幕温度实时显示，绿色环保。拥有这样的空调，您肯定会舒舒服服度过炎热的夏天！”

直接介绍法是推销人员直接介绍商品的性能、特点，劝说客户购买推销品的洽谈方法。在进行直接介绍的时候要针对客户的不同购买心理，抓住易被客户接受的明显特征直接向客户介绍。在介绍的过程中要尊重客户个性，避免冒犯客户。

（2）间接介绍法

> 推销员：“这种西服采用进口生产线缝制，法国面料，做工考究……”

间接介绍法往往不直接说明产品质量及能够带来的利益等，而是通过介绍与之密切相关的其他事物来间接地介绍产品本身。运用间接介绍法时，应注意以下问题。

1）使用的资料要有助于间接介绍商品，要恰到好处。

2）使用的语言要温和含蓄、委婉曲折，能够间接介绍出推销重点。

例如，通过介绍西服的制作设备、面料、做工，间接证明西服的优良品质。

5.2.2　推销洽谈的技巧

推销洽谈的技巧是指推销人员在洽谈过程中灵活运用自己的语言、行为，艺术化地解决洽谈中的实际问题的方式和方法。

1. 运用礼貌待人技巧促成洽谈

在推销洽谈中，给客户留下良好的第一印象会对洽谈产生积极的推动作用，使客户对推销人员产生好感，愿意跟推销人员进一步进行沟通。

（1）注重仪表

整洁美观的仪表会给客户留下良好的第一印象，进而对推销人员产生好感。推销人员的仪表不仅要适合自己的爱好，更应该符合职业特点，顺应社会时尚，力求给人以整洁、干练的感觉，让客户能够在短时间内对推销人员产生信任。

（2）讲究礼节

对于推销人员而言，礼节与仪表同样重要，在与客户接触时，行为要大方得体，给对方留下懂礼貌、有教养的印象，以利于推销的进一步展开。

（3）礼貌待人

无论客户的态度和语气如何，保持礼貌、不发脾气是推销人员最基本的要求。

（4）牢记推销忌语

推销忌语是在推销洽谈中禁止使用的不礼貌语言，一定要牢牢记住，不能在推销洽谈过程中使用侮辱客户人格和尊严、刺激或激怒客户的语言。

2. 运用语言技巧促进洽谈

语言在推销洽谈中贯穿始终，是非常重要的，包括提问、回答和劝说几方面的技巧。洽谈过程中要注意使用语言技巧，要做到要点突出、条理清楚、用词准确、具有强有力的说服力。

（1）提问技巧

一般来说，推销人员运用提问来引起客户的注意，提问的关键在于是否问得巧妙、恰到好处。推销人员应根据洽谈对象、内容和目的的不同采用不同的提问方式。提问主要分为封闭式提问和开放式提问。

1）封闭式提问。封闭式提问是指由特定的领域带出特定答复的问句，一般用“是”或“否”作为回答。这类问句可以使发问者得到特定的资料或信息，而答复这类问题也不必花时间思考。但这类问句含有相当程度的威胁性，往往引起人们不舒服的感觉。这类问句分为以下几种情况。

① 选择式问句。选择式问句是给客户提出几种情况让他从中选择的问句。一般提出两个以上的条件供客户任意选择，但客户只能在指定范围内选择。

推销员：“您喜欢繁杂一点的还是简洁一点的？”

② 澄清式问句。澄清式问句是针对客户的答复，重新措辞以让其证实或补充的一种问句，这种问句的目的在于让客户对自己的话进一步明朗态度。

推销员：“既然您觉得我们这套服装不是价格贵，是款式您不喜欢，是吗？”

③ 暗示式问句。暗示式问句是以暗示的方式给出预期的答案，引导客户的态度。

推销员：“这套衣服的款式正是时下流行的样式，而且价格适中，您说呢？”

④ 参照式问句。参照式问句是把第三者的意见作为参照提出，将会对洽谈对方产生重大的印象。

推销员：“经理说，今年的销售额要提高 10%，您觉得可以吗？”

2）开放式提问。开放式提问是指对回答的领域没有做明确限制，通常无法用“是”或“否”来简单回答的提问。这类问句因为不限定答复的范围，所以能使对方畅所欲言，获得更多的信息。此种问句有以下几种句式：

① 商量式问句。商量式问句是指与对方商量问题的问句。这种使用商量语气的方式，容易使客户接受，也可以使洽谈的气氛保持融洽。

推销员：“您看是否明天送货?”

② 探索式问句。探索式问句是指对于谈话中不明白的地方进行探索的一种问句。可以使推销人员进一步了解客户的心理，获得更充分的信息。

推销员打算提出成交，但不知对方是否会接受，又不好直接问对方要不要，于是试探地问：“这种商品的质量不错吧?”如果对方有意购买，自然会评价；如果不满意，也不会断然拒绝，使双方难堪。

③ 启发式问句。启发式问句是指启发对方发表看法和意见，了解客户的真实想法的问

句。这种问句主要启发对方谈出自己的看法，以便吸收新的意见和建议。启发式问句是以先虚后实的形式提问，让对方做出提问者想要得到的回答。这种提问方式循循善诱，有利于表达自己的感受，控制推销劝说的方向，促使客户进行思考。

客户："夏天到了，我想买一顶帽子。"推销员："您买什么价位的呢？"客户："中等价位的!"

(2) 回答技巧

推销洽谈过程中存在着很多回答的技巧，因为推销人员回答的每一句话都是对客户的承诺和责任，不但要学会从正面回答问题，还要学会适当运用小技巧。

1) 不要全盘托出。当客户的提问范围过大时，不要全盘托出，只需回答其中主要的几项指标即可，这样会给对方留下好印象。力求将提问的范围缩小而不做正面回答，这样只做局部的回答，留有余地，从而不会处于被动地位。

客户："你们这个品牌的电脑质量如何？"

推销员："我们的电脑质量很不错，严格遵守行业的标准，已经是行业内的领头羊。"

2) 打心理之战。当提问者的目的特殊、问题含糊，使推销人员正反两面回答都可以，但摸不清客户偏向哪个方向时，推销人员一定要认真分析，揣摩对方真实心理，针对对方心理作答，切不可自作聪明，按自己的想法来回答。

3) 采用拖延战术。在推销洽谈过程中，当客户提出的一些问题，一时难以回答或自己也不是很清楚时，不要勉强作答，可以采用拖延时间的办法，给自己留些余地，缓解尴尬的局面。

客户："这批产品能不能再给我让利10%？"

推销员："对不起，这个问题我要请示一下经理，一会给您电话答复。"

4) 采用含糊回答。当遇到难以确切回答、不能拖延回答的问题时可用含糊应答的方式，借助一些宽泛模糊的语言，既要做了回答，又要为自己留有余地。

客户："价格能不能再降一些？"

推销员："价格确实是您关心的一个问题，但是我们的产品质量和售后服务都是一流的。"

5) 让客户自问自答。当我方对某个问题胸有成竹时，不直接回答客户提出的问题，而是按照一定的思路步步为营，向对方进行反问，尽量使对方每问必答，不得不对我方的反问表示同意，从而不自觉地进入我方预定的目标范围。然后我方再综合对方对反问的回答，概括出对方的结论作为我方的回答。

客户："你们的这种面包这么硬，是不是要过期了啊？"

推销员："您看看包装上的生产时间，一般面包的有效期是三天，我们的产品过期了没有？"

(3) 劝说技巧

在推销洽谈中，洽谈双方都为自己利益着想，所以在洽谈过程中很难说服对方接受己方的观点。如果双方谁也说服不了对方的话，就会形成僵局，给以后的洽谈带来阴影，导致双方洽谈失败。要在洽谈中发挥说服的作用，可借鉴如下方法。

1）讨论问题坚持先易后难的原则。洽谈中讨论问题的顺序应当按先易后难的原则去安排。这样做容易取得成效，使双方从一开始就显示出合作的诚意和彼此的信任，从而为谈判的发展营造良好的气氛，减少彼此的戒备心理，增强双方对交易成功的信心。双方意向差别较大的问题可以放在较后的位置并安排较多的时间去讨论。这时由于前面的谈判成果已增强了双方的合作意向，谈判的困难会相对减少。

2）陈述利害关系坚持先利后弊。在说服对方时免不了要陈述利害关系，一般应先讲利的一面，再以委婉的口气陈述弊的一面。这样做是因为客户往往以追求利益为目标，十分注意利益的损失，首先迎合对方利益的需要，有利于激发对方的兴趣和热情。

3）说服客户坚持利益一致。在洽谈中双方既有合作，又有冲突。因此，推销人员在说服客户时应该尽可能强调利益的一致性与互利互惠的可能性，这样有利于激发对方在认同自身利益的基础上接受建议。

4）说服客户坚持发现客户的需要。既然客户的目标是要满足自己的需求，因此推销人员要在说服过程中尽量去发现客户的迫切需要或第一位需要。如果发现客户的需要正好与自己的提议相一致，双方往往能一拍即合。

为了协议快速和顺利达成，在说服他人时不应单纯强调未解决的争议问题，应重点宣传已解决的问题，这有助于增强双方合作的信心和热情。

要特别重视首尾两部分内容的安排及语言技巧的运用，因为开头与结尾给人留的印象比较深刻，所以可把最重要的问题放在首尾部分。

拿出充分的证据或有说服力的资料来证实自己的解释或要求，使对方在事实面前心悦诚服。

对问题做结论时不要推辞，应简单明了、准确无误地陈述结论。

3. 运用倾听技巧促进洽谈

推销人员不但要掌握流畅的语言技巧，而且要耐心聆听客户的讲话。倾听是一种重要的洽谈策略。当你发问的时候，就获得了一个倾听的机会，而且听得越多，客户就越喜欢你、相信你，就越能接受你的话，并且会渐渐考虑你的产品或服务。推销洽谈中倾听的主要技巧如下。

（1）引导对方说话，营造倾听机会

在推销洽谈过程中，推销人员不要从头说到尾，表明自己观点后，要会给客户留有说话的机会，或来征求客户的意见。

（2）客户说话时要应和

在推销洽谈过程中，要尊重客户的说话，这样客户才愿意继续说下去。因此，不仅要让客户说，而且要让客户愿意说，这就需要做到聆听时目光专注，有语言和身体的应和。聆听时不要受其他事情干扰，不要漫不经心、左顾右盼。

（3）不要随意打断对方说话

在推销洽谈过程中，当客户说的滔滔不绝时，推销人员不要随意打断客户说话，让客户把想法说完全。让客户完整地表达他的看法，即使推销人员有更好的看法，也不要打断客户说的话，否则会让客户很反感。

（4）要用心地听

听客户说话时，要全面、去粗存精、由表及里地听，尤其要掌握客户的话外之音和真实意图。

（5）要从容地听

遇上一些不愉快的话题或不融洽的气氛时，不要感情冲动、急于辩解，这时更需要从容、冷静地听，这样才有助于弄清事实、找出对策、平息对方的怨气、解决问题。

课堂实训

推销洽谈的方法与技巧

【实训条件】

美国布鲁金斯学会以培养世界上最出名的推销员著称。布鲁金斯学会有一个传统，每学期学员在毕业时，都要设计一道最能体现推销员能力的实习题让学员去完成。小布什总统上任后，这道题目就是“怎样将一把老斧头卖给小布什”。

很多学员绞尽脑汁却都无功而返，因为小布什什么都不缺，而且也用不着亲自购买。可是有一位学员却成功了，这位学员叫乔治·赫伯特。一位记者在采访他的时候，他是这样说的：“我认为，把一把老斧头推销给小布什总统是完全可能的。因为小布什总统在得克萨斯州有一座农场，那里长着许多树。于是我给他写了一封信，信中说，有一次我有幸参观您的农场，发现那里长着许多树，有些已经死掉，木质已经变得松软。我想，您一定需要一把小斧头，但是从您现在的体质来看，这种小斧头显然太轻，因此您仍然需要一把不甚锋利的老斧头。现在我这儿正好有一把这样的老斧头，很适合砍伐枯树。倘若您有兴趣的话，请按这封信所留的信箱，给予回复……最后他就给我汇来了15美元。”

【实训要求】

1）分析乔治·赫伯特成功地把老斧头卖给小布什总统的原因。

2）运用推销洽谈的方法和技巧，把老斧头卖给小布什总统，做第二个乔治·赫伯特。

3）要求创新、合理，完成推销任务。

【实训设计】

1）每4～6名学生分为一组，分别扮演“小布什总统”和“乔治·赫伯特”。

2）模拟推销洽谈。

3）互换角色模拟。

4）教师根据学生表现进行指导，选择优秀的“小布什总统”和“乔治·赫伯特”进行示范，并进行点评。

【实训评价】

实训评价表如表5-2所示。

表 5-2　实训评价表

被考评人				考评地点		
考评内容						
考评指标		考评标准	分值/分	自我评价/分	小组评议/分	实际得分/分
专业知识与技能掌握	推销洽谈的方法	会运用推销洽谈的方法	15			
	推销洽谈的技巧	会运用推销洽谈的技巧	15			
	课堂实训	实训活动完成情况	20			
通用能力培养	出勤	按时到岗，学习准备就绪	10			
	道德自律	自觉遵守纪律，有责任心和荣誉感	15			
	学习态度	积极主动，不怕困难，勇于探索	10			
	团队分工合作	能融入集体，愿意接受任务并积极完成	15			
		合计	100			
考评辅助项目					备注	
团队之星					两项考评辅助项目是为了激发学生的学习积极性	
团队互评						

注：1. 实际得分＝自我评价×40%＋小组评议×60%。

2. 考评满分为 100 分，59 分及以下为不及格；60～74 分为及格；75～84 分为良好；85 分及以上为优秀。

3. “团队之星”可以是本次实训活动中贡献突出者，也可以是进步最大者，同样可以是其他某一方面表现突出者。

4. “团队互评”是由评审团讨论后对各团队给予的最终评价。评审团由各团队组长组成。当各团队完成实训活动后，各团队组长先组织本团队内部进行商议，然后各团队组长将意见带至评审团，评价各团队整体工作情况，将各团队互评分数填入其中。

项 目 小 结

本项目主要介绍了推销洽谈的含义、原则、类型、内容、步骤及在推销洽谈的过程中要掌握的方法和技巧。

推销洽谈是指推销人员运用各种方式、方法和手段去说服客户购买推销品的过程，也是推销人员向客户传递推销信息的过程。

推销洽谈的原则可以分为：诚实性原则；针对性原则；参与性原则；鼓动性原则；自愿性原则。

推销洽谈按照类型区分可分为两大类：按照推销洽谈参与人数的多少可分为一对一洽谈和小组洽谈；按照推销洽谈的性质可分为输赢式洽谈和互利式洽谈。

推销洽谈的内容包括：产品的条件；产品的价格；产品的质量；销售服务；结算条件。

推销洽谈的步骤分为：准备阶段；开局阶段；报价阶段；磋商阶段；成交阶段。

推销洽谈的方法包括提示法、演示法和介绍法。其中，提示法包括：直接提示法；间接提示法；积极提示法；消极提示法；明星提示法；联想提示法。演示法包括：产品演示法；文字演示法；图片演示法。介绍法包括：直接介绍法；间接介绍法。

推销洽谈的技巧包括：礼貌待人技巧、语言技巧和倾听技巧。其中，礼貌待人技巧包括：注重仪表；讲究礼节；礼貌待人；牢记推销忌语。语言技巧包括：提问技巧；回答技巧；劝说技巧。倾听技巧包括：引导对方说话，营造倾听机会；客户说话时要应和；不要随意打断对方说话；要用心地听；要从容地听。

习 题

一、在线练习

在线练习5

二、思考题

1. 什么是推销洽谈？推销洽谈是如何分类的？
2. 推销洽谈的原则是什么？
3. 推销洽谈的内容、步骤分别是什么？
4. 推销洽谈的方法是什么？
5. 推销洽谈的技巧是什么？

三、案例分析题

案例1 推销家电

张彤在某O2O互联网品牌公司做推销员，这家公司主要提供高品质租房产品及服务，旗下拥有合租、整租、公寓、驿站、民宿及直租等产品线，合租、整租所有房屋均经过专业设计，实行统一时尚装修、原创家居及品牌家电配置。

有一次，张彤到一家公司去推销家电，那家公司的经理直接告诉他："你不需要浪费时间，我们一直与××家电企业保持很好的合作，并且还会继续合作下去。"

但张彤仍然微笑着注视那位经理："您觉得××家电企业是值得信赖的，那能否请您说一说，××家电企业令您满意的地方是哪些呢？"

经理饶有兴趣地说："××家电企业的产品质量不错，价格较低。"

张彤又问："您希望他们有哪些方面的改进？"

经理想了想，回答道："我希望质量更好些，因为有时也有需要维修的情况；还有就是希望价格能够再降低一些，因为我们公司的需求量比较大。"

张彤胸有成竹地告诉经理："我要告诉您一个好消息，这两个愿望我们都可以满足。我们公司的产品的技术和质量您都不必担心。同时，因为我们公司这项业务刚起步，所以操作更加灵活，我们的技术部完全可以按照您的要求量身定做。我们的价格更低，因为我们的目的就是先以低价策略打开市场，赢得一些像您这样的大客户。”

听张彤这么一说，公司经理当即表示可以先购进一小批产品试用。

问题：在这个推销案例中，张彤运用了哪些推销洽谈的方法和技巧？

案例 2 爽快成交的游艇

一名叫安古斯·麦克塔维希的生意人想换一艘游艇，正好他所在的游艇俱乐部的主席想把自己的游艇出售，他表示有兴趣买下主席先生的游艇，两人谈得很投机。“你出个价吧!”主席先生说。安古斯·麦克塔维希小心翼翼地报了一个价格：“我凑到手的钱只有 14.3 万镑，你看怎么样？”其实，他有 14.5 万镑，他留了余地以准备讨价还价。没想到对方很爽快：“14.3 万镑就 14.3 万镑，成交了！”可是安古斯·麦克塔维希的高兴仅仅维持了几分钟，他就开始怀疑自己上当了，那艘游艇他横看竖看总觉得有问题。十多年来，每当他提起这笔交易时，总认为是自己上当了。

问题：安古斯·麦克塔维希为什么会后悔呢？

实 训

一、能力训练

主题：推销洽谈方法与技巧的训练。

课时：2 学时。

地点：教室。

1. 过程设计

1）发放案例资料，学生阅读资料。

2）每 2 名学生分为一组，分别扮演推销员和客户。

3）模拟推销，进行推销实践。推销过程中，推销员利用不同的推销技巧，巧妙地使用提示法、演示法和介绍法等方法说服客户购买产品。扮演推销员的同学自己选取商品在教室设柜台销售，扮演客户的同学同时担任评委，为推销员打分。

4）互换角色模拟。

5）教师根据学生现场表现进行指导，选择优秀的“推销员”进行示范，并进行点评。

2. 实训目的

1）巩固所学的推销洽谈知识。

2）培养学生运用所学推销洽谈知识提高推销产品的能力。

3）采用听、说、实践的形式，拓展学生的思维，提高学生推销洽谈的能力。

4）最大限度地调动学生的积极性，使学生体会共同学习的重要性。

建议：课前教师可以让学生复习所学知识，查阅相关资料，再应用到模拟实践中，同时，可以采用发放奖品或计入平时成绩等奖励方式鼓励学生积极发言。

3. 案例资料

××集团是全球家电主要品牌商，经过20多年的发展，已成为全球化集团公司。该集团的目标是为消费者享受美好的居住生活提供完美的解决方案。其主要产品有冰箱、洗衣机、空调、彩电、热水器、整体厨房、生活小家电等。

4. 讨论

1）以推销员的身份，劝说某电器销售商家同意销售其家电产品。

2）以推销员的身份，向客户推销其家电产品。

二、实战演习

1. 实战准备

1）把学生分成组，每组4～7人，让他们分别到各种类型的商品流通企业的谈判区域。

2）学校组织货源，学生进行产品销售。

2. 实战目的

1）通过学生亲自到各种类型的商品流通企业的谈判区域，观察、学习推销员如何使用推销洽谈的方法和技巧。

2）通过学生进行产品销售，提高推销洽谈的能力。

3. 实战方案

1）教师事先和商品流通企业联系，约好时间，带领学生前去；或者让学生利用课余时间自己去。

2）学生认真观察，并做好记录。观察记录时主要围绕以下问题：

① 推销员遵守了推销洽谈的哪些原则？

② 推销员是如何说服客户购买产品的？

③ 你认为应该怎样说服客户？

3）每个小组的学生认真完成书面报告，并在课堂上汇报交流，并为以后的讨论打下基础。

4）学生在产品推销过程中，要记录推销人员是如何利用巧妙的方法推销产品的。结束后要进行总结、介绍，也可就此进一步开展课堂讨论或课堂模拟。

项目6 客户异议

任务6.1 识别客户异议

任务目标

1. 知识目标

1）掌握客户异议的类型。
2）掌握客户异议的成因。

2. 能力目标

1）能够正确识别客户异议的类型。
2）能够正确分析客户异议的成因。

3. 素质目标

诚恳；自我修养和自信心。

故事

立木为信与烽火戏诸侯的对比

战国时，秦国的商鞅在秦孝公的支持下主持变法。当时处于战争频繁、人心惶惶之际，为了树立威信、推进改革，商鞅下令在都城南门外立一根三丈长的木头，并当众许下诺言：谁能把这根木头搬到北门，赏十金。围观的人不相信如此轻而易举的事能得到这么高的赏赐，结果没人肯出手一试。于是，商鞅将赏金提高到五十金。重赏之下必有勇夫，终于有人站起将木头扛到了北门。商鞅立即赏了他五十金。商鞅这一举动，在百姓心中树立起了威信，商鞅接下来的变法很快就在秦国推广开了。新法使秦国渐渐强盛，最终统一了中国。

同样在商鞅"立木为信"的地方，在早它400年以前，却曾发生过一场令人啼笑皆非的"烽火戏诸侯"的闹剧。

周幽王有个宠妃叫褒姒，为博取她的一笑，周幽王下令在都城附近的20多座烽火台上点起烽火——烽火是边关报警的信号，只有在外敌入侵需召诸侯来救援的时候才能点燃。诸侯见到烽火，率领兵将们匆匆赶来，褒姒看到平日威仪赫赫的诸侯手足无措的样子，终于开心一笑。诸侯在弄明白这是君王为博妻一笑的花招后愤然离去。数年后，西夷犬戎大举攻周，幽王烽火再燃而诸侯未到——谁也不愿再上第二次当了。结果幽王被杀，而褒姒也被俘虏。

（资料来源：https://wenda.so.com/q/1364425585068463.）

启示 一个是“立木取信”，一诺千金；一个是帝王无信，玩“狼来了”的游戏。结果前者变法成功，国强势壮；后者自取其辱，身死国亡。可见，“信”对一个国家的兴衰存亡起着非常重要的作用。小到个人，大到企业、国家，但凡存有责任心，讲诚信，发展通常都不会差。

情景导入

客户：“车贷月供5000元，我负担不起……”

推销员：“那如果我给您再做一份车贷计划，是在您能接受的供款范围之内，您觉得怎样？”

客户：“好啊。”

推销员：“我想知道您希望的月供车贷在什么范围内呢？”

客户：“2000元。”

思考：客户提出的是哪种类型的异议？

知识储备

6.1.1 客户异议的含义

客户异议是客户对推销员所言表示的不明白、不同意或反对的意见。销售活动是从处理异议开始的，且处理异议贯穿于整个销售过程的始终，销售工作能否顺利进行，取决于推销员、产品和客户之间能否保持协调一致。

6.1.2 客户异议的类型

在不同的销售环境、时间、地点条件下，推销员所面对的也是不同的客户。他们因各种因素的影响，会提出各种不同的异议，推销员必须熟悉并善于应对客户的异议，才能有效地说服客户，取得销售的成功。

1. 按异议的内容划分

（1）商品质量方面的异议

客户：“你们说这件衣服是100%的羊绒，可是吊牌成分上只有95.9%。有的衣服标的都是100%的羊绒啊。”

推销员：“您的疑虑的确是有一些客人也反映过的，是这样的，我们吊牌上是按照检测报告上的数据标注的，在送去检测的样品中，只是有那么几根羊绒在检测过程中有几微米的差距就算成羊毛了。但国家标准，如果其他物质含量小于5%就可标注为100%羊绒。有些牌子就是以国家标准做吊牌，它检测出来的也未必是100%这个数据。所以，按国家标准来说，我们这个也是全羊绒，我们只是更加诚实地在卖商品，您说是吧。”

上例中客户提出了商品质量方面的异议。商品质量方面的异议指客户针对产品的质量、性能、规格、品种、花色、包装等方面提出的异议，也称为产品异议。这是一种常见的客户异议，每一位客户都希望自己买到质量优良的产品。但实际上，没有十全十美的产品，任何一种产品都可能存在这样或那样的不足。所以，推销员不要为了提高成交率，夸大产品的功能和价格，应实事求是地告诉客户一些产品的真相。

（2）需求方面的异议

推销员："这台复印机是我们公司最新推出的产品，款式新颖，功能多，既时尚又实用。"

客户："是你们公司啊，我知道，产品不错，价格也合理，但我们目前没有这方面的需要。这样吧，留个电话和地址，如有需要我们再和你联系。"

上例中客户提出了需求方面的异议。需求方面的异议指客户认为产品不符合自己的需要而提出的异议。当客户对你说"我不需要"或"我已经有了"之类的话时，表明客户在需求方面产生了异议。客户提出需求异议的原因有两种：一是客户确实不需要或已经有了同类产品，在这种情况下推销员应立刻停止推销，转换推销对象；二是这只是客户想摆脱推销员的一种托词。面对这种情况，推销员应运用有效的异议化解技巧来排除障碍，从而深入开展销售活动。

（3）价格方面的异议

推销员："这台复印机是我们公司最新推出的产品，款式新颖，功能多，既时尚又实用。"

客户："是你们公司啊，我知道，产品不错，但就是价格太贵。"

上例中客户提出了价格方面的异议。价格方面的异议指客户认为价格过高或与价值不符而提出的异议。在销售过程中，推销员最常碰到的就是价格方面的异议，这也是客户最容易提出来的问题。一般来说，客户在接触到产品后，都会询问其价格。因为价格与客户的切身利益密切相关，所以客户对产品的价格最为敏感，一般首先会提出价格异议。即使推销员的报价比较合理，客户仍会抱怨"你们的价格太高了"。在他们看来，讨价还价是天经地义的事。当然，客户提出价格方面的异议，也是表示客户对产品感兴趣的一种信号，说明客户对产品的其他方面，如性能、质量、款式等比较满意。因此，推销员应把握机会，可适当降价，或从产品的材料、工艺、售后服务等方面来证明其价格的合理性，说服客户接受其价格。

（4）服务方面的异议

推销员："这台复印机是最新进口的产品，款式新颖，功能多，既时尚又实用。"

客户："我们不买进口的，如果坏了维修很困难。"

上例中客户提出了服务方面的异议。服务方面的异议指客户针对购买前后一系列服务的具体方式、内容等方面提出的异议。这类异议主要源于客户自身的消费知识和消费习惯，处理这类异议，关键在于提高服务水平。

（5）购买时间方面的异议

推销员："这种皮凉鞋是我们公司今年最新生产的产品，皮质好，款式新颖，时尚大方。"

客户："现在已经是秋天，天气很凉，要等到明年夏天才能穿。而且明年还可能会有新款，所以不买了，明年夏天再说。"

上例中客户提出了时间方面的异议。购买时间方面的异议指客户认为现在不是最佳的购买时间或对推销员的交货时间表示的异议。当客户说“我下次再买吧”之类的话时，表明客户对这方面提出了异议。这种异议的真正理由往往不是购买时间，而是价格、质量、付款能力等方面存在问题。在这种情况下，推销员应抓住机会，认真分析时间异议背后真正的原因，并进行说服或主动确定下次见面的具体实际时间。

此外，由于企业生产安排和运输方面的原因，或正处于销售旺季，可能无法保证货物的及时供应。在这种情况下，客户有可能对交货时间提出异议。面对此种异议，推销员应诚恳地向客户解释缘由，并力争得到客户的理解。

（6）推销员方面的异议

推销员方面的异议指客户对推销员的行为不满意。这种异议往往是由推销员造成的。推销员态度不好，或自吹自擂，过分夸大产品的优点，或礼数欠佳等都会引起客户的反感，从而拒绝购买产品。对推销员的异议，客户一般不直接表达出来，而是以其他异议为借口，拒绝购买产品。因此，推销员一定要注意保持良好的仪容仪表，言谈举止得体，并注意自身素质的培养，争取给客户留下好的印象，从而顺利地开展工作。

（7）支付能力方面的异议

推销员：“这种皮凉鞋是我们公司今年最新生产的产品，皮质好，款式新颖，时尚大方。”

客户：“是不错，但是我没有带这么多钱。”

上例中客户提出了支付能力方面的异议。支付能力方面的异议指客户由于无钱购买而提出的异议。这种原因往往并不直接地表现出来，而间接地表现为质量方面的异议或进货渠道方面的异议等，推销员应善于识别。一旦察觉缺乏支付能力的情况，应想办法帮助客户解决或停止销售，但态度要和蔼，以免失去其成为未来客户的机会。

（8）权力异议

推销员：“这是我们公司生产的各种照明用具，其锂电池使用寿命长，公安和铁路等相关部门都在使用。贵公司是否需要呢？”

客户：“主管领导不在，等他回来再说吧。”

上例中客户提出了权力方面的异议。权力异议是指客户认为自己无权决定购买产品而提出的异议。权力异议可分为两种情况：一是客户确实无权购买。许多推销员在得知客户无权购买时，藐视他们，不愿再理他们，这是错误的。这些客户虽然没有购买权，但是如能得到他们的帮助，对推销员的工作十分有益。二是客户虽然有购买权，但是以无权购买为借口，拒绝购买。客户这样做是出于某种原因的，如对产品不满意、对企业不满意、对推销员不满意等，推销员要多观察，有针对性地采取措施，消除客户的不满，促使客户购买。

（9）企业异议

推销员：“这是我们公司生产的各种照明用具，其锂电池使用寿命长，公安和铁路等相关部门都在使用。贵公司需要吗？”

客户：“什么公司？没听说过，不买。”

上例中客户提出了企业异议。企业异议是指客户针对推销品的生产或经销企业提出的一种异议。企业异议表明，客户有意购买此类产品，但是对生产企业或经销企业存在意见。企业异议形成的原因主要有以下几个。

1）企业宣传力度不够，客户不了解产品。

2）大众传媒对企业有过不利报道。

3）客户想以此降低推销品的价格。

4）客户对某一品牌产品的偏爱心理。

5）企业确实存在某些方面的不足。

除上述第五个原因外，推销员通过耐心、细致、周到的服务，都可以使客户接受推销品。

2. 按异议的性质划分

（1）真实异议

一百多年前，有位叫莱维·施特劳斯的犹太人到美国旧金山去经商。除了常规的商品，他还带了一些帆布以供淘金者做帐篷之用。但他还没有到达目的地，除了帆布，其他货物都一售而空。一针一线都需要从外面进口的旧金山人需求之旺给莱维留下了深刻的印象。下船后，莱维带着帆布开始了他的“淘金”历程。他和一位挖金的矿工迎面而遇，此人抱怨道，他们需要的并不是帐篷而是挖金时禁磨耐穿的裤子。莱维随即和那位矿工一起到裁缝店，用随身的帆布给他做了一条裤子，这就是世界上时至今日仍十分流行的牛仔裤的鼻祖。那位矿工回去之后，消息不胫而走，大量订货单随之而来。

上例中挖金矿工提出了真实异议。真实异议是指客户对推销活动的真实意见和不同看法。持真实异议的客户想接受推销，但是从自己的利益出发对推销产品或推销条件质疑和探讨。对于真实异议，推销员要心平气和地对待。

（2）虚假异议

虚假异议是指客户为拒绝购买或达到其获得优惠的预期目的而提出的不真实的问题。推销员要正确识别客户的真假异议。对于虚假异议，推销员可以采取不理睬或一带而过的方法进行处理。

6.1.3 客户异议的成因

客户异议产生的原因往往是非常复杂的。正确认识客户提出的种种异议及其产生的根源，是有效地处理这些异议的前提条件。客户异议产生的原因是多方面的，主要体现在客户、产品、价格及其他方面。

1. 客户方面的原因

（1）客户的偏见

客户由于其自身经历等方面的原因，往往会提出一些不合理的异议，这往往是由客户的偏见造成的。偏见导致客户在看问题时十分片面，缺乏整体观念，而且偏见一旦形成就很难克服。因而推销时务必谨慎，不要给客户形成偏见的契机。

（2）客户的支付能力

即使客户对产品存在需求，且意识到了这种需求，若客户的货币支付能力不足的话，仍会拒绝购买产品。推销员要善于察言观色，了解客户的实际货币支付能力，避免无效的销售行为。同时也要注意自己的态度，不放弃其成为自己未来客户的可能性。

（3）客户的购买习惯

在很多情况下，客户拒绝购买产品，是由于其在长期的购买活动中已形成了一些固有的习惯，而这些习惯是很难改变的。所以当推销活动与客户的购买习惯不一致时，客户就会提出异议，增加推销的难度。

（4）客户的消费知识

客户在购买大多数产品时，都不是专家。由于其所掌握的资料极其有限，因而并不具有关于产品的各个方面的专门知识。由于客户缺乏消费知识，或者推销员不能详尽地介绍产品，就会导致客户提出异议，这种异议可以经推销员的努力而克服，因而推销员应予以高度重视。

（5）客户的购买权力

一般来说，无论是一个家庭还是一个企业，都有购买权力的决策中心。如果推销的对象无权决定购买什么产品、购买多少，他就可能借故对购买条件、购买时间等提出异议。因此，推销员在判定客户资格时，一定要认真仔细，尽量避免推销努力的浪费。

2. 产品方面的原因

由于所推销的产品的功能、利益、质量、造型、式样、包装等方面不能令客户满意而引起客户异议的情况也是很常见的。

（1）产品的功能

功能是指产品的功用、效用。功能的多少也是客户选择产品时的一个重要依据。若功能太多或太少，或者功能不能符合客户的需要，客户也会提出异议，拒绝购买该产品。

（2）产品的利益

人们购买产品，并不是单纯为了产品本身和产品所带来的基本利益。只有当你的产品能为客户带来比其他产品更多的利益和好处，如节省时间、服务更完善等时，客户才有可能放弃购买其他产品而购买你的产品，否则，客户就会因而提出异议。

（3）产品的质量

产品的质量是产品最重要的属性，它是产品的生命。一个产品质量的好坏直接影响到客户的购买行为。客户对产品的功能、造型等方面的选择都是以产品质量令客户满意为前提的。客户若认为产品质量不过关，或不能达到令他满意的标准，就会提出异议，而且一般很难改变。

（4）产品的造型、式样、包装等

产品的造型、式样、包装等属性是产品的非基本属性。但是，随着市场上产品的不断增多，竞争日益激烈，各种产品在质量、价格、功能等方面相差无几。在这种情况下，客户对产品的要求越来越高，对其造型、式样、包装等方面的重视程度也不断增加。若产品的外观没有什么特色，或不能满足客户的特定需求，他们就会对产品的这些方面提出异议。

3. 价格方面的原因

因价格方面的原因使客户提出异议的情况在推销中是比较常见的。一般多表现为客户认为价格过高而与推销员讨价还价，也有认为价格偏低而拒绝购买产品的。

（1）价格过高

美国的克莱斯勒汽车公司设计了一款新型汽车，并请来不同行业的普通消费者评议。大家都认为这款新车很好，但当公司询问是否需要购买时，很多人以家里有车不需要购买等理由拒绝。但是当公司公布了这款车的价格后，当时很多已经明确表示不需要购买的人纷纷改变了主意，当场交押金预订。他们说，没有想到该车是高档车的配置、中档车的价格。

客户认为产品价格过于昂贵，这是因价格原因而产生异议的最普遍的情况，具体原因如下。

1）客户对市场上同类产品的价格已形成自己的看法，将此产品的价格与之相比较，认为此产品价格过于昂贵。

2）客户通过对产品成本的估算，心中确定了一个自认为合理的价格，相比之下认为此产品价格贵。这种看法往往存在偏差，尤其对知识产权等无形价值含量高的产品来说，往往低估其价格。

3）客户由于经济原因对产品虽有需求，但缺乏支付能力，因而认为产品贵。

4）有些客户无论对什么产品，都觉得对方报价高，因而无论对方报什么，都要讨价还价一番。

5）客户以价格贵为由试探推销员，看是否仍有进一步降价的可能，以实现自己利益的最大化。

6）客户根本无意购买产品，只是以价格高为借口以摆脱推销员。

（2）价格过低

一服装设计师看到少数民族的服装，突发灵感，设计了一组漂亮大方的服装，并带着模特队来到日本演出，很多领导的夫人到场观看。现场气氛热烈，反映很好，但是购买者寥寥。经调查，原因是服装虽然很好，但是价格便宜，怕穿出去被人笑话。

在某些情况下，客户会因销售商品的价格过低而拒绝购买产品，主要受以下因素的影响。

1）客户经济条件比较好，没必要买价格低廉的商品。

2）客户认为“便宜没好货，好货不便宜”，不信任产品的质量。

3）客户社会地位比较高，认为购买低档品有损自己的形象。

（3）讨价还价

对于客户认为价格过高的产品，客户若确实有购买欲望的话，必然要与推销员进行一番讨价还价。客户讨价还价主要出于以下动机。

1）客户出于自己利益的动机，希望购买价格低的产品。

2）客户出于攀比心理，希望购买到的产品比其他人价格更低。

3）客户希望在讨价还价中显示自己的谈判能力，获得心理的满足。

4）客户希望从别处购买产品，通过讨价还价，以获得较低的价格向第三方施加压力。

5）客户根据自己的经验，认为价格多数有“水分”，经讨价还价，推销员多数情况下会让步。

4. 其他方面的原因

（1）推销员方面的原因

推销员："您好，您的保险由我们负责，这也是我们的工作，我现在给您介绍一下新的保险品种。"
客户："我在单位上保险，不需要买。"（心里在想：我的保险凭什么由你来负责）

推销员必须具有很好的素质和一定的能力。如果推销人员素质低、能力差，就很容易引起推销障碍，如推销服务不到位，推销礼仪不当，知识面窄，推销技巧不熟练，缺乏耐心与自信心，武断、出言不逊，仪表、形象不符合客户的预期等，都会引起客户的反感，导致推销障碍的产生。

（2）企业方面的原因

2014 年，戴威与 4 名合伙人成立北京拜克洛克科技有限公司（ofo 单车），提出了"以共享经济+智能硬件，解决最后一公里出行问题"的理念，创立了国内首家以平台共享方式运营校园自行车业务的新型互联网科技公司。

2018 年 10 月，ofo 单车退押金周期超过 1 个月，ofo 单车用户退押金难的问题引发公众不满。2020 年 5 月 27 日，北京市交通委员会在官网发布的《北京市交通委员会关于互联网租赁自行车行业 2020 年第一季度运营管理监督情况的公示》中提到，东峡大通（北京）管理咨询有限公司（ofo 单车）因数据传输中断，已被市执法总队约谈并立案调查，并要求其限期整改。

企业的错误发展有很多的原因，那么 ofo 单车失败的原因是什么呢？

ofo 单车因为定位错误、财务混乱、恶性商业竞争，忽略了商业本质问题，将自己陷入了财务问题中。ofo 单车管理模式的不合理、对新老员工的差别对待引起原创业团队的不满。因创始人经验不足，多项不明智的决策最后让 ofo 单车身陷投资人、供应商和用户的复杂牌局之中。

企业在推销活动中处于非常重要的地位，如果客户对企业产生异议，形成的推销障碍是非常严重的，如企业缺乏知名度，企业不遵守信用，企业被媒体曝光，经营管理水平低，产品质量不稳定等，都会使客户产生对企业的推销障碍。

课堂实训

识别客户异议

【实训条件】

假如你是一名食品公司的推销员，分别向以下客户推销你公司生产的各种食品。

A 先生是你公司的一位老客户，听了你的产品介绍和看过产品目录及展示后说："我的存货已很多，恐怕没有资金再进货了。"

B 先生是一位个体户，以前从未与你及你的公司打过交道，在你完成产品介绍和展示后说："对你公司和产品不了解，价又太高，不知销路如何？我目前产品销路很好，不想冒险进你的货。"

C 先生是一家大酒店的经理，他说："我这里各种食品都有，你这些食品以前没见过，也从来没有人问过这些食品，怕是卖不出去。"

D 先生是一位小饭店的店主，他说："来我这吃饭的都是工薪阶层，这些食品价格太高，不适合我这小店。"

E 先生是一家效益很好的公司的工会主席，想说服他买你的食品为职工办福利，他说："我做不了主，这得由我们厂长批。"

F 先生是一家零售商场食品部采购员，你向他一开口，他就说："哦，这些食品我知道，我认识你们公司的一位推销员，他向我推销过这些食品。不过，你们的供货条件不够好。"

G 先生是一位食品批发商，当你来的时候，他刚同他的员工吵了一架，正在气头上，你一开口，他就冲你叫起来："走吧！不要！你们这些推销员真烦人，没看见我这么忙，哪有工夫跟你谈。"

（资料来源：http://wenku.baidu.com/view/1aa81bd676eeaead1f3305e.html.）

【实训要求】

1）各客户提出的分别是哪种异议？原因分别是什么？

2）学生分组模拟客户异议。

3）注重着装、礼仪，语言恰当。

【实训设计】

1）每 4～6 名学生分为一组，分别扮演客户和推销员。

2）模拟推销，提出客户异议。

3）互换角色模拟。

4）教师根据学生表现进行指导，选择优秀的推销员进行示范，并进行点评。

【实训评价】

实训评价表如表 6-1 所示。

表 6-1 实训评价表

被考评人			考评地点			
考评内容						
考评指标		考评标准	分值/分	自我评价/分	小组评议/分	实际得分/分
专业知识与技能掌握	客户异议的含义	理解客户异议的含义	10			
	客户异议的类型	正确区分客户异议的类型	10			
	客户异议的成因	正确分析客户异议的成因	10			
	课堂实训	实训活动完成情况	20			
通用能力培养	出勤	按时到岗，学习准备就绪	10			
	道德自律	自觉遵守纪律，有责任心和荣誉感	15			
	学习态度	积极主动，不怕困难，勇于探索	10			
	团队分工合作	能融入集体，愿意接受任务并积极完成	15			
		合计	100			
考评辅助项目						备注
团队之星						两项考评辅助项目是为了激发学生的学习积极性
团队互评						

注：1．实际得分＝自我评价×40%＋小组评议×60%。

2．考评满分为 100 分，59 分及以下为不及格；60～74 分为及格；75～84 分为良好；85 分及以上为优秀。

3．"团队之星"可以是本次实训活动中贡献突出者，也可以是进步最大者，同样可以是其他某一方面表现突出者。

4．"团队互评"是由评审团讨论后对各团队给予的最终评价。评审团由各团队组长组成。当各团队完成实训活动后，各团队组长先组织本团队内部进行商议，然后各团队组长将意见带至评审团，评价各团队整体工作情况，将各团队互评分数填入其中。

任务6.2 处理客户异议

任务目标

1. 知识目标

1）掌握处理客户异议的方法。

2）掌握处理客户异议的技巧。

2. 能力目标

能够正确处理客户异议。

3. 素质目标

真诚、耐心的专业精神；勇于挑战自我。

故　事

为了梦想而努力

他生长在普通的农户家庭。家里很穷，他很小就跟着父亲下地种田。在田间休息的时候，他望着远处出神。父亲问他在想什么，他说将来长大了，不要种田，也不要上班，他想每天待在家里，等人给他邮钱。父亲听了，笑着说："荒唐，你别做梦了！我保证不会有人给你邮。"

后来他上学了。有一天，他从书本上知道了埃及金字塔的故事，就对父亲说："长大了我要去埃及看金字塔。"父亲生气地拍了一下他的头说："真荒唐！你别总做梦了。我保证你去不了。"

十几年后，少年成了青年，考上了大学，毕业后做了记者，每年都出几本书。他每天坐在家里写作，出版社、报社给他往家里邮钱，他用邮来的钱去埃及旅行。他站在金字塔下，抬头仰望，想起小时候父亲说的话，默默地对父亲说："爸爸，人生没有什么被保证！"

他，就是台湾最受欢迎的散文作家林清玄。那些在他父亲看来十分荒唐不可能实现的梦想，在十几年后都让他变成了现实。为了实现这个梦想，他十几年如一日，每天早晨4点就起来看书、写作，每天坚持写3000字，一年就是100多万字。

靠顽强的拼搏、刻苦的努力、坚持不懈的奋斗、挑战自我的勇气和信念，林清玄终于实现了自己的梦想。

（资料来源：http://www.xuexi.la/lizhi/gushi/109578.html.）

启示 推销工作会遇到很多困难，正视困难，敢于挑战自我，保持坚强的信念和意志，必定获取甜蜜的果实。

情景导入

办公用品中有些东西，如纸张、颜料等都是无法重复使用的产品，它们需要量大、价格低，消费者在购买时不会左思右想，只要质量过得去一般就满足了，所以拍板做决定往往出自一些不确定的因素，或者是购买手续方便，或者是一时情绪冲动。

小黄推销的新型打印纸，客户大多还没听说过，虽然这种打印纸的质量人人信得过，但消费者用惯了其他品牌的打印纸，谁都没兴趣为买这点小东西而多跑几家厂，多比几家货。因此，小黄在推销打印纸时屡屡碰壁。

思考：小黄如何处理客户异议？

知识储备

6.2.1 处理客户异议的方法

正确地处理客户异议是推销成功的关键。推销员要解决客户的疑难问题，说服客户购买自己的商品，就必须学会恰当地处理客户可能提出的各种异议。

1. 处理客户异议的态度

客户："什么，丰田？我喜欢的是日产牌汽车。你白送我都不要。"

推销员："你说的不错，日产牌汽车确实好，看来你是位行家，那我们改天讨论丰田牌汽车怎么样？希望你多指教。"

客户异议在推销过程中是客观存在的、不可避免的。它是成交的障碍，但也是客户对产品产生兴趣的信号。若处理得当，反而能使推销工作进一步深入下去。因此，推销员在处理异议时应注意以下几点。

1）情绪轻松，不可紧张。推销员要认识到异议是必然存在的，在心理上不可有反常的反应。当听到客户提出异议后，应保持冷静，不可动怒，也不可采取敌对行为，而必须继续以笑脸相迎，并了解异议的内容或要点。推销员多先采用下列语句作为开场白："我很高兴你能提出这个意见""你的意见非常合理""你的观察很敏锐"等。当然，想要轻松地应付异议，必然对产品、企业政策、市场及竞争者都有深刻的认识，这些是控制异议的必要条件。

2）认真倾听，真诚欢迎。推销员听到客户所提的异议后，应表示对客户的意见真诚地欢迎，并聚精会神地倾听，千万不可加以阻挠。另外，推销员必须承认客户的意见，以示对其尊重。与此同时，当你提出相反意见时，客户自然也较容易接纳你的提议。

3）重述问题，证明了解。推销员向客户重述其所提出的异议，表示已了解。必要时可询问客户，确认其重述是否正确，并选择异议中的若干部分予以诚恳的赞同。

4）审慎回答，保持友善。推销员对客户所提的异议，必须审慎回答。一般而言，应以沉着、坦白及直爽的态度，将有关事实、数据、资料或证明，以口述或书面方式送交客户。措辞需恰当，语调需温和，并在和谐友好的气氛下进行洽商，以解决问题。

5）尊重客户，灵活应对。推销员切记不可忽略或轻视客户的异议，以避免客户产生不满或怀疑，使交易谈判无法继续下去。推销员也不可生硬地直接反驳客户，粗鲁地反对其意见，甚至指责其愚昧无知，否则与客户之间的裂痕将永远无法弥补。

6）准备撤退，保留后路。我们应该明白客户的异议不是能够轻而易举地解决的。不过，与客户面谈时所采取的方法，对于推销员与客户将来的关系有很大的影响。如果根据洽谈的结果认为一时不能与客户成交，那就应设法使日后重新洽谈的大门敞开，以期再有机会讨论这些分歧。因此，要时时做好遭遇挫折的准备。如果客户最后还想得到胜利的话，那么在这个时候便应该“光荣地撤退”，不可稍露不快的神色。

2. 处理客户异议的一般程序

一般来说，在处理客户异议时应遵循以下程序。

（1）认真听取客户提出的异议

1）认真听取客户的意见，是分析客户异议，形成与客户之间良好的互动，提高企业声望，改进产品的前提。当客户提出异议时，推销员不要匆忙打断对方的话和急于辩解，这样做非常容易形成争吵，不但导致推销的失败，而且有损企业的形象和产品的形象。

2）在回答客户异议之前，推销员一定要仔细、彻底地分析客户提出异议真正的原因。我们知道，客户提出异议的原因是极其复杂的，有时客户说的并不是心里想的，有时几种原因会交织在一起，从而给分析增加了难度。有经验的推销员在摸不清客户的确切意图时，往往会引导客户讲话，从而逐步从其话语中琢磨出客户的真实想法，然后对症下药，消除客户的异议。

3）转化客户的异议。当客户提出异议时，一方面，推销员要表示接受客户的异议；另一方面，又要运用推销技巧劝说客户放弃其异议。具体来说，推销员在完成该项工作时，应注意以下几点。

① 有些客户提出的异议是正确的，这时推销员要虚心地接受，而不要强词夺理。拼命掩饰自己产品的缺点和不足，这样易引起客户的反感和厌恶情绪。在有些情况下，在承认客户意见正确性的同时，可指出自己产品具有的突出优势，让客户权衡得失。因而，即使在客户提出的异议正确的情况下，推销员也不应放弃，要力图使客户了解并重视产品的优点。

客户：“你们的产品太贵了。”

推销员：“您说得很正确，与同类产品相比，我们的产品价格确实略高。但是物有所值，我们的产品采用目前最先进的技术制作而成，且保修五年，比其他产品的保修期要长两年。您看我们的产品价格略高是不是也有所值呢？”

② 无论在什么情况下，都要避免与客户发生争吵或冒犯客户，与客户争吵的结果有可能是客户赢了，推销员理屈词穷；也有可能是推销员赢了，客户走了。无论哪一种情况，都是以推销失败为最终结果的。因此，与客户争吵是推销员的大忌，推销员应锻炼自己的忍受能力、讲话艺术，避免与客户针锋相对。即使在有些情况下，客户提出的异议是错误的，推销员也不要不留情面地直接反驳客户，这样易使客户恼羞成怒，而应婉转地以间接的方式进行劝说，使其最终放弃自己的异议。因此，推销员在劝说客户时，特别要注意言语的技巧，避免使用挑衅的语言。

客户："你们的产品太贵了。"（假设客户的异议是错误的）

推销员："您说的也有道理。这类产品目前还不能实现完全自动化，许多环节必须以手工劳动完成，生产规模上不去，可能产品确实是贵了点，但与其他企业的同类产品相比，我们的产品至少便宜80元。"

③ 在回答客户的异议时，要尽量简单扼要。推销员在回答客户的异议时，应越简单越好。这样一方面可以节约时间，提高推销的效率，另一方面可以避免客户抓住推销员的话柄提出新的异议。此外，推销员应站在客户的立场上为客户解决问题，而不是以局外人的身份提供个人的看法和意见。

（2）适时回答客户的异议

面对客户提出的异议，推销员在什么时候回答最合适呢？推销员回答异议的时机也是非常有讲究的。推销员应根据推销环境的情况、客户的性格特点、客户提出的异议的性质等因素，来决定提前回答、立即回答、稍后回答或是不予回答。

1）提前回答指在客户提出异议之前就回答。一个经验丰富的推销员往往能预测到客户有可能会提出哪些意见，并在推销过程中及时察觉。这时推销员应抢在客户前面先把问题提出来，并自己进行解答。

当一位推销员在介绍产品功能时，发现客户的脸上现出不满的表情。

推销员："我们的产品功能确实不太多，但所有基本功能保证都是齐全的。而且，我们的产品设计是便携式的，一般也不需要那么多功能。"

2）立即回答指对客户的异议立即予以答复。对比较重要并且容易解决的问题，推销员应立即予以回答。一方面，显示推销员重视客户，并能立即消除客户的忧虑；另一方面，若任客户提出意见而不予回答，客户的异议增多，对产品的不满会越来越多，以致很难扭转。因此，推销员在推销洽谈过程中应有选择地及时解决一些问题，避免留下后患。

3）稍后回答指对客户提出的异议，稍后再予以回答。主要出于以下几种原因。

① 推销员认为客户提出的异议比较复杂，不是一两句话可以解释清楚的，故稍后再作回答。

② 推销员无法回答客户的意见，或需要搜集资料，故暂时放下，以后再选择恰当的时间或另找恰当的人来回答。

③ 推销员认为随着推销业务的进一步深入，客户提出的异议将不答自解，故暂时不予回答。

④ 推销员认为若立即回答客户的异议会影响推销工作的顺利进行，故先放下问题稍后作答。不然，若任由客户在这一问题上纠缠下去，推销员将不能进行下面的工作，不能充分向客户展示产品的优点，可能导致推销失败。

⑤ 推销员认为客户的问题无关紧要，希望避免客户以为推销员总是与客户作对，唱反调，故不马上予以回答。

4）不予回答指对客户提出的异议置之不理，不予回答，对于客户由于心情欠佳等原因提出的一些异议，或与购买决策无关的异议等，推销员不予回答。

（3）收集、整理和保存各种异议

收集、整理和保存各种异议是非常重要的，推销员必须予以充分的重视，并做好这项工作。客户的许多意见往往是非常中肯的，确实指出了产品的缺陷和应改进的地方，使企业改进产品有了一定的方向。除此以外，客户的某些想法有可能激发企业的创新灵感，从而开发出满足客户需要的新产品。推销员对于客户提出的各种异议不应采取“左耳朵进，右耳朵出”的态度，可在推销工作告一段落后加以收集、整理和保存。通过这项工作，推销员可以了解客户可能提出的异议，并据此设计令客户满意的答案。这样，在日后面对类似问题时才不会惊慌失措，才会提高自己对推销工作的信心。

3. 处理客户异议的主要方法

客户的异议多种多样，处理的方法也千差万别，必须因时、因事而采取不同的方法。在推销过程中，常见的处理客户异议的方法有以下几种。

（1）转折处理法

> 客户：“你们的服装颜色过时了。”
>
> 推销员：“您的记忆力的确很好，这种颜色几年前已经流行过了。我想您是知道的，服装潮流是轮回的，如今又有了这种颜色重新流行的迹象。”

这种方法是推销工作中的常用方法，即推销员根据有关事实和理由来间接否定客户的异议。应用这种方法是首先承认客户的看法有一定道理。客户做出一定让步后才讲出自己的看法，此法一旦使用不当，可能会使客户提出更多的异议。在使用过程中要尽量少地使用“但是”一词，而实际交谈中却包含着“但是”的意见，这样效果会更好。只要灵活掌握这种方法，就会保持良好的洽谈气氛，为自己的谈话留有余地。

（2）转化处理法

> 客户：“对不起，我很忙，没有时间和你谈话。”
>
> 推销员：“正因为你忙，你一定想过要设法节省时间吧。我们的产品可以帮助你节省时间，为你创造闲暇的机会。”

这种方法是利用客户的异议本身来处理。我们认为客户的异议是有双重属性的，它既是交易的障碍，又是很好的交易机会。推销员要是能利用其积极因素去抵消其消极因素，未尝不是一件好事。应用这种技巧时一定要讲究礼仪，不能伤害客户的感情。此法一般不适用于与成交有关的或敏感性的异议。

（3）以优补劣法

> 客户：“产品不错，但价钱贵了。”
>
> 推销员：“虽然我们的产品价格不比其他同类产品便宜，但我们产品质量和售后服务做得最好。”

以优补劣法又叫补偿法。如果客户的异议的确切中了你的产品或企业所提供的服务中的缺陷，千万不可以回避或直接否定。明智的做法是肯定有关缺点，然后淡化处理，利用产品的优点来补偿甚至抵消这些缺点。这样有利于使客户的心理达到一定程度的平衡，有利于使客户做出购买决策。

（4）委婉处理法

客户："价格比去年高多了，怎么涨了这么多。"
推销员："是啊，价格比前一年确实高了一些。"

推销员在没有考虑好如何答复客户的异议时，不妨先用委婉的语气把对方的异议重复一遍，或用自己的话复述一遍，这样可以削弱对方的气势。有时转换一种说法会使问题容易回答得多，但只能减弱而不能改变客户的看法，否则客户会认为你歪曲他的意见而产生不满。你可以在复述之后问一下："你认为这种说法确切吗？"然后再说下文，以求得客户的认可。

（5）反问法

这种方法是指推销员对客户的异议提出反问来化解客户异议。常用于推销员不了解客户异议的真实内涵，即不知是寻找借口还是真有异议时，主动了解客户心理的一种策略。采用反问法时，应注意推销礼仪和保持良好的推销气氛。

客户："你这个公共设施占总面积太大了吧。"
推销员："这个公共设施占总面积大吗？"

（6）反驳法

客户："你这个公共设施占总面积太大了吧。"
推销员："您大概有所误解，这次推出来的花园房，公共设施占总面积的18%，一般大厦占的是19%以上，我们比那些还要低呢。"
客户："你们企业的售后服务风气不好，电话叫修总是姗姗来迟。"
推销员："您说的一定是个别现象，有这种情况发生我们感到非常遗憾，我们企业的经营理念就是服务第一，企业在全省各地都有售后服务部，我们都是以最快的速度来为客户服务，以达成电话叫修的承诺。"

这种方法是指推销员根据事实直接否定客户异议的处理方法。理论上讲，这种方法应尽量避免。直接反驳容易使气氛僵化，可能会伤害客户的自尊心和自信心，使客户产生敌对心理，不利于客户接纳推销员的意见。但如果客户的异议产生于对产品的误解或推销员手头上的资料可以帮助其说明问题时，不妨直言不讳。但要注意态度一定要友好而温和，最好能有理有据，这样才有说服力，同时又可以让客户感受到你的信心，从而增强他对产品的信心。

（7）冷处理法

客户："啊，你原来是通达公司的推销员，你们公司周围的环境可真差，交通也不方便！"
推销员："先生，请您看看产品……"

对于客户一些不影响成交的异议，推销员最好不要反驳，采用冷处理法是最佳的。千万不能客户一有异议就反驳或以其他方法处理，那样就会给客户留下你总在挑他毛病的印象。当客户抱怨你的公司或同行时，对于这类无关成交的问题，可不予理睬，转而谈你要说的问题。

国外的推销专家认为，在实际推销过程中 80%的异议应该冷处理。但这种方法也存在不足，不理睬客户的异议，会引起某些客户的注意，使客户产生反感。且有些异议与客户购买关系重大，推销员把握不准而不予理睬，可能有碍成交，甚至失去销售机会。因此，使用这种方法时必须谨慎。

（8）合并意见法

这种方法是将客户的几种意见汇总成一个意见，或者把客户的异议集中在一个时间讨论。总之是要削弱异议对客户所产生的影响。但要注意不要在一个异议上纠缠不清，因为人们的思维有连带性，往往会由一个异议派生出许多异议。摆脱的办法是，在回答了客户的异议后马上把话题转移开。

（9）比较优势法

客户："电动自行车的电池更换时间短，而且价格贵。"

推销员："您说得很有道理，这是此类产品的通病，目前国内还没有哪家企业能够彻底解决这个问题。但是，与同类产品相比，我们的产品在这方面是做得最好的。"

这种方法是指推销员将自己的产品与竞争产品相比较，从而突出自己产品的优势来处理客户异议。

（10）价格对比法

客户："你们的产品价格太贵。"

推销员："您再去看看其他同类产品，我们的产品已经很便宜了。"或"您是赶着了，要在热销的时候，别说这个价格，再多 200 元也买不到。"

这种方法是指当客户提出有关价格的异议时，推销员进行横向或纵向的对比来化解客户异议。

6.2.2 处理客户异议的技巧

由于客户的异议多种多样，因此处理客户异议时所用的方法也有所不同，要运用不同的技巧。

1. 需求异议的处理技巧

推销员："你们有一个 6 岁的儿子，应该为他买一套《儿童百科知识大全》。"

客户："他现在还小，再说他在学校有老师教育，足够了。"

推销员："你说的不错，但是家庭教育也是十分重要的。从小培养孩子对科学知识的兴趣，是使孩子成才的极好方法。"推销员列举了一些科学家成才的事例，并结合该书的内容对青年夫妇进行"需求"教育，终于使他们转变了观念，认识到自己确实需要这套书籍，对该书产生了浓厚的兴趣，于是欣然购买。

"我不需要"是推销员经常会听到的回答。客户不愿意和推销员打交道、怕麻烦或心情不好、对推销员或推销方式有反感等原因，都有可能用"不需要"来拒绝推销。对以需求异议拒绝购买的客户可采取以下技巧进行处理。

（1）渐进式推销

初次拜访客户时，应“点到为止”；第二次访问时，找出合适的话题，进一步和客户建立“公共关系”；第三次访问时，再深入地洽谈有关推销事宜。

（2）公共式推销

先找出客户感兴趣的话题，使客户和推销员在思想上产生共鸣，当谈话内容逐渐深入后，可以从谈话中进一步地了解对方，把握时机推销产品。

（3）再次拜访

第一次访问客户，吃客户的“闭门羹”是很平常的事。但当确认客户确实需要并有购买能力时，则必须坚持再次拜访，并力求见面时使推销有所进展，哪怕进展不大。坚持不懈地拜访客户是推销成功的秘诀之一。

（4）适时撤退

当客户拒绝或推辞的时候，宁可先说“打扰您真不好意思，那我改天再来拜访您”，而不要等客户说“我说不要就是不要”之后再离开。重要的是你已经说过“改天再来”，这也就告诉对方，不久之后你会再次登门拜访的。此外还应注意离开时的举止要礼貌，不要令对方感到厌烦。

2. 价格异议的处理技巧

推销员：“我们经营的进口电瓶叉车比其他家的贵 2 万元，但是和其他厂家的产品相比，电瓶寿命长 4～8 年，开动率高出 50%，能够进行自动诊断，维修工时少，人力资源投入少，电瓶保养简单，噪声极小，操作灵活、简单，免费配一只电池，性价比最佳。这些特点，其他厂家的同类型产品都是无法与之相比的。”

客户听了这番比较，觉得多花 2 万元是值得的，因而也就不再坚持价格问题了。

价格是推销活动中不可避免的客户异议。它直接涉及客户的实际利益，是客户购买时考虑的主要因素。能否妥善处理好价格异议，直接关系到交易的成败。

（1）科学定价

制定一个科学合理的产品价格是处理价格异议的基础。推销员应在充分调查、研究影响客户购买行为的各种因素的基础上，结合产品定价的策略与技巧，配合本单位的有关价格决策部门为推销品制定一个与目标市场消费者需求特点相适宜的价格，对处理客户的价格异议进行事前的准备工作。

（2）先谈价值，后谈价格

推销员在推销洽谈中应该先讲解推销品的价值、特色和优势，强调“一分钱一分货”，使客户充分认识到产品的价值和优点，认识到购买推销品能为其带来的利益和实惠，以激发客户强烈的购买欲望，从而分散客户对价格问题的看法。一般采用“不问价不报价，问价才报价”“时机不成熟，尽量迟报价”的技巧，效果比较好。

（3）强调相对价格

在向客户介绍推销品价格时，不能单纯地与客户讨论产品绝对价格的高低，而必须把推销品的价格与价值联系起来，通过与客户进行共同的计算、比较等，讲解推销品的相对价格，使客户认识到推销品的价格相对价值而言是合理的、低廉的，是物有所值的。

（4）缩小标价单位

推销员可以通过改变推销品的标价单位，将标价的单位尽可能缩小，以减少对客户的心理冲击，例如，在推销环境允许的情况下，改“吨”为“公斤”、改“箱”为“盒”等。“这箱牛奶 48 元”就不如“这种牛奶每盒只需 2 元”对客户的心理影响效果好。对客户而言，虽然缩小推销品标价单位与不缩小时的付出是一样的，但其心理感受是大不相同的。

（5）酌情让步技巧

在交易的过程中，买卖双方的讨价还价是不可避免的，推销员可以根据具体情况，在权限许可的范围内适当调整推销品的价格，以有效解决价格纷争。一般来说，采取这一策略要满足以下条件：从近期来看，让步能使买方增加购买的数量，以求薄利多销；从长期来看，能使买方在一个相对较长的时期内重复购买。

小思考

阅读二维码设置的内容，思考其中提出的问题，导购是如何处理客户异议的？

推销油漆

3. 推销品异议的处理技巧

> 国外有家铜业公司，生产裹铜不锈钢炊具，其特点是比不裹铜的钢炊具导热性能好，导热更快。为了证明这一点，公司发给每个推销员一根“导热棍”，棍子不长，用钢制成，其中一半包了一层铜，另一半则未包铜。推销的时候，推销员请客户拿着这根“导热棍”，一手握住一端，然后推销员用打火机烧棍子的中央，一直烧到客户松开先烫手的那一端为止，而这一端总是裹了铜的。对此，亲身体验过的客户都不得不信服。于是，该公司的炊具逐渐受到客户欢迎。

客户提出推销品异议可能是多种因素作用的结果，如对推销品的功能、式样、质量、使用寿命等。对推销品异议的处理，首先要知道客户对推销品提出异议的原因，然后再进行相应的处理。

（1）现场示范

在推销员的推销介绍过程中，客户常会提出诸如“你的产品果真如此吗？”“你的产品真的与你说的一模一样？”这样的异议，其根源主要是客户对推销品的一些方面还心存疑虑。处理这类产品异议的有效方法就是在条件允许的情况下，采取现场示范推销品的方法，将推销品的特点及使用效果等展现在客户面前，证明产品的实际效果，彻底打消客户心中的疑虑，使客户心服口服，从而不再坚持自己的异议，促使交易尽快达成。

（2）亲身体验

许多产品的性能特点及使用效果是难以用眼睛看到的，对于这些产品，仅仅通过示范，让客户“隔岸观火”是不能使其信服的，还必须让客户接触产品，亲身体验。常言说“百闻不如一见，一见不如一试”。把产品交给客户，让客户试一试，操作一下，客户才会对产品的各种性能特点有切身的感受，从而对其深信不疑，不再对推销品产生异议。

（3）邀请考察

有许多产品体积庞大、十分笨重，推销员不能随身携带，如机电设备等，在访问客户时也就无法进行现场示范，更谈不上让客户亲身体验了。因此，在这种情况下，可以邀请客户到本企业或销售点去考察、观摩推销品；也可以请客户到其他用户那里考察推销品的实际使用情况；亦可将推销品的生产制造、结构、工作原理、性能特点及操作使用的过程和方法等情况制作成视频，供客户观看，这是现代推销广为使用的一种方法。

（4）举证劝诱

如果推销品有专家的鉴定书或权威检验机构出具的检验报告、签发的合格证书，或某种高级别的获奖证书及有关的新闻报道等证据，则是化解客户产品异议的有力武器。因为获得上述证书，说明推销品的质量已得到有关专家、权威机构的认可，是上乘佳品，安全可靠，对此客户一般是深信不疑的。所以，拿出这样的证据劝说和诱导客户，就容易消除其对推销品提出的异议。

（5）试用试销，提供担保

有些客户常出于个人偏见、习惯或曾经上当受骗等原因，纵使推销人员说一千道一万、磨破嘴皮、摆出各种证据，他始终坚持己见，对推销品持怀疑态度。在这种情况下，把推销品给客户试用或试销是解决问题的途径。如果客户还不放心，可以给予类似这样的担保："倘若试用效果不好，影响了你们的产品质量，我们将赔偿全部损失。"并就此和客户达成口头或书面协议。

（6）取"长"补"短"

客户在购买产品时，常常将推销品与其他厂商的同类产品进行比较，指出推销品的"短"处。对此类异议，推销员可以施行取"长"补"短"术，以推销品的"长"处补其"短"处，提高推销品的整体优势，使客户感到还是买推销员推销的产品益处多。在运用这一方法处理客户异议时，由于会涉及竞争者的同类产品，因此，推销员要本着客观公正的态度来评价竞争者的产品，正确对待对方产品的优点与缺点，不要刻意攻击对方产品的弱点及其他方面的不足之处，以显示推销者的宽宏大度，同时也能避免引起客户的反感和逆反心理。

4. 货源异议的处理技巧

客户说："对不起，我们和××单位是老关系了，一般我们都是向他们购买这类产品，他们产品的质量、交货都有保证。"

推销员说："关系是慢慢建立起来的嘛！我们的产品质量也很好，在同行业中已经有很高的声誉，保证按时交货，而且我们的产品价格低于同类产品的价格。您不妨再考虑考虑？"

客户说："那好吧！我考虑考虑。"

许多货源异议都是由客户的购买经验与购买习惯造成的，推销员在处理这类异议时可采用以下技巧。

（1）锲而不舍，坦诚相见

客户如有比较稳定的供货单位，或有接受的推销服务不如意甚至受骗上当的经历，通常会对新接触的推销员怀有较强的戒备心，由此而产生货源异议。推销员应不怕遭到冷遇，反复进行访问，多与客户接触，联络感情，增进相互了解。在相互了解逐渐增多的情况下，推销员也就有了对客户进行具有针对性劝说的机会。在与客户的接洽中，推销员应当注意以诚待人，以礼相待，以诚挚的态度消除客户的心理偏见。

（2）提供例证

在解决货源异议时，推销员为说明推销品是名牌商品、材料优异、制作精良、款式新颖等，可出示企业资质证明、产品技术认证证书、获奖证书及知名企业的订货合同等资料，以消除客户的顾虑，获得其认可。

（3）强调竞争受益

客户常常会提出已有供货单位，并对现状表示满意，从而拒绝推销。推销员应指出，企业货源单一具有很大的风险性。如果供货单位一时失去供货能力，将会导致企业因货源中断而被迫停工停产；若企业拥有较多货源，采取多渠道进货，会增强采购中的主动性，可以对不同货源的产品质量、价格、服务、交货期等进行多方比较分析，择优选购，并获得竞争利益。当某个供货渠道发生问题时，也不至于因货源中断而被迫停产。

（4）不贬低竞争对手的产品

有些推销员为了达到让客户购买自己产品的目的，往往极力贬低竞争对手的产品，这种做法不仅不符合推销员的职业道德，还会使客户产生反感，增加疑惑，不利于异议的处理。客户与供货单位的长期关系是建立在相互信任的基础上的，若推销员对其他供货单位进行贬低也是在暗示客户智力水平的低下，客户会认为推销员不正派，产品也不见得好，否则就不会通过贬低别人来抬高自己的身价。如果客户坚持要将你的产品同竞争对手的产品做比较，推销员应以客观公正的态度进行评价，并注意强调本企业产品特有的特点。

5. 财力异议的处理技巧

在推销过程中，若客户提出财力异议，则大多数情况下表明客户对推销品存在需求，有购买的欲望，只是在支付能力上有困难。对于这类异议，推销员应根据具体情况，采取以下对策进行处理。

（1）降低客户的需求欲望

客户的财力异议在很多情况下是由于其需求欲望超过了自身的经济条件所造成的，产生的根源可能是爱虚荣、攀比、追求新潮、崇尚名牌或者急需等心理因素。推销员要针对客户心理特征和实际情况，帮助客户认清自己的需求状况及经济条件，适当地降低客户的需求欲望，使其与客户自身的支付能力相符合，即常言所说的量力而行，帮助客户树立正确消费观念，抛弃那些不切实际的消费观，这样，推销员就可以向客户推荐既能满足其实际需要，又能支付得起货款的产品。推销员也可以通过建议客户采用减少购买量或分期分批购买推销品的办法来解决支付能力不足的问题，以缓解支付压力。

（2）采取分期付款或延期付款的方法

倘若推销员采取降低客户需求欲望的方法仍然解决不了客户财力异议的实际问题，并且客户一次性支付货款又确实有困难，在这种情况下可以采取分期付款的方法来消除客户的财力异议。如果客户购买推销品所需资金不足，但在短期内能够筹措所需资金，则可采取延期付款的方法消除客户的财力异议。在实施分期付款与延期付款这两种方案处理客户的财力异议时，推销员一定要对客户的信用状况进行调查，绝不可贸然实施。若客户的信用状况欠佳，则不宜采用这两种方案。

6. 购买权力异议的处理技巧

推销洽谈临近结束时，有时客户会提出权力异议，这往往是客户不愿意购买的一种借口，对此推销员应适当处理。

（1）引导鼓励法

对于缺乏主见、害怕承担相应购买责任而引发购买权力异议的客户，推销员要积极引导、说服客户，帮助客户认清这一购买事宜的正确性：可以为自己的家庭或单位带来益处和实惠，以打消客户的顾虑，鼓励客户在购买的道路上迈出最后一步。在推销员的积极引导与鼓励之下，客户一般是会拿出勇气做出购买决定的。

（2）激将法

对于有权做出购买决定，但又举棋不定的客户来说，采用激将法会收到一定的效果。运用这一方法时，推销员必须谨慎，措辞要掌握分寸，力求做到既能较好地激发客户积极的情绪，又能避免伤害客户自尊心。

（3）假设退让法

如果客户不中激将之计，而推销员又确切清楚对方具有定夺这桩交易的大权，那么推销员可以推断，对方的目的可能意在迫使自己做出某种让步，以获得优惠的交易条件。因此，可以采用假设退让法来侦察对方的意图，尽可能以较少的退让，换取客户的购买承诺。

（4）探询法

对于确实无权决定购买的人，上述方法都不起作用。推销员也就不宜继续与对方周旋，而应从其口中探询出真正的决策者，再与之接洽。

7. 推销员异议的处理技巧

一位卡车推销员过去是司机，他对自己推销的卡车非常熟悉。在推销中，只要有人挑剔他的车，他就立即与之辩论，因为他经验丰富，故经常是辩论的胜者。每当他走出客户的办公室的时候，他总是自豪地说："我又教训了他一次。"事实上，他确实以丰富的产品知识和经验教训了很多客户，但是最终他也没有卖出去几辆卡车。

这类异议是客户对推销员不满而引起的。例如，"你态度不好，我就是不买！"对于这类异议，推销员应该从自身方面查找原因，端正态度，注重礼仪，改进工作作风，真正做到关心客户、爱护客户、了解客户，把客户的利益放在首位。如果客户当面指出自己的不足之处，推销员应立即承认，并向客户赔礼道歉，保证按客户的意见办理，切不可与客户争执，责怪客户"挑剔、刁难、无理"。如果是企业方面的问题，推销员应代表企业向客户道歉，并把客户的意见及时反馈给企业的有关部门和领导，督促企业改进工作，提高产品和服务质量，使企业在客户心目中重新树立良好的形象。

8. 购买时间异议的处理技巧

推销员："胡厂长，如果你们厂的每条生产线都安装上我公司的高精密度温度自动控制系统，那你厂产品的一等品合格率将由现在的85%上升到98%以上，每天至少可以增加经济效益13 000元。所以你晚一天购买，就意味着你每天要白白损失13 000元。"

面对每天13 000元的损失，胡厂长决定购买这种产品了。

客户产生购买时间异议的情况大致有三种：一是客户确实存在一定的实际困难，有关购买问题还需进一步研究才能决定；二是客户拒绝购买的一种借口；三是客户优柔寡断、举棋不定所致。不论客户的购买时间异议是出于何种情况，推销员都要以积极的态度来处理它。

（1）良机激励法

这是利用对客户购买有利的机会来激励客户，使其摒弃还要"等一等""看一看"的观望念头，促使客户当机立断，拍板成交。这种方法需要有良机可供利用，推销员要善于发现和利用这些机会，激励客户早日购买。

（2）利益得失法

该方法是让客户明白这样一个道理：及时购买推销品，将会获得更多的利益和好处；反之，则会使自己的切身利益遭受损失。亦即早买早受益、多受益；晚买晚受益、少受益。对于客户而言，购买推销品是为了满足自己的各种需求，从中获得更多的利益，如果早买早受益、多受益，则客户就不会迟疑不决了。

（3）竞争诱导法

这种方法非常适合于推销对象为团体客户的情况。当团体客户提出"何时购买，我们还必须考虑考虑"的异议时，推销员可以采用竞争诱导法，提出客户的竞争对象们已经购买了同类的产品，倘若再不尽快购买推销品，就会在今后的竞争中处于劣势，以此诱导和唤起客户的竞争意识，激起其竞争欲望，促使其下定决心购买。运用这种方法时，推销员一定要对竞争对手的有关情况十分了解，以便回答客户可能提出的各种问题。

课堂实训

处理客户异议的方法与技巧

【实训条件】

那是在2019年的一天，我同往常一样送完货回到公司后，开始忙碌地整理工作日记及其他台账。突然我的手机响了，于是，我就一边做记录、一边下意识地拿起手机问道："喂，你好！你哪位？"可是对方的回话让我一时惊呆了。"你是送货的吗？"我说"是"。"你怎么给我送假的汽车配件，你们公司的口号是讲诚信，背后却掺假，今天你不给我说清楚，我对你不客气，我要投诉……"对方大声嚷道。天啊！那简直就是"晴天霹雳"，我被这突如其来的"雷击"弄得有点不知所措了，我怎么会去送假的汽车配件，对方肯定是又中了"调包计"了，于是我连忙在对方回话中挤出空间，问起姓名，得知是客户李某后，便放下手中的台账，飞快地奔赴"打雷"地点。

到了客户李某店里，迎面是他扔过来的假的汽车配件，我仔细分辨，这真是客户中了“调包计”了，“这些该死的骗子，又在我们这里死灰复燃了。”我喃喃自语。我笑着对李某说：“老李，你误会了，误会了，你……”可我的话音未落，对方就气得摆着一副要打架的样子叫道：“什么误会，你看看，这明明是假的，怎么误会，人家买回去使用出现问题，这是很危险的，你还说误会……”我孤单一人而他们人多，七嘴八舌的，有的说我在半路给人换的，也有说是公司掺假的……搞得我头都晕了，此时真是有理也说不清，我脑子一片空白，不知该如何是好。

【实训要求】

1）面对李某的异议，应怎样妥善处理？

2）运用所学知识，正确处理客户异议。

3）注重着装、礼仪，语言恰当。

【实训设计】

1）每 4～6 名学生分为一组，分别扮演“李某”和“我”。

2）模拟谈判，处理客户异议。

3）互换角色模拟。

4）教师根据学生表现进行指导，选择优秀的“我”进行示范，并进行点评。

【实训评价】

实训评价表如表 6-2 所示。

表 6-2　实训评价表

<table>
<tr><td colspan="2">被考评人</td><td></td><td colspan="2">考评地点</td><td colspan="2"></td></tr>
<tr><td colspan="2">考评内容</td><td colspan="5"></td></tr>
<tr><td colspan="2">考评指标</td><td>考评标准</td><td>分值/分</td><td>自我评价/分</td><td>小组评议/分</td><td>实际得分/分</td></tr>
<tr><td rowspan="3">专业知识与技能掌握</td><td>处理客户异议的方法</td><td>正确运用处理客户异议的方法</td><td>15</td><td></td><td></td><td></td></tr>
<tr><td>处理客户异议的技巧</td><td>正确运用处理客户异议的技巧</td><td>15</td><td></td><td></td><td></td></tr>
<tr><td>课堂实训</td><td>实训活动完成情况</td><td>20</td><td></td><td></td><td></td></tr>
<tr><td rowspan="4">通用能力培养</td><td>出勤</td><td>按时到岗，学习准备就绪</td><td>10</td><td></td><td></td><td></td></tr>
<tr><td>道德自律</td><td>自觉遵守纪律，有责任心和荣誉感</td><td>15</td><td></td><td></td><td></td></tr>
<tr><td>学习态度</td><td>积极主动，不怕困难，勇于探索</td><td>10</td><td></td><td></td><td></td></tr>
<tr><td>团队分工合作</td><td>能融入集体，愿意接受任务并积极完成</td><td>15</td><td></td><td></td><td></td></tr>
<tr><td colspan="3">合计</td><td>100</td><td></td><td></td><td></td></tr>
<tr><td colspan="5">考评辅助项目</td><td colspan="2">备注</td></tr>
<tr><td colspan="2">团队之星</td><td colspan="3"></td><td colspan="2" rowspan="2">两项考评辅助项目是为了激发学生的学习积极性</td></tr>
<tr><td colspan="2">团队互评</td><td colspan="3"></td></tr>
</table>

注：1. 实际得分＝自我评价×40%＋小组评议×60%。

2. 考评满分为 100 分，59 分及以下为不及格；60～74 分为及格；75～84 分为良好；85 分及以上为优秀。

3. “团队之星”可以是本次实训活动中贡献突出者，也可以是进步最大者，同样可以是其他某一方面表现突出者。

4. “团队互评”是由评审团讨论后对各团队给予的最终评价。评审团由各团队组长组成。当各团队完成实训活动后，各团队组长先组织本团队内部进行商议，然后各团队组长将意见带至评审团，评价各团队整体工作情况，将各团队互评分数填入其中。

项目小结

本项目主要介绍了客户异议的含义、类型和成因，处理客户异议的方法和技巧。

客户异议是客户对推销员所言表示的不明白、不同意或反对的意见。

客户异议按异议的内容划分，可以分为：商品质量方面的异议；需求方面的异议；价格方面的异议；服务方面的异议；购买时间方面的异议；推销员方面的异议；支付能力方面的异议；权力异议；企业异议。按异议的性质划分，可以分为：真实异议；虚假异议。

客户异议的成因是多方面的，主要体现在客户、产品、价格及推销员、企业等方面。

正确地处理客户异议，首先要端正处理客户异议的态度：情绪轻松，不可紧张；认真倾听，真诚欢迎；重述问题，证明了解；审慎回答，保持友善；尊重客户，灵活应对；准备撤退，保留后路。

一般来说，在处理客户异议时应遵循以下程序：认真听取客户提出的异议；适时回答客户的异议；收集、整理和保存各种异议。

处理客户异议的主要方法：转折处理法；转化处理法；以优补劣法；委婉处理法；反问法；反驳法；冷处理法；合并意见法；比较优势法；价格对比法。

由于客户的异议多种多样，因此处理客户异议时所用的方法也有所不同，要运用不同的技巧。

需求异议的处理技巧：渐进式推销；公共式推销；再次拜访；适时撤退。

价格异议的处理技巧：科学定价；先谈价值，后谈价格；强调相对价格；缩小标价单位；酌情让步技巧。

推销品异议的处理技巧：现场示范；亲身体验；邀请考察；举证劝诱；试用试销，提供担保；取“长”补“短”。

货源异议的处理投巧：锲而不舍，坦诚相见；提供例证；强调竞争受益；不贬低竞争对手的产品。

财力异议的处理技巧：降低客户的需求欲望；采取分期付款或延期付款的方法。

购买权力异议的处理技巧：引导鼓励法；激将法；假设退让法；探询法。

推销员异议的处理技巧：推销员应该从自身方面查找原因，端正态度，注重礼仪，改进工作作风，真正做到关心客户，爱护客户，把客户的利益放在首位。

购买时间异议的处理技巧：良机激励法；利益得失法；竞争诱导法。

习　题

一、在线练习

在线练习 6

二、思考题

1. 什么是客户异议，客户异议是如何分类的？
2. 客户异议的成因有哪些方面？
3. 处理客户异议的态度应是怎样的？
4. 处理客户异议的程序是什么？
5. 处理客户异议的方法是什么？
6. 处理客户异议的技巧是什么？

三、案例分析题

案例 1　雀巢咖啡的广告主题

第二次世界大战（以下简称二战）结束以后，雀巢公司发现人们的生活节奏加快，妇女纷纷走上工作岗位，以往煮咖啡豆式的生活方式显然跟不上时代步伐。雀巢公司开发出一种速溶咖啡，即冲即饮，省时便捷。但是产品上市后，并没有获得市场认可。公司感到很奇怪，创意如此好的产品却备受冷落，原因何在？公司开始了市场调查。调查结果发现，消费者不购买速溶咖啡的原因在于传统文化的束缚。"省时省力"是速溶咖啡的特点、优点，但是却违背了传统文化。传统文化认为：妻子早起煮一壶咖啡给丈夫和孩子喝，是一种勤劳贤惠的表现，喝速溶咖啡则是懒惰的表现，是对家庭不负责任的象征。雀巢公司鉴于调查结果，重新调整了广告宣传的策略，改变了过去错误的宣传主题"省时省力"，而启用新的广告主题——雀巢速溶咖啡是"新时代的产品选择"，是"丈夫送给妻子的好礼物""让妻子多睡一会儿，更好地工作"。这一主题，迎合了二战后的女权主义运动，很快赢得职业妇女及其家庭的认可，从此雀巢公司一发不可收，确立了自己的霸主地位。

问题：雀巢公司在刚开始推出速溶咖啡时所用的宣传主题"省时省力"未得到市场认可，这是哪一种客户异议？雀巢公司运用了哪一种客户异议的处理方法对此进行处理？

（资料来源：https://doc.mbalib.com/view/cc4c96fd6fdbe69cfe6e3a01eff7c863.html.）

案例 2　没有成交的音响

小张是某商店的推销员。一个星期五的早晨，发烧友孙先生走进店里，告诉小张说他正在寻找新式音响，希望要购买一部价格在5000～8000元之间的音响，并且看上了展示架上那一部标价6780元的音响。

在小张把这一部音响的优点详细向孙先生说明之后，孙先生问道："这种型号的音响最优惠的价格是多少呢？"

小张立刻回答："算您6500元吧！"孙先生决定要购买了，并立刻在订单上签名并付款。小张在感谢孙先生的惠顾之后，随即走进仓库里去取货。

大约过了1分钟，小张回到柜台，以下是他们两个人的谈话。

小张："孙先生，非常抱歉，您所要的那种型号已经没货了，本公司设在武昌的零售商店还有货，该店距此只不过是15公里，您愿意去那里买吗？"

孙先生："我没有时间到那里去，可以请商店的人送过来吗？"

小张："今天恐怕没有人可送过来，下星期一我们会补足您所要的货品，到时您就可以在这里买到了。"

孙先生："真不巧！我今天一定要买到，因为明天晚上我要举办一个晚会，希望有一部崭新的音响，为何你们偏偏缺少了我所看上的那一部音响呢？"

小张："非常抱歉，我没有注意到我们店里已经没有那种型号的音响了。"

孙先生："这不是您的错，但是我感到很遗憾，我可以到其他地方买到功能类似的音响。真扫兴，请您把订单取消，把钱退还给我。"

（资料来源：http://blog.sina.com.cn/s/blog_d7190a6801019qa7.html）

问题：

1）当孙先生提到"最优惠的价格"时，小张立刻降低音响的价格，你对他这种降价方式有何感想？除了降价之外，还有哪些方法可用呢？

2）孙先生要求取消订单，退回货款，这是因为什么异议？此时小张该怎么办？

3）请你补充正确的对话。

小张是某商店的推销员。一个星期五的早晨，发烧友孙先生走进店里，告诉小张说他正在寻找新式音响，希望要购买一部价格在5000～8000元之间的音响，并且看上了展示架上那一部标价6780元的音响。

小张：________________________________

孙先生："这种型号的音响最优惠的价格是多少呢？"

小张：________________________________

孙先生决定要购买了，并立刻在订单上签名并付款。小张在感谢孙先生的惠顾之后，随即走进仓库里去取货。

大约过了1分钟，小张回到柜台，以下是他们两个人的谈话。

小张：________________________________

孙先生："我没有时间到那里去，可以请商店的人送过来吗？"

小张：________________________________

孙先生："真不巧！我今天一定要买到，因为明天晚上我要举办一个晚会，希望有一部崭新的音响，为何你们偏偏缺少了我所看上的那一部音响呢？"

小张：________________________________

孙先生："太好啦，谢谢你！"

实　训

一、能力训练

主题：处理客户异议的方法与技巧的训练。

课时：2 学时。

地点：教室。

1. 过程设计

1）发放案例资料，学生阅读资料。

2）每 2 名学生分为一组，分别扮演推销员和客户（或某医药公司经理）。

3）模拟推销，进行推销实践。推销中由客户提出各种异议，推销员应该针对质量异议、需求异议、价格异议、服务异议、时间异议、推销员异议、支付能力异议、权力异议、企业异议运用不同的处理方法与技巧处理客户异议。

4）互换角色模拟。

5）教师根据学生现场表现进行指导，选择优秀的“推销员”进行示范，并进行点评。

2. 实训目的

1）巩固所学的客户异议知识。

2）培养学生运用所学客户异议知识，正确识别客户异议类型与成因的能力。

3）采用听、说、实践的形式，拓展学生的思维，提高学生正确处理客户异议的能力。

4）最大限度地调动学生的积极性，使学生体会共同学习的重要性。

建议：课前教师可以让学生复习所学知识，查阅相关资料，然后应用到模拟实践中，同时，可以采用发放奖品或计入平时成绩等奖励方式鼓励学生积极发言。

二、实战演习

1. 实战准备

1）把学生分成组，每组 4～7 人，让他们分别到各种类型的商品流通企业。

2）学校组织货源，学生进行产品销售。

2. 实战目的

1）通过学生亲自到各种类型的商品流通企业，观察、学习推销员处理客户异议的技巧。

2）通过学生进行产品推销，提高处理客户异议的能力。

3. 实战方案

1）教师事先和商品流通企业联系，约好时间，带领学生前去；或者让学生利用课余时间自己去。

2）学生认真观察，并做好记录。观察记录时主要围绕以下问题：

① 发生了哪些客户异议？

② 推销员是如何处理的？效果如何？

③ 你认为应如何处理？

3）每个小组的学生认真完成书面报告，并在课堂上汇报交流，并为以后的讨论打下基础。

4）学生在产品销售过程中，要记录发生的客户异议、处理情况及其效果，推销结束后要进行总结、介绍，也可就此进一步开展课堂讨论或课堂模拟。

项目7　促成交易

任务7.1　选择正确的促成交易策略

任务目标

1. 知识目标

掌握各种促成交易的策略。

2. 能力目标

能够正确运用不同的策略促成交易。

3. 素质目标

较强的观察和直觉判断能力；职业敏感性。

故　事

美国的宠物店如何卖小狗

小约翰跟爸爸妈妈一起去逛街，看到宠物店的小狗好可爱，约翰在那里不肯走。宠物店的老板抱着这只小狗走到小约翰面前说，如果约翰喜欢这只狗，可以带回家过一个周末，礼拜一再送来就好了，爸爸妈妈只需要做一个登记，不需要花钱。到了礼拜一早上，当妈妈要约翰将小狗归还给宠物店时，小约翰无论如何也不愿意了。通过这样的“先尝后买”，小狗就被销售出去了。

启示 宠物店的老板具有较强的观察和直觉判断能力，成功地将小狗销售了出去。

情景导入

推销员：“您好，请您品尝一下这杯红茶。”

准客户：“味道还不错。”

推销员：“这是今年的新茶，我们上的第一批货。”

准客户：“你能把茶叶拿来给我看一下吗？”

推销员：“当然可以。”

准客户捏起一些茶叶放在手心中仔细看了看，并点点头：“是新茶，给我称一斤吧。”

思考：在这个案例中，客户表现出了哪些成交信号？推销员运用了哪些促成交易的策略？

知识储备

促成交易是指客户通过推销人员对推销品的介绍、说明，激起自身的购买兴趣和购买欲望，并表明购买意向，采取实际购买行动的过程。

在推销活动中，促使一笔交易成交是推销人员所要达成的最终目的。在这一阶段，推销人员需要采取各种策略和方法，促使客户做出抉择，使得交易得以实现。

"如果没有卖掉，那就意味着什么也没发生。"这句话在商界非常有名，这说明成交是商业活动的中心。作为一名推销人员，把持好这一环节非常重要，他们应运用哪些策略来实现买卖的成交呢？

7.1.1 密切注意成交信号，当机促成交易的策略

成交信号是指客户在接受推销人员的推销劝说之后，有意无意地表现出来的各种成交意向。客户发出成交信号的表现形式往往是复杂的，一般可以把它们分为语言信号、行为信号、表情信号和事态信号几种。推销人员可以通过察言观色，根据客户的言谈举止、面部表情等行为来判断和识别客户的成交意向。

1. 语言信号

语言信号是指推销人员在与客户的交谈过程中发现的客户的某些语言流露出来的成交信号。以下一些情况都属于成交的语言信号：

1）客户对产品给予一定的肯定或称赞。

推销员："您看这件衣服的样式如何？"

准客户："不错，我很喜欢这种样式。"

2）询问交易方式、交货时间和付款条件。

准客户："你们公司什么时候能将这几台叉车送到？"

推销员："一周内保证给您送到。"

准客户："那贵公司对付款有什么限制吗？"

推销员："这个我们没有什么要求。现金、支票等都可以。"

3）详细了解商品的具体情况，包括商品的特点、使用方法、价格等。

准客户："这件羽绒服可以干洗吗？"

推销员："它不适宜干洗和机洗，应采取温水手洗的方式。"

准客户："那还能再打些折扣吗？"

推销员："这已经是最低价了。前些天商场没搞活动时都卖840元的，现价588元，已经打了七折了，您现在买肯定划算。"

4）对产品质量及加工过程质疑。

准客户："这件羽绒服洗后会出现羽绒钻出来的情况吗？"

推销员："这个您可以放心，我们这款羽绒服里外共有三层，且采用了进口布料缝制而成，只要

您按规定进行洗涤是不会出现钻绒情况的。”

准客户：“那如果按要求正常洗涤后出现了钻绒情况怎么办呢？”

推销员：“您可以拿回来，我们可以给您退货的。但我们这个品牌的羽绒服还没有出现过退货情况呢，您就放心吧。”

5）了解售后服务事项，如安装、维修、退换等。

准客户：“这辆电动车的保修时间是多长啊？”

推销员：“电池保修 18 个月，其他保修半年，塑壳等易损部位不在保修范围内。”

准客户：“如果骑在路上车子突然开不起来了怎么办？”

推销员：“您可以直接拨打我们的维修电话，会有专人为您提供上门维修的，而且您无须等很长时间。”

语言信号种类繁多，推销人员必须学会区分客户发出的语言信号，视具体问题具体分析，顺利促成交易。

2. 行为信号

行为信号是指推销人员在向客户推销的过程中，从客户的某些细微行为中所表现出来的购买信号。推销人员对客户不但应听其言，还应观其行。客户的不同行为是他们不同心理状态的反映。客户的购买行为信号通常表现如下。

1）客户认真阅读推销资料。

在华为手机专柜前准客户认真地阅读着荣耀 V40 的宣传海报。

推销员：“您好，有什么可以帮您的吗？”

准客户：“请你拿一款海报上的样机给我看一下。”

2）反复查看样品、说明书。

推销员将华为荣耀 V40 的样机拿给了准客户。

准客户仔细看了一下样机，并询问了推销员一些使用问题：“请帮我拿一份说明书吧。”

推销员：“好的，您稍等。”

推销员拿出了说明书，准客户反复查看样机及说明书，并时不时向推销员询问有关问题。

3）亲自试用产品。

在大商场中的化妆品柜台，一位女士将很多支口红的样品在手上试用，以致她的手背上涂满了各种颜色。

3. 表情信号

表情信号是在推销过程中客户的面部表情和体态所表现出来的一种购买信号。通过推销人员有效的劝说后，客户的成交意向会通过其眼神、嘴角的变化等表现出来。客户的表情信号通常表现如下。

1）目光。眼睛是心灵的窗口，如果客户的目光始终集中在某一商品或广告时，说明他对这件产品已经产生了浓厚的兴趣，并具有购买欲望。

冷饮店橱窗外围观人群的目光都停留在“开业前三天，店内冷饮全部五折”的广告宣传海报上。这说明这些围观的准客户有很大机会成为冷饮店的现实客户。

2）凝视。当客户听了推销人员的介绍后，目光凝视某一产品并默默地进行盘算时，说明客户有购买意向。

在一品牌皮包店内，一客户双眼紧紧地盯着货架上的一排漆皮皮包，嘴里默默地自言自语道：“是要黑色的，还是灰色的呢？”

3）点头、微笑。经过推销人员对商品实事求是的介绍后，客户的脸上露出了赞许的微笑或频频点头，说明客户产生了购买意向。

某超市洗发水促销专柜前，推销员正在向周围过往的客户介绍新上市的焗油护理洗发露，一些驻足的客户在听了推销员的介绍后，频频点头，嘴角上露出了一丝笑容。

4. 事态信号

事态信号是指推销人员在推销过程中，和客户直接接触过程的发展、变化所体现的一种成交信号。常见的事态信号表现如下。

1）态度转变。客户开始对推销品表现得十分冷淡，但经过推销人员介绍后，客户面部表情“由阴转晴”。面带笑意，态度好转。这说明客户已开始对产品产生兴趣，并产生可购买意向。

某超市鲜奶促销柜台前。

推销员：“您好，请您品尝一下，这是我们公司新上市的鲜羊奶。”

准客户摇了摇头：“谢谢，不用了，我们习惯喝牛奶。”

推销员：“现在不买没关系，您可以尝一下，如果觉得好的话可以以后再买。”（随手递过一杯放到准客户手中）

准客户品尝后，脸上露出一丝笑容：“很不错。”

推销员：“一杯羊奶的营养价值等于四杯牛奶。现在买两袋赠一袋，挺划算的。您可以先买两袋给家人尝尝。”

准客户笑了笑：“好吧，帮我拿两袋吧。”

2）客户接受重复约见。若客户乐于接受推销人员的重复约见或主动提出下次会面时间的话，就暗示客户有成交意向。

推销员：“您好！我是大通地板公司的销售经理，听说贵公司最近有重新装修的打算，我们公司的地板采用环保材料……”

准客户：“我曾经看过贵公司的产品介绍单，但一会儿还有个会，您明天上午8:30来，我们再谈。”

推销员：“好的，谢谢您！”

3）客户向推销人员要求引见本企业的有关人员。

推销员："您好，王总！我是三苑公司的销售人员，这是我们公司新研制的打印机，不但打印速度快，而且还能节省油墨，非常环保。"

总经理："我们这正好又新增了几个部门，应该用得上。这样吧，我帮你联系一下我们的采购经理，具体事宜你跟他谈一下吧。"

推销员："谢谢您！"

4）客户主动提出更换洽谈场所。

推销员："不知道您看了我们的计划书后，考虑得怎么样，我们公司的装修队伍可是全国数一数二的。"

准客户："这个我们知道，我们已经开会研究过你们的装修方案了，里面还有一些细节问题。这样吧，吃饭的时间已经到了，我们不如边吃边谈……"

总之，客户的购买信号掩藏在其语言、行为、表情及事态变化中，推销人员要学会细心观察和用心体验客户的一言一行，只有这样推销人员才能及时发现、理解、利用客户表露出来的这些成交信号，从而有针对性地对客户进行积极诱导。当成交信号发出时，及时捕捉，迅速提出成交请求。

7.1.2 保持积极的成交态度，促成交易的策略

成交心理障碍主要是指推销人员心中存在的不利于成交甚至阻碍成交实现的销售心理因素，如在推销过程中，推销人员所表现出来的退缩、等待、观望、害怕、紧张等不利于成交的消极心理。成交与否，在一定程度上取决于推销人员的心理态度，自信、积极的心理有利于成交。反之，自卑、消极的心理则不利于成交。在推销过程中，推销人员应从以下几个方面来克服不良的推销心理。

1. 面对失败，泰然处之

推销人员担心成交失败，是其遇到的最大的成交心理障碍。在推销过程中，许多推销人员害怕主动接近客户，更怕遭到客户的奚落和拒绝。这种心理障碍往往出现在刚刚参加推销工作的人员身上，主要原因在于社会偏见和经验不足。事实上，即使是最优秀的推销人员，也不可能使每一次的推销洽谈都能成交，坦然地接受推销活动可能产生的不同结果，有利于推销人员下一次推销的成功。因此，推销人员应充分认识到只有少数推销可能成功的事实，一边做好失败的心理准备，一边鼓起勇气，树立信心，以泰然、平和的心态来保持推销的心理优势。

2. 积极诱导，主动出击

一部分推销人员认为客户会主动提出成交要求，事实上这是一种错觉，也是一种严重的成交心理障碍。在实际推销过程中，一些推销人员在成交前期的工作完成得非常出色，而且与客户谈得十分投机，因而认为成交是水到渠成的事情，从而放松了警惕，觉得没有必要主动提出成交，认为客户在洽谈结束时一定会自动购买推销品或主动提出成交要求。

但事实证明，客户主动提出成交的情况很少。客户多等待由推销人员提出成交，特别是客户抱有可买可不买的心态时更是如此。因此，推销人员应消除这种等待心理，主动提出成交要求，适当施加成交压力，积极促成交易。

3. 认清自我，正确定位

在推销过程中，容易出现两种极端心理，即自卑心理和自负心理。前者是由于社会偏见和推销人员自身的思想认识水平所决定的，使他们产生了不应有的职业自卑感。他们认为主动上门推销形同乞讨，是恳求别人买东西，因而感到低人一等。这种错误的认识，导致了推销人员自卑心理的出现。他们没有意识到职业不分贵贱尊卑，推销与其他服务行业一样，都是为客户提供方便的。推销人员应充分肯定自己工作的社会意义和价值，为自己的工作感到自豪和骄傲，同时还应加强学习现代市场营销理论和推销理论，不断提高职业素养，做一名自信的推销人员。后者则是因为推销人员对自己持有过高的评价，没有对推销过程中出现的问题进行充分分析，对客户的想法并未仔细权衡，而只是一味地相信自己的能力，期望过高。这样容易破坏良好的成交气氛，引起客户的反感，不利于成交。推销人员应当做到和蔼可亲，彬彬有礼，既不要过高估计自己，也不要卑躬屈膝，应不卑不亢，坚持原则，维护自己的人格与尊严。

7.1.3 帮助客户权衡利弊，达成满意成交的策略

在很多场合，客户不愿成交的原因是推销人员没有消除客户对推销品的否定意向。在成交前，客户会反复权衡购买利弊，且会受到一些不同意见的影响，从而易产生成交障碍。因此，推销人员在推销过程中，应主动介入客户权衡利弊的决策中，帮助客户解决购买中存在的否定意见，以便利于成交。具体做法如下。

推销人员先列举所推销产品或劳务的特征、优点及满足客户需求的方式，之后和客户一起权衡利弊得失，最后由客户自行做出选择。推销人员在推销过程中应客观分析，既言利又言弊，这样，能使客户对推销人员产生信赖，从而形成一种良好的洽谈氛围，有效解除客户的防备心理，从而进一步争取客户。根据客户所关心的焦点问题直接介入产品推销主题，帮助其权衡利弊，从而解决成交过程中的主要矛盾。这种策略的运用，具有较强的针对性，可以使客户满意成交。

7.1.4 留有余地，适时成交的策略

在成交前的洽谈、障碍处理等过程中，推销人员已经就推销品的大致情况向客户做了详细的介绍。但是，为了最后促成交易，推销人员应讲究策略，留有余地，以利于成交。在推销过程中，推销人员要注意提示的时机和效果，从诱发客户的购买欲望，到促使客户采取购买行动，总是需要经历一定的过程。到了成交阶段，推销人员如能再提示某个推销要点和优惠条件，就能促使客户下最后的购买决心。

例如，在最后成交关头，推销人员可以提示："我们企业的空调机每年为您提供一次免费清洗""我还忘了提醒您，您购买我们的产品后，我们将赠送您一套环保微波餐具"等。这种策略的运用，要求推销人员讲求时机，不到关键时刻，不轻易使用。

此外，细心的推销人员往往会在分手时，给客户留下一张名片和产品目录，并会告知客户："如果您有什么问题或还需要什么的话，请随时与我联系，我很乐于为您提供服务。在价格和服务上，还可以考虑给您更多的优惠。"这种举措通常会使推销人员获得一些回心转意的客户。

7.1.5 把握时机，随时促成交易的策略

一个完整的推销过程包括多个阶段，成交是最终的目的。应该注意的是，由于客户特点及推销环境的不同，成交并非要经过每个阶段，任何一个阶段，随时都可能使买卖双方达成交易。这与推销人员善于观察，把握时机是密不可分的。一般来讲，下列三种情况均可视为促成交易的绝佳时机：①重大的推销障碍被处理后；②重要的产品利益被客户接受时；③客户发出各种购买信号时。在推销过程中的每一个阶段都可能会遇到机会，推销人员必须培养良好的判断分析能力，不断积累推销经验，善于捕捉推销过程中各阶段所发出的成交信号，从而随时有效地促成每笔交易。

课堂实训

选择正确的促成交易策略

【实训条件】

崔静是某名牌大学市场营销专业刚刚毕业的大学生，经家人介绍，她来到一家电子科技公司做电子产品的推销工作。一天，她带着领导交给的任务，来到一家电子商务公司推销她们公司的电脑记事本，拜访了这家公司的采购经理。她向经理推荐和介绍了她们公司新研制的电脑记事本，并向这位经理做了相应的演示。这位经理接过她的产品在手上摆弄了半天，很喜欢。过了一会儿，这位经理说："我有几本名片簿，要把这些名片信息输进电脑记事本中，需要多长时间？"

【实训要求】

1）经理说这句话的含义是什么？如果你是崔静，你将采取哪些策略来促成这单生意？

2）学生分组模拟促成交易。

3）注重着装、礼仪，语言恰当。

【实训设计】

1）每 4～6 名学生分为一组，分别扮演"崔静"和"电子商务公司的采购经理"。

2）模拟谈判，促成交易。

3）互换角色模拟。

4）教师根据学生表现进行指导，选择优秀的"推销员"进行示范，并进行点评。

【实训评价】

实训评价表如表 7-1 所示。

表 7-1 实训评价表

被考评人			考评地点			
考评内容						
考评指标		考评标准	分值/分	自我评价/分	小组评议/分	实际得分/分
专业知识与技能掌握	密切注意成交信号，当机促成交易的策略	掌握利用成交信号促成交易的策略	10			
	保持积极的成交态度，促成交易的策略	掌握利用积极的态度促成交易的策略	5			
	帮助客户权衡利弊，达成满意成交的策略	掌握权衡利弊促成交易的策略	10			
	留有余地，适时成交的策略	掌握留有余地，适时成交的策略	10			
	把握时机，随时促成交易的策略	掌握把握时机促成交易的策略	5			
	课堂实训	实训活动完成情况	10			
通用能力培养	出勤	按时到岗，学习准备就绪	10			
	道德自律	自觉遵守纪律，有责任心和荣誉感	15			
	学习态度	积极主动，不怕困难，勇于探索	10			
	团队分工合作	能融入集体，愿意接受任务并积极完成	15			
合计			100			

考评辅助项目		备注
团队之星		两项考评辅助项目是为了激发学生的学习积极性
团队互评		

注：1．实际得分＝自我评价×40%＋小组评议×60%。

2．考评满分为 100 分，59 分及以下为不及格；60～74 分为及格；75～84 分为良好；85 分及以上为优秀。

3．“团队之星”可以是本次实训活动中贡献突出者，也可以是进步最大者，同样可以是其他某一方面表现突出者。

4．“团队互评”是由评审团讨论后对各团队给予的最终评价。评审团由各团队组长组成。当各团队完成实训活动后，各团队组长先组织本团队内部进行商议，然后各团队组长将意见带至评审团，评价各团队整体工作情况，将各团队互评分数填入其中。

任务 7.2 选择正确的促成交易方法

任务目标

1．知识目标

掌握各种促成交易的方法。

2．能力目标

能够正确运用不同的方法促成交易。

3. 素质目标

善于与人沟通；学会分析。

故　事

沟通的重要性

春秋战国时期，耕柱是一代宗师墨子的得意门生，不过，他老是挨墨子的责骂。有一次，墨子又责备了耕柱，耕柱觉得自己真是非常委屈，因为在许多门生之中，大家都公认耕柱是最优秀的人，但又偏偏常遭到墨子批评，让他面子上过不去。

一天，耕柱愤愤不平地问墨子："老师，难道在这么多学生当中，我竟是如此的差劲，以致要时常遭您老人家责骂吗？"墨子听后，毫不动肝火："假设我现在要上太行山，依你看，我应该要用良马来拉车，还是用老牛来拖车？"耕柱回答说："再笨的人也知道要用良马来拉车。"墨子又问："那么，为什么不用老牛呢？"耕柱回答说："理由非常的简单，因为良马足以担负重任，值得驱遣。"墨子说："你答得一点也没有错，我之所以时常责骂你，也只因为你能够担负重任，值得我一再地教导与匡正你。"

（资料来源：https://ishare.iask.sina.com.cn/f/bwsi87DEjn7.html.）

启示 最初，耕柱不理解墨子想通过不断地磨炼来培养他的意图，造成了其对墨子的误会，可见沟通的重要性。沟通伴随着我们，是工作、生活的"润滑油"，也是消除隔膜，达成共同愿景，朝着共同目标前进的桥梁和纽带。

情景导入

推销员："您好，这款丝巾是我们店推出的限量款，戴在您身上真的很有气质。"

准客户："样子倒是蛮漂亮的，还有其他颜色吗？"

推销员："您这款是淡粉色，和它同款的还有淡绿色、浅紫色、金黄色。"

准客户："你能拿其他的给我看一下吗？"

推销员："好的。"

准客户："我试一下浅紫色的吧。"

推销员："没问题，我帮您戴上它吧？"

准客户："这款也挺漂亮的。"（照了照镜子）

推销员："是啊，您的肤色很白，这两款都很适合您。"（准客户对着镜子频频点头）

推销员："不如我帮您把这两款都包起来吧！"

准客户："好吧。"

思考：在这个案例中，推销员运用了哪种促成交易的方法？

知识储备

促成交易的方法是指推销人员用来促成客户做出购买决定，最终促成客户购买推销品的推销技巧与方法。常用的成交方法介绍如下。

7.2.1 请求成交法

请求成交法又叫直接成交法、直接请求成交法，是指推销人员直接建议或要求客户购买推销品的一种成交方法。这个方法直接而简单，是推销人员最常用的基本成交方法。那么，在什么情况下采用请求成交法效果最佳呢？

1. 请求成交法的适用范围

（1）面对老客户

对老客户而言，买卖双方已建立了较好的人际关系，且推销人员对老客户的需求有所了解，老客户对推销人员也相对熟知，运用请求成交法，客户一般不会拒绝。

> 推销员："老王，最近我们生产出几种新口味的糖果，您进些货，很好销的！"
> 老客户："好的，那你先给我送……"

（2）客户发出购买信号时

如果客户对推销品有好感，流露出了购买意向，但还未拿定主意或不愿主动提出成交，这时，推销人员宜采用请求成交法来促使客户产生购买行为。

> 准客户："这件大衣还不错。"
> 推销员："这件大衣您穿着很合适，效果很好，您就买下吧！"
> 准客户："那开单吧。"

（3）解决客户所提出的重大问题后

当推销人员尽力解决了客户的问题和要求后，是客户感到较为满足的时间，推销人员应趁机采用请求成交法，对客户施加成交压力，从而促成交易。

> 推销员："您已经知道这款电冰箱并没有您提到的问题，而且它的冷藏冷冻性能好，您不妨就买这一型号的，我替您挑一台，好吗？"

（4）客户没有提出异议且没有做出明确的购买反应

有时候客户对推荐的产品表示兴趣，但思想上还未意识到成交问题。推销人员在回答了客户提出的异议或介绍完推销品后，应立即乘胜追击，主动提出成交请求。虽然这种请求并非一定就是要马上成交，但这样做有利于集中客户的注意力，让客户意识到要购买。

> 推销员："看来您已经清楚了，既然东西好而不贵，您看您需要什么时间送货？"

2. 运用请求成交法时应注意的问题

（1）要求推销人员具备一定的洞察和决策能力

请求成交法要求推销人员主动提出成交要求，所以推销人员必须尽量引导客户，使洽谈局面朝着成交的结果发展。推销人员应时刻观察客户，适时提出成交请求。

（2）密切注意成交信号，把握好成交时机

在成交过程中，成交时机是推销人员最不易把握的因素。选择适当的时机要求成交，会令客户自然顺利地接受。反之，在时机不成熟的情况下提出成交，则会导致客户的回避甚至反感而错失良机。如何把握成交时机，是推销人员应该重点思考的问题。

（3）尽量避免向客户施加过大的成交压力

适当的成交压力是成交的动力，相反，成交压力过大或过小都会导致成交的障碍。在运用请求成交法时，推销人员要认真分析客户的特点，创造有利于成交的氛围，尽量避免出现高压成交或压力不足导致的成交失败。

7.2.2 假定成交法

假定成交法又称假设成交法，是指推销人员在假定客户已经同意接受推销建议的基础上，通过与客户讨论一些具体的成交问题，从而要求客户购买推销品的一种成交方法。

1. 假定成交法的适用范围

（1）老客户

推销人员与老客户之间建立了一定的信任感，且推销人员对老客户的品位比较熟知，在再次推销产品时，老客户会比较乐于接受推销品。

推销员："张先生，上次我为您挑的那瓶女士香水您爱人还喜欢吧！我们这又新来了一种玫瑰香型的，是法国进口的，我帮您包起来吧。"

（2）中间商

中间商与推销人员有着长期的合作关系，彼此都有很深的了解，除了业务上的往来以外，很可能也结下了深厚的友谊。所以，在合作上比较容易成交，有时往往会出现货还未到而订单已下的情况。

推销员："张经理，上次给您送的那批海鲜还不错吧，我们这过两天有批新的螃蟹到货，您看您打算要多少？"

（3）决策能力差的客户

一部分客户在购买推销品时往往举棋不定，觉得哪个都很好，却又只想买其中的一个。这时，就需要推销人员来帮助他们做一下决定了。

一个化妆品推销员对一个正在比较各种眼影颜色的客户说："你手上的这支很适合你的年龄和肤色。来，我替你装好。"

（4）主动表示购买的客户

在推销过程中，可能有些客户早已中意了推销品，推销人员应及时捕捉客户所发出的成交信号，从而顺理成章的完成推销工作，促成交易。

准客户："这个沙发放在我家客厅不错，颜色和款式我都很喜欢。"
推销员："您很有眼力，这是法国进口的，我这就为您开票。"

2. 运用请求成交法时应注意的问题

（1）要善于创造良好的成交气氛，自然地使用假定成交法

为使客户达到一定程度的心理平衡，减轻购买压力，有效促成交易，推销人员要尽量使用亲切、温和的语言，切忌语气咄咄逼人，形成高压气氛，使客户望而却步。

（2）密切注意成交信号，善于把握时机，适时使用假定成交法

客户的成交信号是客户购买意向的外在表现，是成交的一种暗示。假定成交法就是把这种成交信号假设为成交行动。因而，在使用假定成交法时，推销人员应善于把握成交时机，密切关注成交信号，只有在确信其购买意图时，才可使用这一方法。否则，会造成事倍功半的结果，引起客户反感。

（3）始终保持较强的自信心，从容地使用假定成交法

成交实际是推销主体双方一致的行为，而假定成交只是推销人员对于成交的假设，客户并没有主动要求成交，只是有成交的意向。所以，很多推销人员因害怕客户拒绝成交而不敢大胆的假定，从而导致了推销工作的失败。因此，在使用假定成交法时，推销人员应具有较强的信心，在得到客户发出的成交信号后，相信自己的判断，大胆地进行假定，有效促使交易达成。

7.2.3 选择成交法

选择成交法是指推销人员向客户提供两种或两种以上购买选择范围，并促使客户在提供的范围内进行选择以达成交易的一种成交方法。选择成交法是假定成交法的运用和发展，推销人员在假定成交的基础上向客户提供成交决策比较方案，先假定成交，后选择成交。选择成交法从表面上看，好似把成交的主动权交给了客户，但事实上只是把成交的选择权交给了客户。客户不是在买与不买之间选择，而是在推销品不同的数量、规格、颜色、包装、样式、交货日期等方面做出选择，客户无论做出何种选择，最终的结果都是成交。

> 柜台上的商品琳琅满目，就在客户举棋不定的时候，售货员根据客户的年龄、气质、职业等，为其提供两款适合她的职业装："这是今年流行的最新款式，您是喜欢这套白色的，还是喜欢那套黑色的呢？"

当然，推销人员在运用选择成交法时，必须合理、慎重地使用。若不经分析而滥用，则会导致客户因产生成交高压而失去购买信心，增加新的成交心理障碍。同时，可能会延长成交过程，浪费推销时间，降低推销效率，给推销工作的顺利进行带来新的阻碍。

因此，推销人员在运用选择成交法时应看准时机，根据客户的实际需求，针对客户的购买动机和意向，提供一定的成交方案，主动当好客户的购买顾问，帮助客户做出合理的购买决策。同时，推销人员应掌握成交主动权，控制和调节成交气氛，把客户的选择权限定在成交活动范围以内，以利于客户做出有利于成交的选择。

7.2.4 从众成交法

从众成交法又称排队成交法，是指推销人员利用客户的从众心理，促使客户立即购买推销品的一种成交方法。社会心理学的研究成果表明，从众行为是一种普遍的社会心理现象。

1. 从众成交法的适用范围

从众成交法主要适用于推销比较时尚的商品，并且推销对象具有从众心理时。若商品的流行性较差，号召力较弱，又遇到自我意识较强的客户，就不宜采用从众成交法。

推销员："这是当前最流行的款式，这个年龄段的人都很爱穿。您要哪一件？"

2. 运用从众成交法应注意的问题

（1）选择具有一定成交影响力的基本客户或中心客户

从众成交法是利用客户之间的互动力去诱导大批从众客户，为达到这一目的，推销人员选择的基本客户必须具有一定的成交号召力，能够有效影响大批从众客户，从而促成大量交易的成交。

（2）讲求职业道德，不利用虚假成交气氛

在实际推销过程中，往往会出现一少部分推销人员，不讲求职业道德，一味地追求成交效率，为了达到目的不择手段，制造虚假的成交气氛来吸引客户，甚至公开欺骗客户，这些行为不仅损害了消费者的利益，而且不利于与客户建立长期的友好合作关系，也会影响企业及推销人员的长远利益。

（3）利用名人优势

为提高企业的信誉与知名度，从而使客户的从众心理得到有效激发，企业应将从众成交法与有关的广告宣传相结合，利用名人发动广告优势，扩大社会影响，进而吸引大量的从众消费者。

小思考

阅读二维码设置的内容，思考案例中的推销员霍普金斯采用了哪几种方法来促成交易。

向因纽特人销售冰块

7.2.5 局部成交法

局部成交法又称小点成交法、避重就轻成交法，是指推销人员通过次要问题的解决来促成交易的一种成交方法。小点或局部是指次要的、较小的成交问题。小点成交法是利用了客户的成交心理活动规律。一般来说，重大的购买决策问题能够产生较大的成交心理压力，而较小的成交问题则产生较小的成交心理压力。客户在较大的成交问题前，常常比较慎重、敏感，一般不轻易做出明确的决策，甚至拖延时间，迟迟不表态。小点成交法正是利用了客户的这种成交心理，避免直接提出重大的、客户比较敏感的问题。先小点成交，后大点成交；先就成交活动的具体条件和具体内容达成协议，再就成交本身达成协议，从而促成交易。

准客户："这机器用起来倒是方便，但安装和维修应该挺麻烦的吧！"

推销员："张经理，设备安装和维修的问题由我们派专人负责，如果没什么其他要求，我们就这样定下来了。"

小点成交法运用广泛，但须合理使用。推销人员在面对客户时，回避重大问题，而寻找枝节问题，其目的是消除压力，达到与客户的共识，从而推动大问题的成交。如果滥用此方法，会分散客户的成交注意力或引起客户的成交误会，产生成交纠纷，将更不利于成交。因此，在实际推销工作中，推销人员应审时度势，根据客户特点合理运用小点成交法，合理选择好成交的小点问题，注意小问题与大问题的联系，在小点成交过程中，对客户提出的重要问题与异议，应予以重视且尽量解决，不要持有回避态度而引起客户误会，防止小点异议转化成大点问题。

7.2.6 限期成交法

限期成交法是指推销人员通过限制购买期限而敦促客户购买的一种成交方法。在运用限期成交法时，推销人员应直接向客户提示成交机会，诱发客户的购买动机，刺激客户的急切占有欲。此外，促销企业和推销人员还应注意在使用该方法时，所选择和利用的机会一定要属实，不要欺骗客户，否则将会丧失企业信誉。

7.2.7 激将成交法

激将成交法是指推销人员用激将的语言刺激客户购买，来促成交易的一种方法。该方法利用了客户自尊自强、要面子的心理，一般适用于在推销特殊产品时，针对性格豪爽、经济富有的客户。

> 商店里一女士正因价格问题而犹豫是否购买一条钻石项链。
>
> 推销员："上周，天昊公司总经理的夫人也看上了这条项链，简直爱不释手，但因为嫌价格太高而没有买。"

采用激将成交法时一定要注意给客户留面子。聪明的推销员决不会逼问客户"你到底买还是不买"之类的问题。这种方法不是对任何人都适用的，也不是随便什么时候都可以用的，它最大的缺陷就是，如果把握不好，有可能激发的不是自尊心，而是怒气。这样不但破坏了成交气氛，还可能使客户拂袖而去，失去成交的机会。但若运用得当的话，也很有可能会使本不太想购买的客户最终购买产品，有利于节省推销时间，提高推销效率。

7.2.8 其他成交法

1. 优惠成交法

优惠成交法是指推销人员通过提供优惠条件而促使客户下决心购买推销品的一种成交方法。求利心理是客户的一种基本购买动机，优惠成交法正是利用了客户的这种动机，直接向客户提示成交优惠条件，诱使客户立即购买推销品。优惠成交法主要表现在如下方面。

1）价格优惠。客户谈得最多的就是价格上的优惠，每位客户都想要获得物超所值的服务。

2）付款方式的优惠。若客户经济上确实有困难，推销人员本身又有能力承担风险，推销人员可采取让客户分期付款的方式来促成交易。

> 推销员："……您可以分五期付款，提前享受摄像机为您带来的乐趣与方便。"
>
> 准客户："好，开单吧。"

3）售后服务上的优惠。随着人们购买意识的增强，越来越多的客户购买商品时开始关注起售后服务。企业通过提供各种超值的售后服务来迎合客户的消费心理，从而实现交易的促成。

推销员："您现在购买我们的空调机，我们可以为您提供免费上门安装和三年免费上门维修的服务。"

4）其他产品购买上的优惠。推销人员在推销某一商品时，可以同时保证客户还能够以优惠形式免费获得其他产品。

推销员："如果您现在购买我们的机器，我们可以派专业人员到贵公司，为您提供免费的专业培训。"

优惠成交法可以创造良好的成交气氛，促成大量买卖的成交，甚至可以推销出某些滞销品。但值得注意的是，优惠成交提示具有双重性，既可以产生积极的成交心理效应，也有可能产生消极的心理效应。如果推销人员滥用优惠成交法，会使客户质疑所推销的产品质量，从而拒绝购买。在实际推销工作中，有些推销人员往往提示虚假的优惠成交价，诱骗客户成交；有些推销人员抬高原价，制造减价成交的假象；有些推销人员则利用成交优惠条件，推销劣质货等。这些行为，破坏了推销信誉，甚至违反了有关法律法规。因此，在推销工作中，推销人员应讲求职业道德，诚实守信，遵纪守法，合理使用优惠成交法。

2. 保证成交法

保证成交法，又称承诺成交法，是指推销人员通过向客户提供售后保证而促成交易实现的一种成交方法。它是一种大点成交法，直接提供成交保证，直至促成交易。客户在成交过程中心态较为复杂，有一定的成交心理压力。保证成交法即是推销人员针对客户的主要购买动机，向客户提供一定的成交保证，消除客户的成交心理障碍，降低客户的购物风险，从而增强客户的成交信心，促使交易尽快达成。

推销员："张经理，请您现在多进一些货，这种产品销量很快。如果存货变质，我们保证调换新货。如果卖不掉，我们全部收回，保证贵公司不受任何损失。"

保证成交法的保证内容一般包括商品质量、价格承诺、交货时间、售后服务等。这种保证直击客户的成交心理障碍，有利于交易促成。但在使用时也应注意不可滥用，以免失去推销信用，引起客户的反感，从而不利于成交。

3. 最后机会成交法

最后机会成交法，又称无选择成交法、唯一成交法，是指推销人员直接向客户提示最后成交机会而促使客户立即购买的一种成交方法。最后机会成交法是推销人员针对客户害怕错过良好的购买机会的心理动机，向客户提示成交机会，限制客户的购买选择权和成交条件，施加一定的成交压力，促使客户立即采取购买行动，从而达成交易。

推销员："桶装纯净水的出厂价已经上涨 10%，我们是在涨价前进的货，所以售价暂时不变。五一后每桶纯净水要涨 2 元，你们现在不多买些？"

最后机会成交法能吸引客户的成交注意力，它利用了人们对各种机会表现出一定的兴趣并给予一定的注意，尤其对一去不复返的机会就会更加注意这一心理特点。正确地使用最后机会成交法，可以增强成交说服力和成交感染力，促进成交。同样值得注意的是，在使用这种方法时，要讲究推销道德，实事求是，绝不可采用欺骗的手段骗取客户的购买，以免使推销人员丧失推销信誉，损害企业形象。

4. 让步成交法

让步成交法是指推销人员在成交的关键时刻退让一步来促成交易的一种成交方法。在使用让步成交法时，主要条件不改变，只是在次要条件上推销人员做出一定的让步即可达成交易。

推销员："这样吧，既然您是我们的老客户了，那我们就再让一步，多赠送您两件赠品。"

让步成交法一般使用在双方谈判僵持不下的时候，推销人员退让一小步，就有可能使谈判迈进一大步，从而达成交易。这种方法一般不会给推销带来实际损失，反而有利于双方的长期合作。但推销人员也应切记，在做出让步的决定时，不可一次性让步太大，这样有可能会失去谈判的优势，而让客户提出更大的让步条件，从而继续纠缠下去，使得成交迟迟难以达成。

5. 饥饿成交法

饥饿成交法是指通过让产品处于一种供不应求的状态来促成交易的一种方法。事实上，产品未必果真供不应求，只是在供求之间始终保持时间差，如几天的时间，用以敦促客户做出购买决定。该方法一般适用于名优产品，只有这类产品才会使客户耐心等待，一般产品不具有这种吸引力。

清朝康熙年间，有个名叫"三百馅饼"的小吃摊。每天只卖 300 个馅饼，卖完就收摊，多一个也不卖。去晚了的客户只好等到第二天再来买。一次，有人问摊主："您的馅饼如此好卖，为何每天不多卖些呢？"摊主反问道："当你酒足饭饱时，再端来美味佳肴，你还想不想吃？"那人才恍然大悟。

在采用饥饿成交法时，首先应考虑产品条件如何；其次要把握好让客户保持"饥饿"状态的时间，避免时间过长，使客户没有耐心等待而"饥不择食"地去选购其他产品代替，因而违背了采用此法的初衷，失去成交机会。

7.2.9 缔结契约的注意事项

1. 友好的分手

在交易顺利达成后，推销人员切忌让客户感觉出你的态度开始冷淡。一旦买卖做成，就开始敷衍客户，这会让客户丧失安全感，从一个生意人手中买下产品的感觉和从朋友手中买下产品的感觉是大相径庭的。因此一定要让客户记住你的情义，感到购买你的产品是明智的选择。为了达到此种效果，推销人员在产品售出后必须稳定客户的情绪，让其保持平静，可以找一些大家共同关心的话题聊一小会儿，当然最好不要提产品，这样可使客户的心情平静下来。在成交之后不要急于道谢和告别，在临别时不妨感谢客户几句，但不要太过分，使人感觉亲切即可。一些充满情谊的举动往往会使客户对推销人员和推销人员的公司留下美好的印象，因此，在道别时不妨与客户握手以表达谢意。在实现成交后，礼貌友好地和客户告别，还可能带来下次成交的机会。

2. 售后反思

推销成交之后，推销人员应认真整理推销过程中出现的问题，并记录其在问题发生时，是如何解决该问题的。总结推销过程中的失误和不足之处，为下一次进行推销工作做好充分的准备，做到“有备无患”。同时及时向厂家反映产品、服务等方面存在的不足。在产品质量提高的同时，有效提高自身的推销技巧。

3. 售后跟踪

售后跟踪是指推销人员在成交签约后继续与客户交往，并完成与成交相关的一系列工作，以便更好地实现推销目标的行为过程。

1）回收货款。

2）提供优质售后服务。

3）处理客户投诉。

4）与客户建立良好的关系。

4. 推销中常见的问题

1）切忌将空白订单过早在客户面前拿出来，这样可能会增加销售的阻力。因为这时客户可能会提醒自己：“空白订单拿出来了，当心一点。”你应该在适当的时机很自然地、毫不在意地拿出来，使客户不致有不适之感。

2）在已经知道准客户接纳了你的建议之后，不应直接说：“那么，你买了吧，好吗？”其实，你完全可以这样问：“你需要多少？”“什么时候要货？”“你需要什么规格的？”等。假如推销人员万一得不到圆满的结果，应该想出一些理由与准客户再度商谈。例如，“当你存货减少的时候，我将再度与你磋商”等。

3）由于做成一笔新的交易，或者由于与一位特别艰难的客户谈妥了一笔交易，必然会引起你心情上的兴奋，这最好加以掩饰。当客户正准备购买时，如果你显得非常兴奋，那么必然会使他怀疑与你所谈生意的效率较低，再继续推论下去就是，你的产品一定有什么缺点，或是你在这次交易中获利一定很多。那么，可能下次交易就不存在了，甚至还有可能牵连本次交易，实在是一种失策。

4）寻求引见。与你成交的客户往往会和与他有类似需求的其他潜在客户有着某种联系。聪明的推销人员在交易成功后，往往都不会忘记请客户给自己介绍其他与之有联系并可能具有类似需求的客户，并请该客户代为引见或约见。这样，推销人员可以扩大自己的推销范围，确定准备进行下一步推销的对象。推销人员还可通过已成交的客户了解潜在客户的各方面情况，如性格、需求、资金状况等，从而为进一步推销做好充分的准备。而且，请成交客户代销售人员引见或约见，由于该客户与潜在客户存在密切的联系，引见人又是产品的购买者，最有发言权，可信度较大，因而推销人员会比较容易获得潜在客户的信任，并易于克服推销过程中的障碍，从而顺利达成交易。

课堂实训

选择正确的促成交易方法

【实训条件】

张欣是某家汽车4S店的销售人员。一天，一位客户在他的店里围着新到的、还没有标价的新款A汽车看了又看，张欣注意到这位客户的这一举动，急忙迎上前去对他说："您好，欢迎您光临我们店，这款A是刚刚到店的，也是今年的新款，要2月份才上市，您可以感受一下。"说着他将驾驶室的车门打开了，让客户亲自感受，客户体验后很是满意。张欣见此状况又将该车的发动机等部位展示给这位客户，并对客户说："如果您满意的话，您可以先留个电话，等这款车一上市我可以打电话通知您。"客户："可是我下周就想提车的……"这时，客户又看见了旁边的B，但是B的价格要高于A几万元。如果你是张欣，你该怎么办呢？怎样才能使这位客户与你成交呢？

【实训要求】

1）学生分组模拟促成交易。

2）注重着装、礼仪，语言恰当。

【实训设计】

1）每4～6名学生分为一组，分别扮演"张欣"和"客户"。

2）模拟谈判，促成交易。

3）互换角色模拟。

4）教师根据学生表现进行指导，选择优秀的"推销员"进行示范，并进行点评。

【实训评价】

实训评价表如表7-2所示。

表7-2 实训评价表

<table>
<tr><td colspan="2">被考评人</td><td colspan="2"></td><td colspan="2">考评地点</td><td colspan="2"></td></tr>
<tr><td colspan="2">考评内容</td><td colspan="6"></td></tr>
<tr><td colspan="2">考评指标</td><td colspan="2">考评标准</td><td>分值/分</td><td>自我评价/分</td><td>小组评议/分</td><td>实际得分/分</td></tr>
<tr><td rowspan="2">专业知识与技能掌握</td><td>促成交易的方法</td><td colspan="2">灵活运用促成交易的方法</td><td>20</td><td></td><td></td><td></td></tr>
<tr><td>课堂实训</td><td colspan="2">实训活动完成情况</td><td>30</td><td></td><td></td><td></td></tr>
<tr><td rowspan="4">通用能力培养</td><td>出勤</td><td colspan="2">按时到岗，学习准备就绪</td><td>10</td><td></td><td></td><td></td></tr>
<tr><td>道德自律</td><td colspan="2">自觉遵守纪律，有责任心和荣誉感</td><td>15</td><td></td><td></td><td></td></tr>
<tr><td>学习态度</td><td colspan="2">积极主动，不怕困难，勇于探索</td><td>10</td><td></td><td></td><td></td></tr>
<tr><td>团队分工合作</td><td colspan="2">能融入集体，愿意接受任务并积极完成</td><td>15</td><td></td><td></td><td></td></tr>
<tr><td colspan="4">合计</td><td>100</td><td></td><td></td><td></td></tr>
<tr><td colspan="7">考评辅助项目</td><td>备注</td></tr>
<tr><td colspan="3">团队之星</td><td colspan="4"></td><td rowspan="2">两项考评辅助项目是为了激发学生的学习积极性</td></tr>
<tr><td colspan="3">团队互评</td><td colspan="4"></td></tr>
</table>

注：1．实际得分＝自我评价×40%＋小组评议×60%。

2．考评满分为100分，59分及以下为不及格；60～74分为及格；75～84分为良好；85分及以上为优秀。

3．"团队之星"可以是本次实训活动中贡献突出者，也可以是进步最大者，同样可以是其他某一方面表现突出者。

4．"团队互评"是由评审团讨论后对各团队给予的最终评价。评审团由各团队组长组成。当各团队完成实训活动后，各团队组长先组织本团队内部进行商议，然后各团队组长将意见带至评审团，评价各团队整体工作情况，将各团队互评分数填入其中。

项 目 小 结

本项目主要介绍了促成交易的策略和方法。

促成交易的策略主要有：密切注意成交信号，当机促成交易的策略；保持积极的成交态度，促成交易的策略；帮助客户权衡利弊，达成满意成交的策略；留有余地，适时成交的策略；把握时机，随时促成交易的策略。

促成交易的方法主要包括：请求成交法，又叫直接成交法、直接请求成交法；假定成交法，又称假设成交法；选择成交法；从众成交法，又称排队成交法；局部成交法，又称小点成交法、避重就轻成交法；限期成交法；激将成交法；优惠成交法；保证成交法；最后机会成交法；让步成交法；饥饿成交法。

习 题

一、在线练习

在线练习 7

二、思考题

1. 促成交易的策略有哪些？
2. 成交的语言信号包括哪些？
3. 客户的购买行为信号通常表现为什么？
4. 促成交易的时机有哪些？
5. 请求成交法、假定成交法分别适用于哪些情况？
6. 推销人员在运用请求成交法、从众成交法时，应分别注意哪些问题？
7. 缔结契约的注意事项是什么？

三、案例分析题

“好事多磨”的卖车经历

2020 年 6 月 1 日，做水果批发生意的步先生带着爱人第一次来展厅看车，夏天到了，各种水果纷纷上市，步先生想在这个时间段大赚一笔，于是来展厅看看拉货用的车，又不想油耗太高，所以当时我为他推荐了菱智 1.5L 排量的 V3。刚开始步先生想要特惠版 5 座车型，而步先生的爱人想要的舒适版7座车型，甚至为此两人还发生了小小的争执，我通过争执的内容判断，步先生的爱人属于感性消费，不过这时候我心里已经开始明朗了，表面越是争执，蕴含着购车的确定性越大。通过近20分钟的沟通交流，我了解到真正的车主是步先生，他在市场拉水果，目前水果大量上市，生意红火，了解到他们经常出入的地方、他们的性格类型、他们的消费导向等。这一环节我的总结是：好的沟通询问能够引导客户，朝正确的方向进行推销工作，同时，通过询问能得到更多的资料，有利于进一步说服客户。考虑到他们做生意肯定会需要资金流动，于是我又向他们介绍了一下分期付款的好处，比如安装GPS可以免三年的盗抢险，他们一听非常感兴趣，但毕竟也是好几万的车，他们需要回家商量一下，临走时我把分期付款所需要的材料及申请表准备了一份给他们。

半个小时后，我给步先生发了短信："步先生您好，我是济南利航风行汽车销售顾问小刘，感谢你关注东风汽车。希望你早日成为东风车主，感受东风与济南利航带给您的全新感受，祝您天天开心，家庭美满。"

步先生和爱人第二次来展厅大概是三四天以后，他们说有朋友也开了一辆风行菱智1.5L七座，考虑到家用商用两不误，最后他们选择了七座，当天就提交了分期付款所需要的手续，这期间又出现了小小的插曲，因为信用卡原因客户资质不符合条件，这可能给客户带来了小小的反感，这时候我知道最需要耐心，帮客户分析水果马上上市，分期也需要一定的时间，实在不行就全款提车，当客户真正感受到你在为他着想时问题就迎刃而解了。所以在这个环节我总结出：推销之前准备工作一定要周全紧密，关键问题在于怎么做才能增加客户对自己的信任。

第二天一早，步先生来电说选择全款提车，说发完货就过来，中午他们第三次来到展厅，再次对车型进行试乘试驾，感觉非常满意，这时我一定要见机行事，不时夸赞先生太太眼光好，这下大批水果上市，又能大赚一笔。步先生说，借你吉言，咱们沟通得这么好，我相信你。此环节我的总结是：凡事要换位思考，站在客户立场上去思考问题，让客户觉得贴心、满意。在提车的时候问题又出现了，当时步先生带来一位资深司机，他带着听诊器来选车，要听发动机有没有杂音，我带他去看车，选好一辆车他试了一下说，不行，不要这一台，发动机有杂音。我说这款车现在卖得非常好，车源紧张，这个问题恐怕不好解决，肯定不会有质量问题，要不让我们专业的师傅检测一下？客户斩钉截铁地说不行，必须换车，小刘我也不是难为你，理解一下我吧，毕竟花这么多钱。实在没办法我申请了换车。我又得到教训，以后有客户选车一定要先检查车辆，细节决定成败。

换了新车，现在应该没问题了吧？正当大家都以为可以高枕无忧了的时候，客户的爱人又嫌车架号不好。虽然问题可笑，但要打消她不好的念头啊！于是我又拿出合格证进行了话题转移："姐，其实车架号是无所谓的，你看咱合格证号和发动机号多么吉利啊，发动机可是车辆的心脏啊！这才是最关键的。这车现在价格优惠，车源紧张，能买到这车您应该非常开心才对啊，咱们好事多磨。"

最终他们夫妻俩终于被我说服，并且决定提车。当时我最大的感受就是：成功者决不放弃，放弃者绝不成功！怎样在不同的场合运用不同的措辞，让别人信服，知道自己说话的目的是什么，把握住消费者的心理需求，从而引导购买决策和购买行为，这在推销环节中是非常重要的。

（资料来源：http://www.china-audit.com/lhd_6rvho3umcq86wqu5roq73pebe0io3700lmw_1.html.）

问题：小刘的推销为什么能获得成功？

实 训

一、能力训练

主题：恰当运用促成交易的策略与方法的训练。
课时：2 学时。
地点：教室。

1. 过程设计

1）发放案例资料，学生阅读资料。

2）每 2 名学生分为一组，分别扮演“推销员”和“客户”。

3）模拟推销，进行推销实践。在推销过程中，通过客户所表现出的各种成交信号，推销员有针对性地对客户采用不同的成交策略与成交方法。

4）互换角色模拟。

5）教师根据学生现场表现进行指导，选择优秀的“推销员”进行示范，并进行点评。

2. 实训目的

1）巩固所学的促成交易的策略与方法知识。

2）培养学生运用所学促成交易的策略与方法知识，正确识别客户所发出的成交信号，恰当合理地使用各种促成交易的方法。

3）采用听、说、实践的形式，拓展学生的思维，提高学生正确把握促成交易的策略与方法的能力。

4）最大限度地调动学生的积极性，使学生体会共同学习的重要性。

建议：课前教师可以让学生复习所学知识，查阅相关资料，然后在课程上应用于模拟实践中，同时为鼓励学生积极参与，可以采用发放奖品或计入平时成绩等奖励方式鼓励学生积极发言。

3. 案例资料

案例 1 某百货商场护肤品专柜前，一位客户正在独自挑选商品，从她的目光中不难看出她打算购买一种防晒产品，恰巧你所推销的护肤品中有几款是昨天刚到的防晒产品。

案例 2 国庆节到了，国美电器商城为了迎接国庆，特别搞了“买 200 减 50”的购物优惠活动，一些商家为了使自己的营业额能够超过其他商家，都出台了相应的优惠政策。

4. 讨论

1）案例 1，假如你是××品牌的推销员，恰巧你所推销的防晒产品中有几款是昨天刚到的新品，且此时客户正朝你走来，你准备以哪种方法来促成这笔交易？

2）案例 2，请你以创维公司推销员的身份，采用优惠成交法或从众成交法来促成一笔交易。

二、实战演习

1. 实战准备

1）把学生分成组，每组 4～7 人，让他们分别去到各种类型的商品流通企业。

2）学校组织货源，学生进行产品销售。

2. 实战目的

1）通过学生亲自去到各种类型的商品流通企业，观察、学习推销员使用促成交易的策略与方法的技巧。

2）通过学生进行产品推销，提高自身使用促成交易策略与方法的能力。

3. 实战方案

1）教师事先和商品流通企业联系，约好时间，带领学生前去；或者让学生利用课余时间自己去。

2）学生认真观察，并做好记录。观察记录时主要围绕以下问题。

① 推销员是从哪些方面觉察出客户具有购买意图的？

② 推销员运用了哪些促成交易的策略和方法？

③ 你认为应采用哪些促成交易的策略和方法？

3）每个小组的学生认真完成书面报告，并在课堂上汇报交流，为以后的讨论打下基础。

4）学生在产品推销过程中，要记录哪些是客户所发出的购买信号、每一种购买信号所代表的意义及推销员针对不同的购买信号所采取的促成交易的方法，推销结束后要进行总结、介绍。也可就此进一步开展课堂讨论或课堂模拟。

项目8 网络促销

任务8.1 认识网络促销

任务目标

1. 知识目标

1）理解网络促销的含义。
2）掌握网络促销的选择。

2. 能力目标

能够制定网络促销组合。

3. 素质目标

创新意识。

故 事

化整为零出奇效

1945年战败的德国一片荒凉，一个德国年轻人在街上喊："卖收音机，卖收音机!"可由于当时在盟军占领下的德国，已禁止制造收音机，即使卖收音机也违法的。后来，这位年轻人将组合收音机的所有零件全部准备好，一盒一盒以玩具卖出，让客户动手组装。这一做法果然奏效，他一年内卖掉了数十万盒。

（资料来源：https://site.china.cn/zixun/20200106/n24136.html.）

启示 创意很重要，没有好创意的推销工作将举步维艰。

情景导入

支付宝在2016年春节期间推出的集五福活动一直延续至今，吸引了越来越多的人下载和使用支付宝扫码。

第一轮AR扫任意"福"字，让所有的支付宝用户都有机会获得各种福卡，没有集齐的用户，可以找朋友互换，而这就要通过加好友或者加群来实现。第二轮福卡，通过蚂蚁森林种树或给好友浇水，即有机会获得福卡……所有的方式，都是为了让用户更多地使用支付宝的各个功能。

支付宝通过集五福活动，流量、注册量、互动等各项数据都直线飙升。通过支付宝、微信、QQ等渠道分享"吱口令"的方式，活动得到了更广泛的传播，这无论是对支付宝的营销，还是其他企业参与的营销来说，都是双赢的局面。

思考：支付宝选择了哪些网络促销组合？

知识储备

8.1.1 网络促销的含义及特点

1. 网络促销的含义与类型

网络促销是指利用计算机及网络技术向网络目标市场传递有关企业及产品的信息，以引发消费者需求，唤起消费者购买欲望和促成消费者购买行为的活动。

网络促销产品的类型如表 8-1 所示。

表 8-1 网络促销产品的类型

产品形态	产品种类	产品品种
实体产品	普通产品	一般为有形产品，如服装、家电、食品等
虚拟产品	软件	系统软件、应用软件和电子游戏
	服务	普通服务，如医疗服务、法律服务、金融服务等
		信息咨询服务，如市场调查、投资咨询等
		网络营销服务，如网站建设和维护

传统的促销形式主要有四种：广告推销、销售促进、人员推销、宣传推广。网络促销相应的形式也有四种：网络广告、网络销售促进、网络公关、网络推广。其中网络广告和网络销售促进是网络促销的主要形式。

2. 网络促销的特点

第一，网络促销通过网络技术传递企业及产品信息。它是建立在计算机与通信技术基础之上的，并且随着计算机和网络技术的不断改进而改进。

第二，网络促销是在虚拟市场上进行的。这个虚拟市场就是互联网，互联网是一个连接世界各国的网络，它在虚拟的网络社会中聚集了广泛的人口，融合了多种文化。

第三，网络促销突破了地域的限制。网络促销在全球统一大市场中进行，全球性的竞争迫使每个企业都必须学会在全球统一大市场上做生意。

8.1.2 网络促销组合

1. 网络促销组合的含义

网络促销组合是指企业根据网络促销的需要，以网络为媒介，对网络广告、网络销售促进、网络公关、网络推广四种网络促销方式进行适当选择和组合，最终实现整体促销效果的企业营销活动。

（1）网络广告

网络广告就是在网络平台上投放的广告，是企业运用网络媒体发布企业的产品信息，对企业和产品进行宣传推广。

（2）网络销售促进

网络销售促进就是在网上市场利用销售促进工具刺激客户对产品的购买，其主要的形式有网上折价促销、网上变相折价促销、网上赠品促销、网上抽奖促销、积分促销、网上联合促销、拍卖促销、免费促销等。

（3）网络公关

网络公关又叫线上公关或 e 公关，它利用互联网的高科技表达手段营造企业形象，为现代公共关系提供了新的思维方式、策划思路和传播媒介。

（4）网络推广

网络推广是企业通过对网络营销站点的宣传推广，以吸引客户访问，树立企业网上品牌形象，促进产品销售。

2. 网络促销组合的选择

企业类型不同、企业发展阶段不同和产品生命周期不同，网络促销组合的选择不同。另外，产品类型、促销方式、网络促销目标、经济前景等其他因素的影响，也使网络促销组合的选择有所不同。

（1）企业类型因素分析

按照企业规模大小，可分为大、中、小三类企业。这三种类型的企业都可以选择网络广告。

按照企业是否生产产品，可分为生产制造型企业和商业型企业。生产制造型企业的网络广告侧重于宣传产品的质量、功能及产品的相关反馈信息，而商业型企业则侧重于企业形象的宣传。

（2）企业发展阶段因素分析

在企业成长阶段，企业主要是通过网络宣传新产品，而且促销广告呈现单一化的特点。

在企业再生与成熟阶段，既有老产品的巩固性广告促销，又有新产品的开拓性广告促销，这一阶段呈现二元化特点。

在企业老化阶段，企业采取的网络广告促销也会同它的逐步衰老一样墨守成规，有的会呈现多元化的特点。

（3）产品生命周期因素分析

在产品导入期，应用网络广告进行促销。在产品成长期，应用网络广告重点宣传企业及产品品牌。在产品成熟期，企业要重视网络广告、销售促进策略，主要目的是稳定市场、稳固销售量。在产品衰退期，企业几乎不用网络广告手段促销，但仍有必要实施销售促进和公共关系策略。

（4）其他因素分析

1）产品类型。网络广告是消费品的主要网络促销工具，人员促销是产业用品的主要促销工具，销售促进对这两者同等重要。

2）促销方式。网络促销的推式战略，是指企业利用网络渠道，主动将产品推给网络中间商，然后依次层层下推，直到消费者手中。网络促销的拉式战略，是指企业针对最终消费者，投入大量资金从事促销活动，增进产品的需求，以此拉动整个销售渠道。总体上讲，老企业的网络促销应更多地采用网络拉式战略，而新企业的网络促销则应从网络推式战略开始。

3）网络促销目标。网络促销目标可分为两种：一是提升企业形象；二是提高销售量。如果以提升企业形象为主要目标，企业就要以网络公关策略为重；如果以提高销售量为主要目标，企业就要以网络销售促进策略为重。

4）经济前景。在通货膨胀时期，购买者对价格十分敏感，这时企业应提高对网络销售促进的投入，相对减少对网络广告的投放；在通货紧缩时期，企业则应提高网络广告的投放量，相对减少促销投入。

课堂实训

网络促销组合

【实训条件】

×××作为全球老牌洗发水品牌之一，随着近几年竞争对手的持续发力，洗发水市场的不断细分，新品的层出不穷，×××如今面临着品牌老化的问题。

【实训要求】

1）如何利用年轻人喜欢的方式与他们建立联系，传达品牌的年轻化与“实力”理念，拓展年轻人用户市场，继续提升销量？

2）学生分组做方案 PPT。

3）应用网络促销组合。

【实训设计】

1）每 4～6 名学生分为一组。

2）每组派一人讲解方案，教师根据学生表现进行指导，并进行点评。

【实训评价】

实训评价表如表 8-2 所示。

表 8-2 实训评价表

被考评人				考评地点		
考评内容						
考评指标		考评标准	分值/分	自我评价/分	小组评议/分	实际得分/分
专业知识与技能掌握	网络促销的含义及特点	掌握网络促销的含义及特点	15			
	网络促销组合	灵活运用网络促销组合	15			
	课堂实训	实训活动完成情况	20			
通用能力培养	出勤	按时到岗，学习准备就绪	10			
	道德自律	自觉遵守纪律，有责任心和荣誉感	15			
	学习态度	积极主动，不怕困难，勇于探索	10			
	团队分工合作	能融入集体，愿意接受任务并积极完成	15			
合计			100			
考评辅助项目					备注	

续表

团队之星		两项考评辅助项目是为了激发学生的学习积极性
团队互评		

注：1. 实际得分＝自我评价×40%＋小组评议×60%。

2. 考评满分为100分，59分及以下为不及格；60～74分为及格；75～84分为良好；85分及以上为优秀。

3. “团队之星”可以是本次实训活动中贡献突出者，也可以是进步最大者，同样可以是其他某一方面表现突出者。

4. “团队互评”是由评审团讨论后对各团队给予的最终评价。评审团由各团队组长组成。当各团队完成实训活动后，各团队组长先组织本团队内部进行商议，然后各团队组长将意见带至评审团，评价各团队整体工作情况，将各团队互评分数填入其中。

任务8.2　掌握网络促销策略

1. 知识目标

1）掌握网络广告的分类、策划、发布。

2）掌握网络公关的分类及传播过程。

3）掌握网络危机公关的5S原则及处理。

4）掌握网络销售促进、网络公关及网站推广的方式。

2. 能力目标

1）能进行网络广告的策划、发布。

2）能合理运用网络促销策略的不同方式实现促销目的。

3. 素质目标

勤于思考；创意思维。

怎样找出空肥皂盒

有一家大的化妆品公司发生了一起空肥皂盒事件。这家公司接到了一份投诉，一位客户抱怨说他买的一盒肥皂是空的。于是，这家公司立刻停了生产线，从包装部门到销售部门全部开始自查，直到找出肥皂到底是在哪一个环节遗失的。

经理要求工程师解决这个问题，很快，工程师设计了一个配备高分辨率监视器的X光设备，它需要两个人来监控通过生产线的肥皂盒，以保证其中没有空盒。无疑，他们很成功，但干得也很辛苦。

一家小型化妆品公司也遇到了同样的情况，但是一名普通的雇员用另一种方法解决了这个问题。他没有使用X光监视器，也没有使用其他的昂贵设备，而是买了一个大功率的工业风扇，他把风扇摆在生产线旁，装肥皂的盒子逐一在风扇前通过，只要是空盒便会被吹离生产线。

（资料来源：http://www.wtoutiao.com/p/1dc9yaF.html.）

启示 工程师很努力，但是小公司雇员的方法更巧妙。推销员如果能把勤奋和巧妙结合起来，就拥有了通向成功的钥匙。

情景导入

目前，在抖音上入驻的众多智能手机之中，vivo 手机在抖音上已经取得了自己的一席之地。下面就来看看 vivo 是怎么做的。

1. 有着自己的底蕴

vivo 的营销已经遍布电视、街头广告牌、网络之中，形成了自己的方阵，并且取得了不俗的成绩。但是随着网络平台的更新换代，vivo 手机也需要不断地更新营销策略，以适应不同的平台。抖音的下载量、播放量和影响力让它成为 vivo 手机觊觎的一块蛋糕，所以为了将产品与抖音平台对接成功，vivo 在网络营销方面花了不少力气。

2. 打好坚实基础

vivo 产品已经有了一定的知名度，所以它在抖音上注册了自己的专属账号，着力打造网红官抖。这只是开场的第一步，怎样经营自己的账号，让视频播放量达到预期值，成为 vivo 官方账号接下来的重要工作。

3. 专属抖音策略

抖音上的网红很多，vivo 手机立足抖音的一个重要基点就是成为一款网红手机。vivo 要想成为网红，就必须让自己有话题、有热点，只有这样才能让年轻人参与其中。vivo 手机通过总结抖音受众的特点，将自己的话题大致分成以下四类。

1）选择明星或者网红代言。明星和网红自带流量，粉丝会好奇自己的爱豆与产品之间会碰撞出什么样的火花，这既能让粉丝观看，也能通过粉丝进行二次传播，例如粉丝通过微信转发到朋友圈等。

2）通过受众福利，引导抖音受众参与话题，上传自拍视频。vivo 通过随机抽取他们的自拍视频来赠送福利。

3）利用抖音上火爆的音乐和视频，将内容的主角变成产品，以此来进行推广。

4）进行科普宣传。抖音上有很多科普大神，通过他们将产品的特性和更新细节进行介绍，能够吸引科普爱好者的目光。

4. 抓住抖音推荐机制

vivo 现在已经变成了一款抖音网红产品，在 vivo 手机的应用商城中，抖音已经在推荐 App 之列了。vivo 手机之所以能够在抖音平台上进行宣传，是因为产品想要与时俱进、创新进步，因此在入驻抖音之前，它进行了大量的测试和观察，探索出营销走向和应用手段，很幸运的是，它现在不仅成了一款抖音网红，而且通过抖音让产品与消费者的距离拉近了很多。

（资料来源：https://www.jz08.com/article/6589.html.）

思考：vivo 在网络促销中运用了哪些策略？具体内容是什么？

知识储备

8.2.1 网络广告

网络广告于 1994 年 10 月 27 日发源于美国，著名的 Hotwired 杂志推出了网络版 Hotwired，并首次在网站上推出了网络广告，这标志着网络广告的正式诞生。中国的第一个商业性网络广告出现在 1997 年 3 月，传播网站 Chinabyte，IBM 为 AS400 的宣传付了 3000 美元。广告表现形式为 468×60 像素的动画旗帜广告。IBM 和 Intel 是国内最早在互联网上投放广告的广告主。网络广告具有得天独厚的优势，是实施现代营销媒体战略的重要一部分。

1. 网络广告的分类

（1）根据操作方法分类

1）单击广告。单击广告指通过单击可进入相应页面的网络广告，如按钮广告、旗帜广告等。

2）展示广告。展示广告指自身只传递信息而不提供点击、不含交互的页面，最常见的是以企业形象为内容主题的广告。

3）投递广告。投递广告是一种特殊的出现形式广告，主要途径是利用电子邮件发送广告宣传，下载文件或程序时携带广告。

（2）根据网络广告的规格型号分类

1）横幅广告。横幅广告又称旗帜广告（banner），一般位于网页的最上方或中部，用户注意程度比较高。

2）竖幅广告。竖幅广告是利用网站页面左右两侧的竖式广告位置而设计的广告形式。

3）通栏广告。通栏广告一般位于网页页面中部，贯穿整个页面的广告。

4）标志广告。也称 logo 广告，通常用来宣传商家的商标或特定标志。

5）按钮广告。按钮（button）广告是一种小面积的广告形式，可能是一个企业的标志，也可能是一般的形象图标，单击按钮可链接广告主，它可出现在主页任何位置。

6）浮动广告。浮动广告是一种在页面沿一定轨迹浮动的广告。

7）插播式广告（弹出式广告）。插播式广告是一种在线广告形式，当用户进入网页时，自动开启一个新的页面，以吸引用户直接到相关网址浏览，从而起到宣传的效果。

8）全屏广告。全屏广告指在用户打开浏览页面时，该广告将以全屏方式出现，3～5 秒后逐渐收缩成顶部横幅/按钮或消失不见的广告形式。

9）背投广告。背投广告是指打开网页或单击某一链接时自动弹出的广告，在浏览网页的后面，当关闭浏览网页时会看到。

（3）根据网络广告的表现形式分类

1）主页型广告。主页型广告指企业将所要发布的信息内容分门别类地制作成主页，放在企业网站或网络服务商的网站上。

2）文字链接广告。文字链接广告指只有文字的广告，也称在线分类广告，是以一行文字作为一个广告，单击后可以进入相应的广告页面。

3）电子邮件广告。电子邮件广告指通过互联网以电子邮件的形式将广告发到用户电子邮箱的网络广告形式，它针对性强，传播面广，信息量大，其形式类似于直邮广告。

4）赞助式广告。赞助式广告是一种广告投放传播的方式，而不仅仅是一种网络广告的形式。它可能是通栏式广告、弹出式广告等形式中的一种，也可能是包含很多广告形式的打包计划，甚至是以冠名等方式出现的一种广告形式。

5）竞赛与促销广告。竞赛与促销广告是指广告主和广告商网站在整个站点或重要栏目范围内，共同合办的网上竞赛和网上促销推广活动。

6）互动游戏式广告。互动游戏式广告是指互联网游戏过程中随时出现的广告主产品或服务的广告。

7）富媒体广告。富媒体广告是指综合运用了 Flash、视频和 Javascript 等程序语言技术制作的，具有复杂视觉效果和交互功能的网络广告。

8）流媒体广告。流媒体广告集音频、视频及图文于一体。在媒体表现方面，信息传递更直接、表达内容丰富，与传统的多媒体播放形式相比，流媒体可以实现边下载边播放。

9）关键字广告。关键字广告是指每则广告都会提供一些关键字，当客户使用搜索引擎搜索到这些关键字的时候，相应的广告就会显示在某些相关网站的页面上，以快捷、灵活、迅速的方式给客户以大量的相关信息。

10）画中画广告。画中画广告是指在文章里强制加入广告图片，如在新闻里加入 Flash 广告，这些广告和文章混杂在一起，读者有时无法辨认是新闻图片还是广告。

11）对联广告。对联广告固定出现在页面第一屏左右两侧，广告表现空间充分，视觉冲击力强。

12）旗帜广告。旗帜广告是横跨网页上方或下方的小公告牌，当用户单击时，鼠标就会将他们带到广告主的网站或缓冲储存页中。

2. 网络广告的策划

（1）确定网络广告的目标

确定网络广告目标的目的是通过信息沟通使访问者产生对品牌的认识、情感、态度和行为的变化，从而实现企业的营销目标。

（2）确定网络广告的目标群体

确定网络广告希望让哪些人来看，确定他们是哪个群体、哪个区域。只有让合适的用户来参与广告信息活动，才能使广告有效地实现其目标。

（3）进行网络广告创意及策略选择

1）要有明确有力的标题。广告标题是一句吸引访问者的带有概括性、观念性和主导性的语言。

2）简洁的广告信息。

3）发展互动性，如在网络广告上增加游戏功能，提高访问者对广告的兴趣。

4）合理安排网络广告发布的时间因素。网络广告的时间策划是其策略决策的重要方面。它包括对网络广告时限、频率、时序及发布时间的考虑。

5）正确确定网络广告费用预算。公司首先要确定整体促销预算，再确定用于网络广告的预算。整体促销预算可以运用量力而行法、销售百分比法、竞争对等法或目标任务法来确定。

6）设计好网络广告的测试方案。

（4）选择网络广告发布渠道及方式

网上发布广告的渠道和形式众多，各有长短，企业应根据自身情况及网络广告的目标，选择网络广告发布渠道及方式。目前，可供选择的渠道和方式主要如下。

1）主页形式。建立自己的主页，是一种必然的趋势。从今后的发展看，企业的主页地址也会像企业的地址、名称、电话一样，是独有的，是企业的标志，将成为企业的无形资产。

2）网络内容服务商，如新浪、搜狐、网易等，这些网站的访问量非常大，是网上最引人注目的站点。

3）专业类销售网。这是一种将专业类产品直接在互联网上进行销售的方式。

4）企业名录。这是由一些 Internet 服务商或政府机构将一部分企业信息融入他们的主页中，只要用户感兴趣，就可以通过链接进入选中企业的主页。

5）免费的 E-mail 服务。利用这一优势，能够帮助企业将广告主动送至使用免费 E-mail 服务的用户手中。

6）黄页形式。在 Internet 上有一些专门用以查询检索服务的网站，这些站点就如同电话黄页一样，按类别划分，便于用户进行站点的查询。

7）网络报纸或网络杂志。对于注重广告宣传的企业来说，在这些网络报纸或杂志上做广告，也是一个较好的传播渠道。

8）新闻组。新闻组是人人都可以订阅的一种互联网服务形式，广告主可以选择与本企业产品相关的新闻组发布公告，这将是一种非常有效的网络广告传播渠道。

3. 网络广告的发布

以在淘宝网发布网络广告为例。

1）登录淘宝网，填写“账户登录”信息，单击“登录”按钮，如图 8-1 所示。

图 8-1　登录淘宝网

2）选择“卖家中心”选项，如图 8-2 所示。

图 8-2　选择“卖家中心”选项

3）在打开的页面中单击“店铺装修”按钮，如图 8-3 所示。

4）在打开的页面中单击“编辑”按钮，如图 8-4 所示。

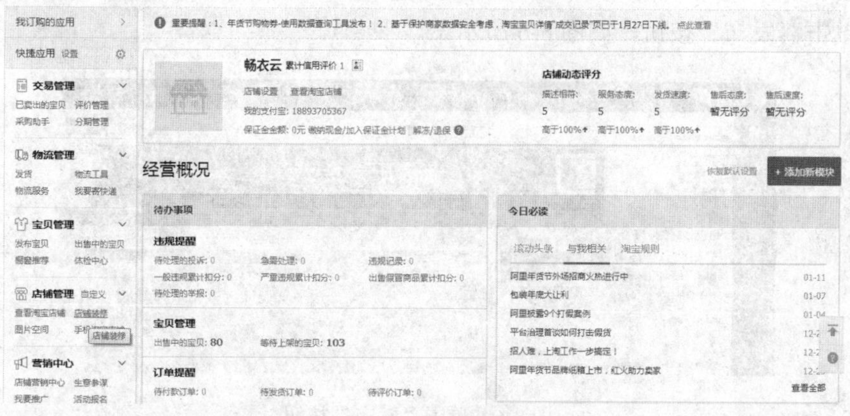

图 8-3　单击“店铺装修”按钮

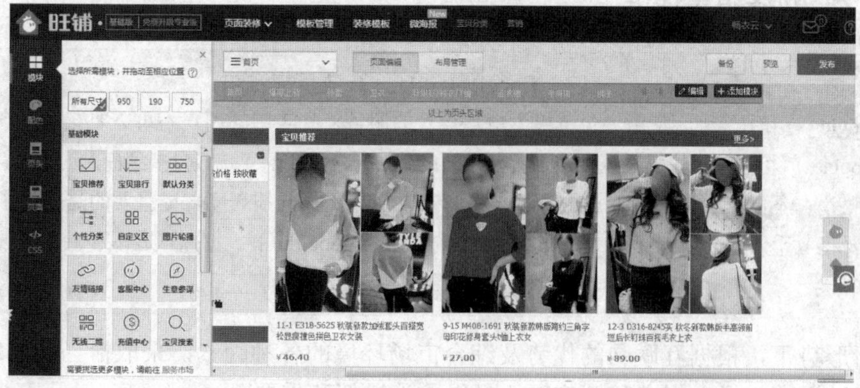

图 8-4　单击“编辑”按钮

5）填写“招牌内容”，可以添加图片、文字等，如图 8-5 所示。

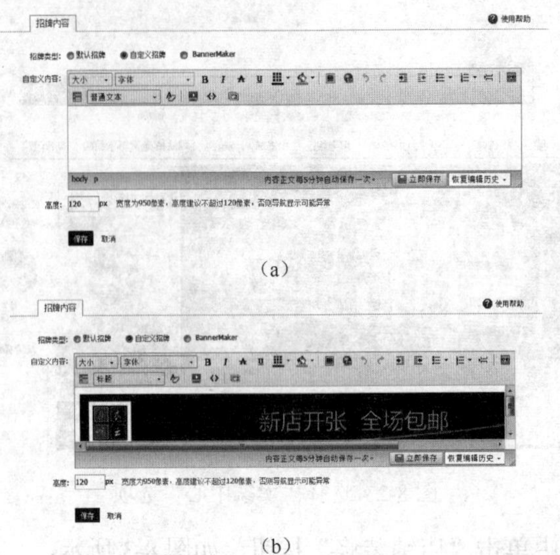

（a）

（b）

图 8-5 填写“招牌内容”

6）单击“发布”按钮，如图 8-6 所示。

图 8-6 单击“发布”按钮

8.2.2 网络销售促进

Google 免费电话查询

Google 采用了一种为使用者免费提供电话查号的服务，让美国的用户不再需要花钱去查号，只要上 Google 就可以免费快捷地查到号码，因此用户非常愿意使用，用户数量多到惊人的程度。Google 的收益呢？它不仅仅收获了大量点击率带来的广告收益与更大的知名度，更重要的是获得了找调查公司需要花上千万美元才能获得的数据资料，这些资料是 Google 下一步打算进军手机语音搜索市场所必需的。

在新形势下，根据互联网的优势及综合市场环境的各种因素，采取恰当的网络销售促进的方式以提高市场占有率和销售额，显得尤为迫切和重要。

网络销售促进的主要方式介绍如下。

1. 网上折价促销

网上折价促销是指在目标客户购买产品时，给予不同形式的价格折扣的促销手段。

2. 网上变相折价促销

网上变相折价促销是指在不提高或稍微增加价格的前提下，提高产品或服务的品质和数量，较大幅度地增加产品或服务的附加值，让消费者感到物有所值。

3. 网上赠品促销

网上赠品促销是指购买商品时，可获得商家赠送的另一种物品。选择促销赠品一般遵循三个原则：保持与产品的关联性、设计程序简单化、不夸大赠品的价值。

4. 网上抽奖促销

在进行有奖促销时，提供的奖品要能吸引促销目标市场的注意。同时，要会充分利用互联网的交互功能，充分掌握参与促销活动群体的特征和消费习惯，以及对产品的评价。

5. 积分促销

积分促销可以增加用户访问网站和参加活动的次数，提高网站用户的忠诚度及网站的知名度等。

6. 网上联合促销

网上联合促销是指两个以上的企业或品牌合作开展促销活动。

7. 拍卖促销

拍卖促销是指将产品不限制价格在网上拍卖。

8. 免费促销

免费促销是通过为用户无偿提供用户感兴趣的各类资源，吸引用户访问，以提高站点流量，并从中获取收益。

8.2.3 网络公关

2001年我国开办了“中国公关网”，企业自身的公关网络更是如雨后春笋般生长起来，中国公关业和企业有了自己的门户网站和宣传平台，可以以最快的速度向国内外发布企业的信息。处理好网络公关对于国家、企业、个人等都具有重要的意义。

1. 网络公关的主要形式

1）网站。可通过网站发布企业重大新闻事件或开设新闻专题，向更广泛的受众全面传达企业信息。

2）网络论坛（BBS）。了解最新的组织舆论，回答论坛里关于组织的问题；及时应对负面信息；主动提供关于组织的有用信息，加强和受众的关系。

3）开办微博、微信公众号。不要试图删帖、及时回应评论，借助网络口碑树立良好的企业现象。

4）开办网上社区、即时通工具。加强与网民互动。

5）电子邮件。直接建立与媒体记者、股东等重要公众的联系，通过电子邮件知晓其最新的需求，发送信息并建立感情。

2. 网络公关的分类

网络公关主要表现在两种状态下：一种是常态，另一种是危机事件状态。

（1）常态下的网络公关

1）网站的日常工作。网站除了可以进行产品展示、企业经营理念介绍等之外，还可以进行有目的的公关信息的发布。

2）利用其他网络渠道进行公关信息传播。

3）舆情监控。

（2）危机事件状态下的危机公关

1）网络危机公关。网络危机公关是指利用互联网对企业的相关品牌形象进行公关，尽可能地避免在搜索企业的相关人物与产品服务时出现负面信息。

2）危机公关 5S 原则。危机公关 5S 原则包括承担责任（shouldering the matter）原则、真诚（sincerity）沟通原则、速度（speed）第一原则、系统（system）运行原则、权威（standard）证实原则。

3）危机公关常分为以下三个阶段。

危机监测预警阶段：该阶段网络具体的任务是收集与组织直接相关的事实性或意见性信息，收集组织的利益相关者（如有关管理部门、投资者、用户、合作伙伴等）及竞争对手的态度与行为等信息，收集与组织发展相关的社会环境、经济形势、市场环境、社会文化的变化。

危机中管理阶段：公众沟通、反馈监测、网络谣言应对、话题转移。

危机恢复管理阶段：跟踪监测危机的长期影响、维护长效沟通机制。

对于企业而言，除了在面对危机时妥善处理外，同时也要在危机中寻找潜在的成功因素，从而为避免日后危机的重现做好预警工作，这便是危机公关的精髓所在。

3. 网络公关的传播过程

网络公关属于传统公关范畴。与平面媒体、广播电视媒体的公关相同，网络公关也是在解决“传播什么、向谁传播、在何处传播”的问题。

（1）确定传播内容

传播内容取决于传播目的。与传统公关目的相同，网络公关的目的也存在于两个层面：一是组织层面，提升组织的知名度，塑造良好的组织形象；二是产品层面，宣传组织的产品特色、优势，促进产品销售。

（2）确定传播对象

“向谁传播”即确定网络公关的受众。网络公关的受众分为两大类型：一种是围绕组织，由利益驱动形成的垂直型网络用户，包括投资者、供应商、分销商、客户、雇员及目标市场中的其他成员；另一种是围绕某一主题形成的横向网络用户，包括竞争对手、行业协会、联合会等。目前网络公关逐渐成为组织与内外公众沟通的主要方式。

（3）选择合适的媒体

“在何处传播”是媒体选择的问题。一般来说，网络公关的媒体是互联网，但是为了取得最佳传播效果，目前许多企业组织采取网络媒体与传统媒体相结合的方式。两者结合又有两种模式，一是先传统媒体后网络媒体；二是先网络媒体后传统媒体。常用的是第一种模式。

1）先传统媒体后网络媒体的模式是，传播从少部分平面媒体开始，到网络媒体的转载，通过网络高强度的传播力，把消息迅速扩大，从而引发相关媒体的关注和跟踪，形成又一轮的平面媒体聚焦，形成“逆向二次传播”，实现最大的传播效果。

2）先网络媒体后传统媒体的模式，主要用于特殊事件和信息，如尚未最终核实的信息或太新太快的信息，可以先实施网络传播，寻找合适的关键信息，在最恰当的网络媒体上发布。通过专业网站的第一时间发布，随后报纸等其他传统媒体根据网络开始新闻跟踪。

8.2.4 网络推广

网站建设完成后的首要工作应该就是网站推广。无论是对展示型的企业网站还是以营销为目的的网站来说，获得正常的流量都很重要。经过推广的网站可以快速获得统计数据和反馈信息，更好地提高企业知名度、宣传企业产品、提高企业收益。

目前，网络推广主要采取搜索引擎注册、利用网络链接、发送电子邮件、发布新闻、提供免费服务、发布网络广告等方式进行。

绝大多数人上网查询信息使用的都是搜索引擎，访问量最大的也是门户网站。因此，将网站推广到这些门户网站上，每多一家，网站的访问量就会增加。因此，全面地做推广才能使自己的网站有较高的访问量。

国内百度、新浪、网易、搜狐四大中文网站知名度高、访问量大，而且很多国外用户也浏览这些网站，在它们上面做推广，效果是最好的；其次是竞价排名，竞价排名可以按照自己的资金情况来确定自己的排位，而且在很多网站都可以搜到自己的网站，有很大的推广面。

课堂实训

策划网络广告

【实训条件】

1991 年，在福建晋江的一家制鞋作坊门口第一次挂上了安踏的标志，经过二十几年的发展，安踏体育用品有限公司现已成为国内最大的综合体育用品品牌公司。安踏主要从事设计、开发、制造和行销安踏品牌的体育用品，包括运动鞋、服装及配饰。

2017 年，安踏体育市值突破千亿港元，成为国内运动品牌千亿市值企业，在全球范围内成为第三大运动品牌。2019 年 10 月 29 日，国际奥委会在瑞士洛桑国际奥林匹克博物馆举行仪式，正式宣布中国体育品牌安踏成为国际奥委会官方体育服装供应商。

【实训要求】

1）为安踏运动鞋进行网络广告策划，写出简单的策划方案。

2）为安踏运动鞋做销售促进方案。

3）有创新、有趣味性、有效果。

【实训设计】

1）每 4～6 名学生分为一组，并指定一名组长。

2）每组策划一个安踏的网络广告。

3）学生展示方案，教师点评。

【实训评价】

实训评价表如表 8-3 所示。

表 8-3　实训评价表

被考评人			考评地点			
考评内容						
考评指标		考评标准	分值/分	自我评价/分	小组评议/分	实际得分/分
专业知识与技能掌握	网络广告	掌握网络广告分类，会策划网络广告	10			
	网络销售促进	掌握网络销售促进方式并正确运用	10			
	网络公关	掌握网络公关种类、过程，危机公关的处理	10			
	网络推广	掌握网络推广的方式	10			
	课堂实训	实训活动完成情况	10			
通用能力培养	出勤	按时到岗，学习准备就绪	10			
	道德自律	自觉遵守纪律，有责任心和荣誉感	15			
	学习态度	积极主动，不怕困难，勇于探索	10			
	团队分工合作	能融入集体，愿意接受任务并积极完成	15			
		合计	100			
考评辅助项目						备注
团队之星						两项考评辅助项目是为了激发学生的学习积极性
团队互评						

注：1. 实际得分＝自我评价×40%＋小组评议×60%。

2. 考评满分为 100 分，59 分及以下为不及格；60～74 分为及格；75～84 分为良好；85 分及以上为优秀。

3.“团队之星”可以是本次实训活动中贡献突出者，也可以是进步最大者，同样可以是其他某一方面表现突出者。

4.“团队互评”是由评审团讨论后对各团队给予的最终评价。评审团由各团队组长组成。当各团队完成实训活动后，各团队组长先组织本团队内部进行商议，然后各团队组长将意见带至评审团，评价各团队整体工作情况，将各团队互评分数填入其中。

项目小结

本项目主要介绍了网络促销的含义、选择及其策略。

网络促销是指利用计算机及网络技术向网络目标市场传递有关企业及产品的信息，以引发消费者需求，唤起消费者购买欲望和促成消费者购买行为的活动。

企业类型不同、企业发展阶段不同和产品生命周期不同，网络促销组合的选择不同。另外，产品类型、促销方式、网络促销目标、经济前景等其他因素的影响，也是网络促销组合的选择有所不同。

网络促销的策略主要有网络广告、网络销售促进、网络公关、网络推广。

习 题

一、在线练习

在线练习 8

二、名词解释

1. 网络促销
2. 网络广告
3. 网络销售促进
4. 网络公关
5. 网络推广

三、思考题

1. 网络促销有哪些特点？
2. 在产品生命周期应分别采用哪些促销策略？
3. 简述网络广告的分类。
4. 网络危机公关分为哪三个阶段？
5. 简述网络公关的传播过程。
6. 简述网络广告、网络销售促进、网络公关、网络推广的主要方式。

四、案例分析题

案例 1 2018 年星巴克致癌事件

2018 年 3 月 29 日，一个名为“澳洲 Mirror”的公众号撰写了一篇文章:《星巴克最大丑闻曝光，全球媒体刷屏！我们喝进嘴里的咖啡，竟然都是这种东西……》。文章中作者宣传“喝星巴克咖啡致癌，是被隐瞒了 8 年的真相……”，3 月 29 日，洛杉矶高等法院法官裁定星巴克公司和其他咖啡公司必须在加州销售的咖啡产品上贴上癌症警告标签，因为其在烘焙过程中产生的化学物质会致癌。

对于这次危机，星巴克方的反应则显得相对平静，只通过媒体记者的采访给出回应，而非主动回应。从媒体报道可查出，星巴克对此事做出过两次回应。

第一次在 3 月 31 日，有媒体向星巴克中国求证，被告知，该裁决并不针对星巴克一家，而是针对整个咖啡行业。目前，全美咖啡行业协会已就裁决发布公告，坚称咖啡是安全饮品，法院裁决误导公众。

第二次在 4 月 1 日，星巴克中国给出一份完整的声明，声明表示：星巴克始终坚持为客户提供高品质及安全可靠的食品与饮料，并致力于让客户感受优质的星巴克体验。

问题：分析星巴克此次危机公关管理。假设你是星巴克公关负责人，对该事你会如何处理？

案例 2　网络广告方式分析

登录某一个知名网站，查看网站首页。

问题：网站首页有哪些网络广告方式？

实　训

一、能力训练

主题：策划网络广告方案的训练。

课时：2 学时。

地点：教室。

1. 过程设计

1）发放案例资料，学生阅读资料。

2）每 2 名学生分为一组，策划网络广告方案，并制作 PPT。

3）每组学生派出一人讲解，教师进行点评。

2. 实训目的

1）巩固所学的网络促销知识。

2）培养学生运用所学网络促销知识实现目标。

3）采用听、说、实践的形式，拓展学生的思维，提高学生正确运用网络促销的能力。

4）最大限度地调动学生的积极性，使学生体会共同学习的重要性。

建议：课前教师可以让学生复习所学知识，查阅相关资料，然后应用于课程上的模拟实践中，同时，可以采用发放奖品或计入平时成绩等奖励方式鼓励学生积极发言。

3. 案例资料

“蚕丝被”又称“丝绵被”，是指填充料含有 50%以上桑蚕丝（柞蚕丝）的被褥类床上用品。按照填充料类型的不同，其中百分之百纯蚕丝的称作“丝绵被”。低于此标准，但高于50%的叫作“混合型”。按照制作加工方式的不同，可分为“手工”和“机制”两种。按照原料来源的不同，可分为“蚕丝被”和“柞蚕丝”。 桑蚕丝是世界公认的轻、柔、顺的绿色环保产品，也是世界上唯一的动物长纤维，素有“纤维皇后”之称。在西方，丝绸有“软黄金”之称。

桑蚕丝被不仅具有稀缺性，还有它独特的功效。

1）能够改善睡眠，调理机能。

2）具有良好的御寒力和透气性。

3）具有吸汗、排湿性能。

4）具有防螨、抗菌、抗过敏及亲肤的天性。

5）具有滋养肌肤，美容养颜功能。

6）天然轻柔、蓬松、顺滑。

4. 讨论

如何策划“蚕丝被”系列产品网络广告方案，宣传其品牌形象，提升其品牌的认知度。

二、实战演习

演习一

1. 实战准备

学生分成组，每组4～7人，让他们分别在淘宝或阿里巴巴网站上发布广告。

2. 实战目的

通过学生亲自在淘宝或阿里巴巴网站上发布广告，从而引导他们在其他课程中认真学习广告制作等相关知识。

3. 实战方案

1）准备有网络的机房。

2）学生在淘宝或阿里巴巴网站上发布广告。

演习二

1. 实战主题

网络广告、网络销售促进演练。

2. 实战目的

正确识别网络促销的形式。

3. 实战方案

访问新浪网、腾讯网或网易（任选其中一个比较熟悉的网站），了解该网站的网络广告形式，并列举至少四种形式的网络广告，从个人角度出发，对其网络广告效果进行评价，并说明原因；访问当当网或淘宝网，分析其运用了哪些促销方法。

项目9 客户管理

任务9.1 了解客户服务管理

任务目标

1. 知识目标

1）了解客户服务的含义。
2）掌握客户服务的类型。
3）掌握提高服务质量的方法。

2. 能力目标

能够正确分析客户服务的类型，为客户提供适合的产品和服务。

3. 素质目标

具有亲切、友善、热情、快速、周到的服务意识。

故 事

真诚为顾客服务

一天下午2点多钟，一对父子走进雅鹿柜组，“您好，欢迎光临雅鹿男装。”赵连洁快步上前接待并主动询问顾客的购买需求，通过交流得知父亲想为儿子购买一套适合参加毕业典礼的正装。

明白顾客需求后，赵连洁主动推荐了两款适合的正装，小伙子试穿后总感觉衣服太紧，活动不方便。细心的她发现小伙子来的时候穿的是运动装，联想到他可能穿惯了运动装，现在乍一穿正装不太习惯。于是耐心地为他们讲解了运动装和正装的区别：运动装弹性大，穿着舒服，适合日常休闲或者运动时候穿；西装是一种正式场合的服装，面料挺括，讲究塑形，所以穿上后给人以束缚感，没穿过正装的会感觉不太适应。这对父子对赵连洁的话将信将疑，还是感觉不太合适，想去别的柜组试试。赵连洁听后主动为这对父子指引了几个出售正装的柜组，并告知如没有合适的可以再回来试试。3点多钟，赵连洁正准备换衣服下班，父子俩又回来了，父亲又找到她说：“你说得真对，我们在别的柜组也试了几件，感觉还是你说的那样，我们就又回来了，还是你给我家孩子推荐合适的吧！”她笑着说：“好的，谢谢您的信任”。

赵连洁耐心地推荐款式，并热情地帮助小伙子试穿和搭配，最终他们非常满意地选购了一套正装、两件衬衣、一条腰带和一条领带。当他们带着商品离开时才了解到赵连洁早就过了下班的时间，感觉很不好意思，说：“实在太麻烦你了，下班了还接待我们。”赵连洁笑着说：“一点也不麻烦，我也怕别的同事再接待您不知道孩子穿的尺寸，会耽误您的时间，这都是我应该做的。”父子俩满意地离开了柜组。当天晚上他们通过微信联系到商场经理，对雅鹿柜组员工赵连洁的服务提出了表扬。

（资料来源：https://www.sohu.com/a/251510733_691805.）

启示 赵连洁在工作中以顾客的需求为重，耐心地为顾客挑选合适商品，牺牲个人时间也要让顾客满意，她真正做到了把“待客如己”的企业理念践行到工作中去，并用专业、热情、耐心的服务打动了顾客，为企业员工树立了好的榜样。

情景导入

麦德龙（METRO）公司创立于1964年，是世界500强企业之一，2020年处于世界500强企业第294位。

麦德龙最大的优势是从一开始就建立了信息管理系统与供应商共享。系统不仅保证了商品持续供应和低成本经营，而且记录了各类客户的采购频率和购物结构，准确反映了客户的需求动态和发展趋势，对客户需求变化迅速做出反应，从而最大限度地满足客户需求。

别人是等待客户，麦德龙则是主动接近客户。在中国，麦德龙每家店有若干客户咨询员。他们每天都跑出去拜访客户，了解客户需求。麦德龙按照客户离麦德龙商店的路程远近，将客户进行分类，对他们进行重点分析和研究。同时，麦德龙还对其客户（特别是中小型零售商）提供咨询服务。除定期发送资料外，麦德龙还组织“客户顾问组”，对客户购物结构进行分析，同主要客户进行讨论，帮助客户做好生意。

思考：如何评价麦德龙的客户管理？

知识储备

9.1.1 服务的含义

1. 单纯服务

> 客户去美容院美容和美发，客户与美容师之间是买卖美容护理，与理发师之间是买卖发型服务；旅客乘机，旅客与航空公司之间是买卖客运服务。

单纯服务指人与人之间在日常生活中的单纯劳务交易。

2. 附属服务

> 如果客户对订购的机器有特定的功能和规范要求，那么生产厂商就只能放弃正常的批量生产途径，而专门组织技术力量进行设计、加工、测试和包装等。

附属服务是指依附于产品买卖的劳务转让。

3. 事务性服务

事务性服务是指企业向客户提供的事务性帮助，如企业处理客户的退货、索赔等要求。

9.1.2 客户服务的含义

客户服务是在合适的时间、合适的场合，以合适的价格，通过合适的方式，为合适的客户提供合适的产品和服务，使客户的合适需求得到满足，产品和服务的价值得到提高的活动过程。

其中，为合适的客户提供合适的产品和服务，以合适的方式提供产品和服务，使客户实现合适的需求是客户服务的核心。

1. 合适的客户

不是所有的客户都是企业的客户，有些客户对于企业来说是无利的甚至是有害的。客户服务的前提应该是有区别地为客户提供服务。

2. 合适的产品和服务

合适的产品和服务是指为客户所真正需要的产品和服务。

推销员：张女士吗？

准客户：是我，您是……

推销员：前天您从我们店买了一套休闲装，今天来了一款运动鞋，和您买的休闲装很相配，您考虑一下吗？

准客户：哦，太好了，我正想买一双与那套衣服相配的鞋，我去看看。

推销员：好，我等您。

3. 合适的价格

合适的价格是指价格应该适合客户的愿望，不是越高越好，也不是越低越好。

4. 合适的时间

合适的时间是指客户的需要是在一定时间内的需要，在客户需要的时候能够满足客户的需要就是提高了客户的满意度。

5. 合适的场合

合适的场合是指在客户需要的地方、合适的情景中为客户提供服务。

6. 合适的方式

合适的方式是指销售要适合客户的性情和满足客户的便利需求。

7. 合适的需求

客户的需求有不同种类、不同层次。企业在寻找到合适的客户之后还应该找准客户的合适需求。在现代激烈竞争的环境下，适应客户的需求，让客户得到自己真正想要的东西，是企业竞争的关键。

在广义上，服务以与客户建立长期的、全面的、相互信赖的合作伙伴关系为目标，向客户提供多方面的一流的服务。服务不再局限于对现有客户的服务，潜在客户的服务也被纳入服务的范围当中，使服务的内涵极大地丰富起来。

客户包括：①外客户，如潜在客户、意向客户、准客户、签约客户、准业主、业主、会员；②内客户，即企业各业务部门及其员工；③合作伙伴客户，即政府部门、供应商、合作商等。

9.1.3 客户服务的类型

客户服务的方式多种多样，内容也很丰富，依照不同的划分标准可以对客户服务进行不同的分类。

1. 按服务的时序分类

（1）售前服务

售前服务是指在销售商品之前为客户所供的服务。售前服务主要是充分研究分析客户的心理，用各种服务方式激发客户的购买欲望，这是为销售活动做铺垫，是销售任务的重要环节。售前服务主要内容包括如下几点。

1）市场调研。企业要了解客户的需要，便于组织生产和经营活动，以最大限度地满足客户的需求。

2）广告宣传。企业通过向客户传送有关产品的功能、用途特点等方面的信息，不仅能使客户了解产品，还能诱发客户的购买欲望，最重要的是有利于扩大企业的知名度，树立企业的良好形象。

《啥是佩奇》是一部电影广告宣传片，片子讲述的是一位乡下老大爷盼着儿子一家回老家过年，爷爷打电话问孙子过年想要什么礼物，孙子说想要佩奇，爷爷却不知道佩奇是什么，于是开始了一场询问村里人啥是佩奇之旅。

询问的过程令人啼笑皆非，最后爷爷终于弄明白了佩奇是什么，然后用鼓风机，造出了一个“硬核佩奇”。影片一经发布，就在社交网络走红，创造了数亿播放量、十多亿微博转发量。影片结尾还不忘点题，过年一定要看《小猪佩奇过大年》。原来，这部爆款短片只是电影的宣传片。

3）信息咨询。一般来说，客户不会购买不甚了解的商品，为了向客户介绍商品的性能、质量、用途，向潜在客户宣传介绍商品，回答客户提出的疑难问题就显得尤为重要。

4）接受电话订货、提供邮购服务。

5）开办技术培训班。随着新技术的出现及其在产品中的广泛运用，出现了许多技术含量较高的新产品。这些产品结构复杂，操作方法相对较难掌握，让客户拿着产品说明书和操作手册花时间按图索骥般地查找学习，很可能让客户丧失购买信心。

6）提供良好舒适的购物环境。销售场所的负责人应该在商场的环境卫生、通道设计、铺面风格、标志设置、灯光色彩、商品摆放、室内温度等因素综合构成的整体购物环境上下功夫，让客户感到舒适方便，由此引发客户不同的情绪感受，这种情绪将在很大程度上会左右客户的购买决策。

7）提供有关的配套加工服务。

在物流配送过程中，配送企业根据用户要求或配送货物的特点，有时需要在未配货之前先对货物进行加工，如木材截锯等，配送企业不但可以依靠送货服务、销售经营取得收益，还可以通过流通加工增值获得利润，并且大大提高了用户的满意程度。

8）合理安排营业时间。

（2）售中服务

售中服务是指在销售过程中所提供的服务，主要内容如下。

1）推销员应以良好的服务态度，热情周到地为客户介绍商品的性能、质量、用途、保养知识等，帮助客户充分了解商品的特点。

2）为客户在同类商品之间做比较，使客户明确商品的优点和缺点，以便进行选择，耐心地解答客户提出的疑难问题。

推销员：我们的洗洁精是高效浓缩配方，和压缩食品是一个道理，您只需要用几滴原液，就可以有效地清洁餐具，比起普通的洗洁精用品来说，很划算。

3）亲自为客户做现场的操作示范、表演或请客户当场试用，亲身感受产品的特点。

4）针对不同客户的特殊要求，为其推荐商品，做好客户的参谋，从而有利于促成交易的最终实现。

客户：我母亲今年 56 岁，医生建议她补钙，选哪一种好呢？

营销员：您选择液体钙吧，因为这种液体钙吸收好，而且不会引起便秘。

5）为客户包装商品。

6）为客户代办各种购买手续、合同和托运等。

（3）售后服务

售后服务是指在商品出售以后，对客户进行的商品使用指导、维护保养、对客户投诉及其反馈信息的处理、质量跟踪与客户联络等。售后服务既是一种促销的手段，又是扩大企业影响，树立企业形象的良好方法，是营销服务的重要环节。售后服务的主要内容如下。

1）提供送货上门服务及设备的安装、调试服务，保证设备的正常运行。

2）在商品的操作方法较难以掌握的情况下，为客户提供专门的培训。

3）及时提供零配件和备用件，保证货源充足。

4）建立维修网络并提供巡回检修服务。

5）建立客户指导制度，跟踪商品的使用和维修情况。

6）实行“三包”服务，即包修、包换、包退。

在营销行业，有一个普遍存在的误区，那就是重销售轻服务，营销员把主要的精力放在销售上面，一旦达成销售，他们就把客户抛到一边，寻找新的客户去了。实质上，留住一个客户所花费的人力、财力，比开发一个新客户所花费的少得多。

2. 按服务的性质分类

1）技术性服务，指提供与产品的技术和效用有关的服务，一般由专门的技术人员提供，主要包括产品的安装、调试、维修及技术咨询、技术指导、技术培训等。

2）非技术性服务，指提供与产品的技术和效用无直接关系的服务。它包含的内容比较广泛，如广告宣传、送货上门、提供信息、分期付款等。

3. 按服务有无固定地点分类

1）定点服务，指在固定地点建立或委托其他部门设立服务点提供服务，如生产企业在全国各地设立维修服务网点就属此类。零售所设的销售商品的门市部也可以为客户提供定点服务。

2）巡回服务，指没有固定地点，由营销员或专门派出的维修人员定期、不定期地按客户分布线巡回提供服务，如流动货车、上门销售、巡回检修等。这种服务多适用于企业的销售市场和客户分布比较分散的情况。因其深入居民区，为客户提供了更大的便利而深受欢迎。

4. 按服务是否收费分类

1）免费服务，指提供的不收取费用的服务，一般是附加的、义务性的服务。例如，在商场购买大型家电产品，商家会将商品免费送货上门，有的还要免费安装、调试（空调、电热水器等）。

2）收费服务，指在产品价值之外的加价，只有少数大宗服务项目才收取费用。这类服务一般也不以营利为目的，只为方便客户服务，因此收取的费用也是比较合理的。

5. 按服务的频度分类

1）一次性服务，指一次提供完毕的服务。

2）经常性服务，指需多次提供的服务。

9.1.4 提高服务质量

企业要想在激烈的市场竞争中取胜，不仅要靠过硬的产品和合适的渠道，还需要高质量的服务水平。企业可以从营销员的工作入手，提高对客户的服务质量，因为营销员是企业产品和用户之间的一个桥梁，营销员将生产线上的产品变成商品实现了流通。

1. 提供推销服务时应注意的问题

（1）服务要一视同仁

所谓服务要一视同仁，就是不管客户是谁都同样热情接待。作为推销员，不论客户地位的高、低，年龄大、小，穿着好、坏，购买量是大是小，都应一视同仁，平等对待，这在各类服务工作中都是很重要的。

（2）服务要符合客户的愿望

服务的真正含义是在客户需要时，用客户希望的方法提供客户需要的服务。收费不收费是次要的。在服务中最重要的一点就是服务要符合客户的愿望。

（3）服务要热情、周到、细致

推销员面对每一位客户都要细心观察，热情、细致地提供他们所需要的服务。从而获得客户和那些可能会购买产品的潜在客户。

（4）在服务中与客户建立伙伴关系

虽然客户通过 Internet 等各种便捷的渠道可以获得更多、更详细的产品和服务信息，但他们更愿意和与他们关系好的企业建立买卖关系。因此，推销员需要快速地和每一个客户建立一定的共同点，为客户提供个性化的服务，与客户建立伙伴关系。

2. 服务质量的内容

一般来说，服务质量是衡量企业在出售产品和提供劳务时，对用户及消费者服务程度和服务水平的考核标准。服务质量内容如下。

1）商品的数量、质量、花色品种是否适销对路。

2）商品销售的方式和服务设施现代化的程度。

3）推销过程中服务态度的好坏。

4）售后提供维修、提供方便的程度等。

3. 提高服务质量

（1）树立正确的服务观念

服务意识来自高尚的人格和正确的价值观，具有正确的指导思想，才能使企业有明确的奋斗目标和方向。企业的一切营销活动都要以消费者需要为中心，要把满足消费者的需要作为企业营销工作的出发点。

2020 年 6 月 5 日 16:20，一位客户急匆匆地走到农行的柜台前，柜员询问他办理什么业务，客户非常着急地说自己在农行有贷款，今天是还款日，因为资金刚刚到位，所以很着急，怕今天还不上贷款会产生逾期。柜员询问客户有没有带齐办理业务的凭证，这才得知客户手里没有电汇凭证，只有密码器及预留印鉴章，于是柜员马上呼叫厅堂人员指导客户填单购买凭证，并在等待时间联系客户部经理说明客户走款情况，得到了客户部经理的同意。在厅堂人员及验印人员的有效协作下，银行很快为客户出具了结算业务申请书。接下来指导客户填单、盖章、审票、查询账户状态及可用余额、核验密码，完成一系列前期工作后迅速扫描上传，最后业务成功在系统关闭前处理完毕。客户激动地说："农行办事就是有效率，太感谢了，要不就误了大事了。"

（2）保持良好的服务态度，礼貌待人、尊重客户

服务态度热情、周到、和蔼可亲，以礼待人、尊重客户是企业提高声望、生意兴隆的有效手段和措施。

（3）服务要匠心独运，独具特色，以满足客户多方面的需要

客户对商品的需要是多方面的，对服务质量的要求也是多方面和具体的，而且客户类型不同，服务的具体要求也不同。

（4）服务设备现代化是提高服务质量的重要环节

科学技术的高速发展，也为人们生活带来了更新更高的要求，人们对服务的要求是舒适、方便，企业经营者就必须看到这一发展趋势，不断改进和美化企业经营环境，尽可能

增添各种现代化设备，提供多功能服务，以适应现代人们生活的需要。

4. 优质服务的回报

企业对客户提供了优质服务，必然会得到回报，优质服务的回报包括三个方面。

1）稳定的利润增长。

2）降低客户开发成本。

3）增加新客户。

课堂实训

提高客户服务质量

【实训条件】

在某高级饭店，这天正值午餐时间，餐厅里座无虚席，服务员甚是忙碌，这时一位客人招呼服务员，“小姐，请给我倒一杯白开水好吗？”服务员迅速到厨房里为客人倒了一杯白开水，送到餐桌上，这位客人随即从口袋里掏出一包药，摸了摸桌上的水杯，皱了皱眉头……

【实训要求】

1）如果你是服务员，你会怎样做？

2）学生分组模拟客户服务。

3）注重着装、礼仪，语言恰当。

【实训设计】

1）每4～6名学生分为一组，分别扮演“客人”和“服务员”。

2）模拟情景，提出解决方法。

3）互换角色模拟。

4）教师根据学生表现进行指导，选择优秀的“服务员”进行示范，并进行点评。

【实训评价】

实训评价表如表9-1所示。

表9-1 实训评价表

被考评人			考评地点			
考评内容						
考评指标		考评标准	分值/分	自我评价/分	小组评议/分	实际得分/分
专业知识与技能掌握	服务的含义	掌握服务的含义	5			
	客户服务的含义	掌握客户服务的含义	5			
	客户服务的类型	正确区分客户服务的类型	10			
	提高服务质量	正确运用提高服务质量的方法	10			
	课堂实训	实训活动完成情况	20			

续表

考评指标		考评标准	分值/分	自我评价/分	小组评议/分	实际得分/分
通用能力培养	出勤	按时到岗，学习准备就绪	10			
	道德自律	自觉遵守纪律，有责任心和荣誉感	15			
	学习态度	积极主动，不怕困难，勇于探索	10			
	团队分工合作	能融入集体，愿意接受任务并积极完成	15			
合计			100			
考评辅助项目					备注	
团队之星					两项考评辅助项目是为了激发学生的学习积极性	
团队互评						

注：1．实际得分＝自我评价×40%＋小组评议×60%。

2．考评满分为 100 分，59 分及以下为不及格；60～74 分为及格；75～84 分为良好；85 分及以上为优秀。

3．“团队之星”可以是本次实训活动中贡献突出者，也可以是进步最大者，同样可以是其他某一方面表现突出者。

4．“团队互评”是由评审团讨论后对各团队给予的最终评价。评审团由各团队组长组成。当各团队完成实训活动后，各团队组长先组织本团队内部进行商议，然后各团队组长将意见带至评审团，评价各团队整体工作情况，将各团队互评分数填入其中。

任务 9.2　了解客户关系管理

任务目标

1．知识目标

1）掌握客户档案的内容。

2）掌握客户管理方法。

2．能力目标

1）能够正确运用 ABC 法、大客户管理方法。

2）能够正确分析、处理客户的投诉。

3．素质目标

细心、耐心。

故　事

不断重启的计算机

这天，工程师接到了一个客户的电话，说他的计算机系统每到夜里就会自动重新启动，夜夜如此，非常奇怪。工程师帮助客户仔细检查了各种系统报告，发现的确重启过，但是原因不明。排查了一段时间，但系统还是每天一到半夜就出问题，仿佛灵异事件一般。客户很着急，这位工程师建议客户，找一个人夜里守在计算机旁边，看看系统出故障当时到底是怎么回事。客户想了想，也就答应了，也许别无他法。于是，客户安排了一名IT人员带着报纸，拿着相机，当晚整夜坐在计算机旁边，等候问题发生。如果有任何问题，这名值班人员就会用相机把屏幕照下来。奇怪的事情发生了！夜夜重启的系统，当晚安然度过！工程师、客户都在问这名值班人员做了什么，可是他却丈二和尚摸不着头脑地说："我就是看了看报纸，什么也没做啊！"也许系统自动好了？实在想不通，大家就让这名值班人员回去休息了。万万没想到的是，第二天晚上，系统再次出了问题，症状与从前一模一样！于是，只要客户安排人员在计算机旁边守候，夜夜平安；只要一夜无人，必有故障。后来聪明的工程师仔细排查，分析到底那个值班人员有意或无意做了什么，保护了系统。终于发现，原来问题的根本原因是"空调"！这个客户的机房原来平常是不开空调的。但是每当值班人员守夜的时候，因为机房太热，他就会打开空调看报纸，一直到第二天清晨。如果没有开空调，机器的CPU过热就会出问题，这个问题自从入夏就反复发生；打开空调，系统就会安然无恙。

（资料来源：https://blog.csdn.net/Giegie/article/details/6585421.）

启示 "海不择细流，故能成其大；山不拒细壤，方能成其高。"细小的事物往往拥有巨大的力量，小事不能小看，细节方显推销员的魅力。推销员要培养细心的习惯，细心会让你获得更多的机会。

情景导入

王军是某公司的推销员，他定期拜访客户。公司客户很多，王军的拜访工作很辛苦，有时一忙，就把本来应该拜访的重要客户疏漏了。为此，王军经常受到主管的批评。

思考：王军应怎样做才能在有限的时间里，对重要的客户进行拜访而不疏漏？

知识储备

9.2.1 建立客户档案

客户资料卡是企业了解市场的重要工具之一。通过客户资料卡，企业销售经理就可以连续地了解客户实情，从中看到客户的购买动态。据此，就可以对市场实态做出判断，并采取相应的行动。因此，为了便于企业了解市场，尤其是了解企业客户的情况，营销员必须下大功夫建立客户档案。

> 客户关系管理就是把"用心"和"技术"结合起来。

1. 客户信息资料的收集目的与方法

（1）收集、整理和分析客户信息的目的

1）识别客户，与合适客户和关键客户建立深入关系。

2）根据客户信息制定客户服务方案，满足客户个性化需求，提高客户价值。

（2）收集客户信息的方法

1）自己收集：主动询问客户的信息并细心记录或让客户自己动手填写卡片。

2）咨询机构购买、信息交换等。

3）利用网络收集。

2. 客户数据库的内容

完整的客户数据库应包括个人数据、地址数据、财务数据、行为数据、共享数据五个方面，如表 9-2 所示。

表 9-2 客户数据库

数据	目的	搜集内容
个人信息	确认客户身份	姓名、年龄、婚姻状况、就业状况、收入、生活方式、工作性质、信用状况，企业客户还需记录企业名称、背景描述、部门或分公司、直拨电话号码、传真号、电子邮件地址、法人代表或职能部门负责人的个人通信数据、公司数据等
地域信息	根据地域分析客户喜好或品位	详细的通信地址、地址类型、地区代码、销售区域，企业客户还需记录公司全名、公司名称的缩写、详细通信地址、主要电话号码、电子邮件地址、传真号、公司类型代码、地区代码、经营领域、主要产品或服务、进口商和出口商索引、雇员人数、分类、营业额级别
财务信息	掌握客户的信用	账户类型、第一次订货日期、最近一次订货日期、平均订货价值及供货余额、平均付款期限
行为信息	分析客户类别（一般客户、合适客户、关键客户）有针对性地提供个性化服务	企业与客户间的信件、电话、人员往来、参加展览会、客户购买产品时在不经意间透露自己的各方面情况等
共享信息	资源共享	企业的供应品种、货物存量、运输状态、配送计划、生产能力、生产计划、库存状态、销售计划、市场预测、货物流动、客户需求等信息

完整的客户信息还使企业避免出现营销员一旦离开公司业务就中断的情况，后续营销员能根据这些基础材料继续发展与客户的业务关系。另外，在收集信息时营销员一定要注意保守秘密，维护客户的隐私权。

9.2.2 筛选客户

企业营销员应该每年都需要对手中掌握的客户资料进行筛选。筛选的目的是将重点客户（大客户）保留，而淘汰无利润、无发展潜力的客户。在筛选时营销员应将客户数据调出来，进行增补删改，将客户每月的交易量及交易价格详细填写，并转移到该客户下一年的数据库里。有些客户数据库仅填写了客户名称及地址，其他交易情况空缺，此时就应将该客户有关情况记录进去。这些数据资料十分重要，是营销员开展销售工作不可或缺的，如表 9-3 所示。

表 9-3 筛选客户表

筛选指标	筛选内容	所占比例/%
购买额	客户 1～12 月份的交易额	40
收益性	客户毛利额的大小	10
安全性	了解货款能否足额回收	30
未来性	在同行中的地位及其经营方法，分析其发展前途	10
合作性	客户对产品的购买率、付款情况等	10

针对上述五种筛选指标逐一打分，满分为 100 分，对客户做如此筛选之后，就会发现有一些客户对企业的销售已经没有多大的意义，因此要给予特别处理，甚至放弃，而另一些客户将成为企业利润的主要来源。

9.2.3 客户管理方法

当推销员把客户名单都列出来之后，或许会感到手中的名单杂乱无章，无从下手。如果推销员的客户不多还好，要是有几十个、几百个，那该怎么处理？是不是平均分配力量，按时拜访、送货？那推销员忙得过来吗？可见将客户进行有效的分类是很重要的。

1. ABC 法则

ABC 法则即 ABC 分类法，又被称为重点管理法，是根据事物在技术、经济方面的主要特征，进行分类排列，从而实现区别对待区别管理的一种方法。ABC 法则强调的是分清主次，并将管理对象划分为 A、B、C 三类。实施步骤如下。

第一步，列出所有客户名单。

第二步，统计客户进货数量，并按大小排列顺序。

第三步，计算每一个客户进货数量占总进货的比例。

第四步，计算累计比例。

第五步，分类。

经过计算可得出以下结论。

1）累计比例在 0～60%（含 60%）的，为最主要的 A 类客户，应该重点管理，防止流失。

2）累计比例在 60%～85%（含 85%）的，为次重要的 B 类客户，应该尽力管理，减少流失。

3）累计比例在 85%～100%的，为不重要的 C 类客户，一般性管理就可以了。

客户 ABC 分析表如表 9-4 所示。

表 9-4 客户 ABC 分析表

客户	编号	月进货量	单价	进货金额	占总金额比例/%	累计比例/%	分类
李明					25	25	A 类客户
张风					16	41	
夏灵					8	58	
吴梅					6	55	
王彬					5	60	
张力					2	62	B 类客户
郑怡					1.8	63.8	
孙眈					1.5	⋮	
⋮					⋮	⋮	
⋮					⋮	85	
⋮					⋮	⋮	C 类客户
⋮					⋮	⋮	
⋮					⋮	⋮	
⋮					⋮	⋮	
⋮					⋮	100	

在可能的情况下，推销员的工作要尽量使所有的人都满意。如果很困难的话，那就让所有 A 类客户非常满意，让 B 类客户满意，让部分 C 类客户逐渐提高满意度。

2. 二八法则

在现代营销理论的实务中流行着“二八法则”，这一法则认为，80%的业绩是来自 20%的客户，20%的业绩来自 80%的客户，而其中又可以分为 80%的业绩来自老客户的重复购买和推介，20%的业绩来自营销员新开发的客户。

“二八法则”并不是精确的数字关系，而是一种通俗的比喻。它的运用是要求企业不应把营销努力平均分摊在每一位客户身上，而应该重点关注数量虽少但作用重大的重点客户。这些重点客户一般指以下三类客户。

（1）大量使用的客户

大量使用客户的服务营销一般比少量使用客户更容易，这是因为，大量使用客户会更加主动地接受产品信息，企业不必花很大精力去宣传此类服务的常识。

例如，对大量使用的客户的营销要点是宣传本公司服务产品的独特优点，并且采取数量折扣等促销方式奖励大量使用客户，另外企业应设立大客户服务中心，专门负责大量使用客户的营销。

（2）老客户

当前，越来越多的企业认识到老客户对企业的价值，这些企业把建立和发展与老客户的长期关系作为营销工作的核心，不断探索新的营销方式。

（3）关键客户

企业不仅要对客户进行“量”的分析，而且还要进行“质”的分析。有些客户的消费量并不大，不能直接实现大量的利润，但他们却可以产生较大的影响。

例如，知名的企业、知名人士、政府官员等，如果他们成为企业服务的对象，企业就能够在市场推广、形象宣传、公共关系等方面获得许多难以估量的资源。所以，企业应该努力争取得到一些具有较大影响的关键客户。

3. 大客户管理方法

大客户服务管理是以满足大客户服务需求为宗旨，为大客户提供比普通用户质量更高的主动、优先、优质、优惠的服务，并根据大客户的客观需求开发出准确、及时的新业务种类。

（1）大客户管理

大客户，也称重点客户，是市场上卖方认为具有战略意义的客户。大客户管理是卖方采用的一种方法，目的是通过持续地为客户量身定做产品或服务，满足客户的特定需要，从而培养出忠诚的大客户。

“20 000 多个行业大客户，我们用 300 个客户经理和 1000 多家渠道商一一锁定。”联想集团副总裁、大客户业务部总经理蓝烨在接受记者专访时表示，“联想大客户这一块，已经占到联想中国 PC 销售额的 1/3 左右。”

联想推行“大客户市场”策略，实质就是一种有针对性的“VIP 模式”。这种模式既关注短期利润，更注重长期收益；既关注单笔交易，更注重长期关系。它的核心是挖掘“顾客终身价值”。

"VIP 模式"有以下明显优势：

1）定制服务更好地满足大客户的个性化需求。

2）专门服务热线，提供 VIP 级服务。如对大客户出现的售后服务问题，会挑选最优秀的工程师上门服务，而不是像对普通用户那样就近派员。

企业在设计大客户管理方案时，可能要面对许多潜在问题，这些问题一般包括大客户的选择标准，如何对他们进行管理，大客户管理部门应在组织中处于什么样的地位。

（2）大客户的选择标准

企业选择大客户的标准通常有以下几个。

1）客户的采购数量，特别是对公司利润高的产品的采购数量。

2）采购的集中性。

3）对服务水准的要求。

4）客户对价格的敏感度。

5）客户是否希望与公司建立长期的伙伴关系等。

是否建立大客户管理，要视企业的规模而定。对于规模小的企业，客户数量较少，大客户更少，不必建立大客户管理部；如果企业的大客户有 20～30 个或更多，那么建立大客户管理部就很有必要了。

（3）大客户管理办法

企业建立大客户管理部后，应从以下几个方面做好对大客户的工作。

1）优先向大客户供货。

2）充分调动大客户中的一切与销售相关的因素。

3）及时向大客户提供新产品。

4）关注大客户的一切公关活动。

5）安排企业高层主管对大客户进行拜访。

6）与大客户一起设计促销方案。

7）征求大客户对推销员的意见。

8）及时统计大客户销售信息。

9.2.4 获得客户的忠诚

客户的忠诚度是企业客户满意战略的最高追求，也是企业抵御竞争对手侵蚀的最好盾牌，要坚持客户的忠诚度应注意以下几个问题。

1. 正确处理同大客户、小客户的客户关系

在市场细分、确定客户关系过程中，实施"大户战略"的客户关系管理同时，应注意协调好小客户关系管理。

2. 妥善处理新客户与老客户的客户关系

客户关系管理中首先要巩固老客户并不断扩大、提升与其关系的密切程度，并在此基础上进一步挖掘潜在的新客户才是稳健的客户关系策略。但这些也都不是绝对的，企业应

根据具体的市场形势变化情况及时调整。

3. 实行差异化客户关系管理

企业应根据客户对产品不同的性能要求等参数区分差异化客户市场，具体是指在客户平等关系管理过程中，根据客户对产品、服务的需求差异而进行的区别对待。任何客户在产品的使用目的上都可能一致，但不同客户在产品的使用条件和环境上却会存在不同，这必将导致对服务的需求不完全相同。因此，对不同客户采取差异化服务措施就十分必要。

9.2.5 分析与处理客户投诉

处理客户投诉是客户管理的重要内容，若处理不好，将直接影响推销员的销售业绩和企业利润。很多营销员都有一种错误的认识，他们心中所谓的满意客户，就是没有投诉的客户，凡是有投诉的客户，就算不上满意的客户了。正是因为有这种认识，他们非常害怕投诉出现，一旦投诉不可避免地出现了，他们将无法恰当处理投诉，结果让一些小事演变成大的危机。

据专家统计，客户对公司或产品不满意时，付诸投诉的不到 10%，94%的客户会保持沉默，其中 91%的客户会永远地离开，因为大多数人不想去这样“折腾”自己，不想与人争吵，不想为了一些可说、可不说的事去浪费时间。

当客户向你投诉时，不要把它看成是问题，而应把它当作是天赐良机。客户投诉，说明他们对你的公司、你的产品还有兴趣，当那些客户抽出宝贵的时间，带着他们的抱怨与你接触的同时，也是免费向你提供了应当如何改进业务的信息。因此，企业要加强与客户的联系，要清楚没有投诉并不意味着客户满意，投诉是留住老客户的机会，成功处理投诉，可以赢得更多新客户。

1. 客户投诉的内容

因为销售的各个环节都有可能出现问题，所以投诉也可能包括多个方面。

1）质量投诉，主要包括产品在质量上有缺陷，产品规格不符，产品有故障等。

2）买卖合同投诉，主要包括产品的数量、规格、等级、交货时间、交货地点、结算方式等诸方面与原买卖合同的规定不符。

3）货物运输投诉，主要包括货物在运输途中发生损毁、丢失和变质，因包装或装卸不当造成的损失等。

4）服务质量投诉，主要包括对企业各类人员的服务质量、服务态度、服务方式、服务技巧等提出的不满和抱怨。

2. 处理客户投诉的方法

（1）鼓励客户倾诉

推销员应该清楚没有投诉比有投诉更糟糕，要让客户充分地诉说委屈而不要打断他，并且用客户投诉记录表详细记录客户投诉的全部内容。以此作为处理客户投诉的依据。图 9-1 所示为某超市客户投诉处理单。

编号 20020001					
客户姓名		家庭住址		联系电话	
发生时间		投诉时间		受理时间	
投诉事件经过：					
处理原则依据：					
事件处理经过：					
事件处理结果：					
处理人员：					
主管经理：					
店长：					
备注：					

图 9-1 某超市客户投诉处理单

（2）提供解决办法

在倾听客户意见，并从客户的立场出发考察每一种因素之后，推销员有责任依据自己的权限，积极采取行动和提出公平合理的最终解决办法。

（3）分清责任

在投诉处理过程中，要客观公正地分清企业的责任与客户的责任，不能将责任一概推到客户身上，但如果是客户的责任，就不能揽到企业身上，而应采取沟通，让客户认清真相并取得客户的理解和协作。同时企业和客户应对投诉的产品协商解决索赔问题。

（4）不要互相推诿

客户非常看重企业对投诉的及时反应。作为推销员在解决客户投诉问题时，应避免去指责责任部门或企业的其他人，不满意的客户不会去欣赏企业内部人员的互相推卸责任。推销员有责任在解决问题时不发表任何对企业形象有消极影响的评论。这也是推销员素质高低的体现。

3. 有效处理客户投诉的要点

（1）聆听和道歉

让客户尽情地倾诉，推销员所要做的就是认真地聆听同时向客户道歉，即便不是推销员的过错也应这样做，因为推销员所做的一切都代表着企业的形象。

（2）复述和理解

推销员用自己的话把客户的抱怨复述一遍，确信已经理解了客户抱怨之所在，并告诉客户愿意想尽一切办法来解决他们提出的问题。

（3）欣赏和感谢

当与客户的交流达到一定境界时，推销员会自然而然地表现出理解客户提出的问题，并且会欣赏客户的处理方式。同时强调，客户的问题引起了推销员的注意，并给了推销员改正这一问题的机会，对此推销员感到很高兴也很感激。

（4）解决和补偿

尽己所能解决客户的投诉。在解决了客户的问题后，推销员还可以送给客户一些其他东西，如优惠券、免费礼物等，换言之，就是做一些额外的事情，对已发生的不快进行补偿。

（5）跟踪和联系

在客户离开之前，要看客户是否已经满意。然后，在解决了投诉的一周时间内，打电话或写信给客户，了解客户是否依然满意。总之一定要与客户保持联系。

通过较好地解决用户投诉，企业可挽回 75%的客户。尽最大努力去解决了客户投诉的企业，将有 95%的客户还会继续接受他的服务。

某公司客户投诉管理流程

1）记录客户投诉内容。

2）判定投诉性质。首先确定客户投诉的类别；然后判定客户投诉的理由是否充分，投诉的要求是否合理。

3）确定投诉处理责任。按照客户投诉内容分类，确定具体的受理部门和受理负责人。

4）调查原因。查明出现客户投诉的具体原因和具体责任者。

5）提出解决办法。

6）通知客户。投诉解决办法经企业主管经理同意后，迅速地通知客户，并尽快地反馈客户反应。

7）责任处罚。依照投诉所造成的损失大小，扣除责任者一定比例的绩效工资或奖金。

8）提出改善对策。

9.2.6 坚持客户关系管理的原则

作为推销员，与客户的关系可以说至关重要。销售是一门科学，推销员最重要的是要建立和客户的良好关系，不能把与客户的关系仅建立在经济利益之上，最重要的是要建立在一种友谊或其他相似的感情之上。

1. 诚信是客户关系的根本

和客户搞好关系，其实就是“诚”“信”两个字。“诚”首先就是做人真诚，其次是生意真诚；“信”就是信守服务、信守原则、信守合同。作为推销员在做客户关系时要做到：

（1）尊重客户

每个人都需要尊重，都需要获得别人的认同。对于客户给予的合作，推销员一定要心怀感激，并对客户表达出你的感谢。而对于客户的失误甚至过错，则要表示出推销员的宽容，而不是责备，并立即共同研究探讨，找出补救和解决的方案。

（2）信守原则

一个信守原则的推销员最会赢得客户的尊重和信任。因为客户也知道，满足一种需要并不是无条件的，而必须是在坚持一定原则的基础上的满足。只有这样，客户才有理由相信，才能放心与推销员合作和交往。

（3）不要为难客户

谈合作、谈项目一定要讲究时机。时机不好，好合作也会泡汤。当客户有为难之处时，一定要体谅别人，不要让客户为难。如果客户认为做这档生意不合适或不能做成，推销员就要马上停止要求，并告诉客户不管怎么样，推销员都非常感谢他。推销员的善解人意会让客户觉得抱歉甚至内疚，下次一有机会该客户就会想补偿这个推销员。

（4）注意收尾工作

推销员与客户的合作告一段落时，是不是生意就此终结了呢？不是，这次生意结束的时候正是创造下一次机会的最好时机。千万别忘了送给客户一些合适的小礼品，如印有推销员公司图片或联络电话的咖啡杯、日历等。如果生意效益确实不错，最好还能给客户一点意外的实惠。让每笔生意有个漂亮的收尾，带给推销员的效益不亚于重新开发一个新的客户。

2. 适度搞好与客户的关系

推销员与客户的关系最重要的是“度”的把握，不一定追求极致，任何事情走向极端就容易走向反面。

（1）把握好尺度

与客户成为朋友当然是好事，但推销员也要明白自己是去做生意的，不是去交朋友的，这两点能统一起来才是最高的境界。关注小事情，要养成快速回电话、回邮件和做出其他回应的习惯。做到跟进，跟进，再跟进。

（2）不要卷入客户内部之间的纷争

客户内部由于种种原因，往往会有一定的分歧和矛盾，如果处理不好就会影响工作的顺利进展。推销员一定不要卷入客户内部的事务。遇到这种情况推销员首先要了解清楚实际情况，再决定自己的工作方向。

客户关系管理能为你获得更多的客户，保留更好的客户，创造更大的客户价值，保持客户永久的忠诚，建立一对一市场营销。从而，为你的企业带来更丰厚的利润和持续的竞争优势。

课堂实训

客户关系管理

【实训条件】

春节前夕，某客户在家附近的超市购买三箱苹果准备送礼，在开始选苹果的时候，开箱看了下发现苹果各个果红且大小均匀，非常美观，故连买三箱。过一会回来，到店里投诉，三箱苹果皆是第一层很好，大小均匀，可是第二层却是个个果小，大小不一，果色也不一样。对此很是气愤，感觉自己被骗了，扬言要退货。

【实训要求】

1）超市推销员应该如何处理？

2）学生分组，模拟“超市推销员”与“客户”。

3）注重礼仪，语言恰当，在不退货的前提下，妥善处理，使客户满意。

【实训设计】

1）每3～6名学生为一组，分别扮演“超市推销员”和“客户”。

2）模拟情景。

3）互换角色模拟。

4）教师根据学生表现进行指导，选择优秀的超市推销员进行示范，并进行点评。

【实训评价】

实训评价表如表 9-5 所示。

表 9-5　实训评价表

被考评人				考评地点		
考评内容						
考评指标		考评标准	分值/分	自我评价/分	小组评议/分	实际得分/分
专业知识与技能掌握	建立客户档案	会建立客户档案	5			
	筛选客户	会筛选客户	5			
	客户管理方法	会管理客户	5			
	获得客户的忠诚	能获得客户的忠诚	5			
	分析与处理客户投诉	能分析并处理客户投诉	5			
	坚持客户关系管理的原则	会运用客户关系管理的原则	5			
	课堂实训	实训活动完成情况	20			
通用能力培养	出勤	按时到岗，学习准备就绪	10			
	道德自律	自觉遵守纪律，有责任心和荣誉感	15			
	学习态度	积极主动，不怕困难，勇于探索	10			
	团队分工合作	能融入集体，愿意接受任务并积极完成	15			
合计			100			
考评辅助项目						备注
团队之星						两项考评辅助项目是为了激发学生的学习积极性
团队互评						

注：1. 实际得分＝自我评价×40%＋小组评议×60%。

2. 考评满分为 100 分，59 分及以下为不及格；60～74 分为及格；75～84 分为良好；85 分及以上为优秀。

3. “团队之星”可以是本次实训活动中贡献突出者，也可以是进步最大者，同样可以是其他某一方面表现突出者。

4. “团队互评”是由评审团讨论后对各团队给予的最终评价。评审团由各团队组长组成。当各团队完成实训活动后，各团队组长先组织本团队内部进行商议，然后各团队组长将意见带至评审团，评价各团队整体工作情况，将各团队互评分数填入其中。

项 目 小 结

本项目主要介绍了客户服务管理与客户关系管理。

客户服务管理包括服务的含义、客户服务的含义、客户服务的类型和提高服务质量。

客户关系管理包括建立客户档案、筛选客户、客户管理方法、获得客户的忠诚、分析与处理客户投诉和坚持客户关系管理的原则。

习　题

一、在线练习

在线练习 9

二、思考题

1. 什么是服务？什么是客户服务？
2. 客户服务是如何分类的？
3. 如何提高服务质量？

三、案例分析题

麦当劳的广告营销

在餐饮界，麦当劳一直有着“营销鬼才”的称号。从早期的一系列创意广告，到近年来根据不同市场制定的营销策略，都让我们领略了它的营销功力。

1. 借助社交新媒体开展新品营销，抢占热搜榜

自 2020 年 4 月 13 日 8 点过后，麦当劳就在其官方微博上以每小时一张的频率，不断更新“5G 炸鸡”的相关海报，配文“你的下一部新机，何必是手机”。

麦当劳还在哔哩哔哩网站上召开了一个号称全球首发的“5G 新品”云发布会，更是吊足了消费者的胃口。

这还没有结束，蹭完科技界的热度后，麦当劳还不忘蹭一波娱乐圈的热度。在麦当劳针对“5G 新品”推出的预热海报中，陡然出现当时热播的综艺节目“声入人心”四个大字。关于麦当劳要和《声入人心》节目合作的传闻再次登上了当日的热搜榜。

直到 4 月 15 日麦当劳才揭开了“5G 新品”的神秘面纱——麦麦脆汁鸡。没有什么高科技，也没有明星合作，真的就是一款“普通”的炸鸡。那么 5G 从何谈起？就是“大块技”“入味技”“鲜嫩技”“多汁技”和“香脆技”这五大“黑科技”了。

是不是感觉被麦当劳戏弄了一把？事实上，每隔几个月，麦当劳就会在中国市场借助微博、微信公众号、抖音小视频等新媒体平台搞一波网络营销。

这背后是麦当劳非常重视中国社交媒体的营销策略，通过社交媒体上消费者与品牌的互动不断塑造品牌行销，开展网络营销。

2. 把握“一体化＆差异化”广告营销策略，玩转创意

在全球餐饮行业中，麦当劳一直都是广告营销的“扛把子”，推出的一系列创意广告也

令人叹为观止。

麦当劳在广告营销策略上主打“一体化&差异化”的策略。可以这样理解，就是麦当劳的广告总的方向在全球范围内基本保持一致，但针对不同地区，会根据当地的文化习俗作出相应的差异化改变。

“过年，可以没有火车票，可以没有好天气；拿不拿红包，赶不赶得上春晚，都不要紧；但，绝不可以没有你；和你一起，才叫过年；你，就是我的新年。”

这个广告文案就是来自麦当劳在春晚前投放“我们好在一起”广告。从2016年起，麦当劳都会在春节前推出广告短片。这其实就是麦当劳针对中国区的差异化广告策略，广告中并没有出现麦当劳任何商品字样，但却很好地拿捏住了国人春节前渴望全家团圆的心情。

从企业角度来看，“一体化”使得不同国家和地区品牌策略相同，不会出现变异发展。“差异化”使得麦当劳得到当地的消费者认同，情感上引起共鸣，增加消费者对企业的好感度，从而促进消费。从商业和情感角度实现了双赢。

3. 注重产品的多样化，开拓新的消费市场

麦当劳除了不断地研发适合消费者口味的餐食之外，还利用品牌延伸推出了MC Cafe咖啡品牌以及甜品站。

麦当劳通过品牌延伸推出MC Cafe和甜品站，区分了不同的消费者，将目标市场上各个阶层的消费者一网打尽，满足消费者的多样性需求。

从最初的重视“家庭”概念，到近年来针对年轻群体推出一系列服务，我们也看到麦当劳一直在更新自身的品牌概念。

麦当劳的品牌核心一直都不外乎“快乐”二字，因此它的营销策略都是围绕这两字展开。在其营销创新过程中，无论是广告创意、推出新品还是升级服务，从本质上来讲都是在“贩卖快乐”。

但麦当劳一直坚持从产品和服务入手，加大创意营销，在中国消费者群体中的品牌认可度也不断提升。2019年公布的财报显示，麦当劳2019年全年营收210.7亿美元，全年净利润60.25亿美元，全年同店销售增长5.9%，增长率为十年来最高。

受疫情冲击，麦当劳在全球的经营不可避免地受到冲击。2020年3月，麦当劳在美国证监会官网上的备案报告上显示，目前的疫情已经破坏了公司在世界各地的经营，当前麦当劳的重点在于保障餐厅员工和加盟商的健康安全。麦当劳在2019年财报中提出了“未来2.0”餐厅概念，在疫情带来的不确定性影响下，麦当劳未来可能将加速包括自助点餐、数字化软件、移动支付等数字化举措，在全球提升“未来2.0”餐厅的覆盖率。

（资料来源：https://www.jiemian.com/article/4440781_foxit.html.）

问题：麦当劳作为世界知名品牌，每年依然有很大的广告投入，这是为什么？

实　训

一、能力训练

主题：处理客户关系管理的训练。

课时：2 学时。

地点：教室。

1. 过程设计

1）发放案例资料，学生阅读资料。

2）每 2 名学生分为一组，分别扮演“推销员”和“客户”。

3）模拟推销，进行处理客户关系管理的训练，互换角色模拟。

4）教师根据学生现场表现进行指导、纠正，选择优秀的“推销员”进行示范，并进行点评。

2. 实训目的

1）巩固所学的客户管理知识。

2）培养学生运用所学客户管理知识正确处理客户关系管理的能力。

3）采用听、说、实践的形式，拓展学生的思维，提高学生正确处理客户关系管理的训练。

4）最大限度地调动学生的积极性，使学生体会共同学习的重要性。

建议：课前教师可以让学生复习所学知识，查阅相关资料，然后在课程上应用于模拟实践中，同时为鼓励学生积极参与，可以采用发放奖品或计入平时成绩等奖励方式鼓励学生积极发言。

3. 案例资料

案例 1 有一天，美国亨利食品加工工业公司总经理亨利·霍金士先生很偶然地在化学鉴定报告单上发现，他们生产的食品配方中起保鲜作用的添加剂有毒，虽然毒性不大，但长期服用仍然对身体有害。

如果悄悄地从配方中删除添加剂，食品的新鲜度就会受到影响；如果将这件事情公之于众，又必然引起同行们的强烈指责。

到底该怎么办呢，亨利·霍金士先生召集高层管理人员进行讨论。

“如果公开了，食品界的同行一定会全力攻击我们，公司发展到现在这个水平也不容易，我们不能冒这个险。”

“可是，如果现在不公开，早晚会被人家发现，到时就难以收拾了，很可能会引起一场危机。”

大家各抒己见。

经过权衡利弊，亨利公司向社会毅然宣布：添加剂有毒，对身体有害，以后公司的食品都不会用这种添加剂了。

这一举动，立即引起整个行业的反感，其他从事食品行业的老板都联合起来，用尽一切手段来攻击亨利公司，指责他们别有用心，打击别人抬高自己，那些食品商业公司还联合起来抵制亨利公司的产品，使亨利公司几乎倒闭。

但是，亨利公司真诚对待消费者，重视消费者健康的行为，得到了消费者的大力支持。这一场关于添加剂的行业争论持续了四年，亨利公司在近乎倾家荡产的时候名字却家喻户晓。

最后，亨利公司得到了政府和民众的支持，其产品成为人们放心的热门货。在很短的时间里，公司不仅恢复了以往的生机，规模还扩大了两倍，霍金士也因此一举坐上美国食品加工工业的第一把交椅。

（资料来源：http://dushu.qq.com/read.html?bid=27328462&cid=2.）

案例 2 王女士在某电器商场买了一台电视机，收到货后发现有问题，她和电器商场联系要求换一台新的，但因为匆忙把发票丢失了，不过还好，销售人员还记得她，可电器商场有规定，无发票是不可能更换物品的。

4. 讨论

1）案例 1，以亨利公司管理人员身份赞同、反对食品添加剂事件公开。

2）从客户关系管理角度，对案例 1 发表你的看法。

3）如果你是案例 2 中的营销人员，应如何处理？

二、实战演习

1. 实战准备

1）把学生分成组，每组 4～7 人，让他们分别到各种类型的商品流通企业。

2）学校组织货源，学生进行产品销售。

3）如果你是一位汽车营销员，请设计一个客户投诉处理单。

2. 实战目的

1）通过学生亲自到各种类型的商品流通企业，观察、学习推销员处理客户服务、提高服务质量及处理客户关系管理的实际操作。

2）通过学生设计一个客户投诉处理单，提高客户投诉处理的能力。

3. 实战方案

1）教师事先和商品流通企业联系，约好时间，带领学生去；或者让学生利用课余时间自己去。

2）学生认真观察，并做好记录。观察记录时主要围绕以下问题。

① 企业提高服务质量的措施。

② 企业客户服务的类型。

③ 企业管理客户的方法。

3）每个小组的学生认真完成书面报告，并在课堂上汇报交流，并为以后的讨论打下基础。

4）学生在产品销售过程中，要记录发生的推销员处理客户服务、提高服务质量的训练，销售结束后要进行总结、介绍。也可就此进一步开展课堂讨论或课堂模拟。

项目10 推 销 管 理

任务 10.1 考评推销员业绩

任务目标

1. 知识目标

1）掌握推销员绩效考核的指标体系。
2）掌握推销员业绩考评的方法。

2. 能力目标

1）能够制定合理的推销员绩效考核的指标体系。
2）能够正确运用推销员业绩考评的方法。

3. 素质目标

团队协作意识；客观、公正、勇于承担责任。

故 事

团队的力量

在非洲的草原上，如果见到羚羊在奔跑，那一定是狮子来了；如果见到狮子在奔跑，那就是象群发怒了；如果见到成群的狮子和大象集体在逃命，那一定是蚂蚁军团来了。就是这些渺小微弱的蚂蚁，它们依靠团队的力量，团结奋进，无坚不摧，就连“兽中之王”狮子和“庞然大物”大象遇到它们也要退避三舍。

启示 团结就是力量。团结是个体生存与发展的重要条件，为实现集体目标奠定了基础。

情景导入

某加工厂是一家新建企业，主要生产自行车、电动自行车和摩托车零部件，现有推销员两名。为调动推销员的积极性，扩大产品销售，该加工厂需要建立绩效考核指标体系。

思考：如何建立推销员绩效考核指标体系？用什么方法对其进行考核？

知识储备

推销人员的业绩考评是指企业或推销人员对一定时期内推销工作状况的评定与估价，具体表现为对推销业务的核算，是提高推销人员推销工作效率和分析改进推销计划，进行科学决策的重要手段。

推销人员业绩考评的主要内容包括收集考评资料、建立绩效标准、选择考评方法和进行具体考评。

10.1.1 收集考评资料

1. 推销人员的销售报告

推销人员向企业或上级主管部门提交的报告有推销行动计划、推销进度及业绩报告、费用支出报告及市场调查报告等。

1）推销行动计划，通常由推销员在一个月或一周前上交，计划中详细描述推销的活动目标和成果目标，为推销行动指明方向；推销过程中有关知识的准备；推销活动安排，这是推销行动计划的主要部分，包括推销路线、客户寻找、推销拜访及时间分配。推销员要根据推销的客户发展计划明确每日所需拜访客户数，合理安排路线、时间，以提高工作效率。

2）推销进度及业绩报告，一般包括推销目标完成率、货款回收率、市场占有率、客户成交率和成交额及市场开拓情况，如发展新客户的数量、类型及地域分布，老客户的维系状况等。

3）费用支出报告，包括推销过程中推销成本的情况，如招待费用、资料宣传费用、交通费用等具体费用状况。

4）市场调查报告，包括市场现状、竞争者情况、客户意见、市场预测等；推销人员要及时提交这些报告，以便使推销组织能计划和安排他们的活动，向管理层通知他们的行踪，并为管理层评价他们的计划和业绩提供一个依据。这样可以评价推销员“计划工作和执行计划”的能力。

2. 客户满意评价

在推销活动中，推销人员要赢得长期客户，就要取得客户满意，所谓客户满意是指一种心理活动，是客户的要求被满足后的愉悦感。菲利普·科特勒指出“满意是指一个人通过对产品和服务的可感知的效果与他的期望值相比较后所形成的感觉状态。”客户满意，是客户对推销员和企业提供产品和服务的直接综合性评价，是客户对推销员客户关怀的认可，不断强化客户的满意是客户信任的基础，它直接影响到推销员的推销业绩。但是，客户满意评价并不能作为所有推销员业绩考核的因素。以推销为主要销售方式的产业或工业用品，推销员大多需要与产品使用者接触。因此，对客户的服务显得尤为重要，服务质量的好与坏是绩效考核的一个重要内容。而销售日用品或消费品的推销员，因产品的特质决定了客户与推销员之间接触的机会很少。所以，客户的满意评价一般不作为绩效考核的主要因素。

3. 企业内部职员的意见

在考评推销员时还要收集企业内部职员对推销员的意见，主要是推销员是否具有团队精神，是否能与自己的同事互助互爱，是否与企业的整体发展战略相一致。

10.1.2 建立绩效标准

定期考查评价推销人员，是企业实现市场目标的重要管理手段。它有利于加强推销队伍的建设，增强推销人员的责任感；有利于掌握每个推销人员的绩效，合理地配备、调整推销人员，制定新的报酬方案；有利于对新营销政策和推销方案的确定；有利于改进企业的推销经营管理。

1. 推销员考核的内容

对推销员进行考核的内容，包括业绩、工作态度、学习情况、市场发展情况、客户关系等，其中业绩是最主要的考核项目。

（1）推销成果的考核

推销成果的考核包括推销员个人的推销额、销售量、回款率、毛利、新客户开拓数、拜访客户次数、市场占有率等。在制定考核标准时一定要考虑不同推销人员的具体情况，包括推销区域的市场发育状况差异、推销产品差异、基础客户的条件差异等。

（2）客户关系考核

客户关系考核包括现有客户数、解决客户问题能力、支持客户能力、管理客户能力及管理状况等。要注意对不同客户的关系考核要求不同，一般大客户要求较高，而小客户则管理及维系的要求相对较低。

（3）工作知识及能力考核

工作知识及能力考核包括企业知识、产品知识，对市场的了解、客户情况的掌握，竞争者情况的分析，推销技巧及管理知识等。

（4）企业内部关系考核

企业内部关系考核包括对工作环境的了解，对公司的忠诚度，与同事良好相处、协调共事的能力，与主管及同事良好沟通的能力等。

（5）其他考核

其他考核包括仪表、推销信心、语言表达、综合办事能力等。

2. 建立推销员绩效考核标准

对推销人员的考查与评价，可分为日常考查和年度评价，一般从定量考核和定性考核两个大方面进行，建立完备的考核指标体系。

（1）定量考核指标

定量考核指标有投入型、产出型、投入-产出型三种指标。

1）投入型考核指标，包括推销员访问客户的总次数、每一位新客户的平均访问次数、每一位老客户的平均访问次数、访问潜在客户的次数、推销费用、工资、奖金等。

2）产出型考核指标，包括推销收益（推销额）、推销利润（销售毛利）、每一位新客户的平均成交额、每一位原有客户的平均成交额、订单数、新开发的客户数、失去原有客户数等。

3）投入-产出型考核指标：

访问成功率＝成交客户数/访问客户总数

访问利润率＝推销利润/访问次数

开发客户成功率＝新客户数/访问准客户数

推销定额完成率＝推销收益/推销定额

访问费用率＝推销费用/访问次数

推销费用利润率＝推销利润/工资总额（含奖金）

工资推销收益率＝推销收益/工资总额（含奖金）

工资利润率＝推销利润/工资总额（含奖金）

（2）定性考核指标

1）推销技巧，主要包括寻找客户的能力、接近客户的能力、推荐产品的能力、推销工具使用情况、处理异议的能力、促成交易的能力等。

2）与客户关系，指推销员是否受客户欢迎，推销员是否为客户提供了良好的服务，推销员对客户资料的掌握情况；客户对企业的支持度。

3）自我管理能力，包括推销员的访问准备情况，推销路线是否合理，是否按计划完成了推销计划中的任务，工作记录是否完整、真实、准确，客户的资料是否详细，业务过程及成果是否记录清楚，是否注意搜集市场信息及客户意见，自我总结的情况如何。

4）产品及营销方面的知识，包括对产品的特征、给客户的利益是否熟悉，对竞争产品、客户、利益之间的关系理解如何，是否善于突出自己产品的特征与优点并诱导客户的购买欲望。

5）合作精神与工作态度，包括工作表现、超额完成任务情况、学习及吸取经验的情况、对企业的忠诚度、对同事的关心程度及协作精神。

对推销人员的考核应采用定量和定性双重指标相结合的方法，综合分析评价，使考核标准成为一种动力而不是束缚，避免产生不满、抵触等不良情绪，影响考核的效果。

10.1.3 业绩考评的方法

在取得推销人员的考核结果后，企业依据考核结果对推销员进行评价。评价的方法是就多种因素分别采用不同的评价。推销员的绩效考评方法很多，下面介绍几种主要的方法。

1. 对比分析法

（1）纵向比较法

纵向比较法是把一个推销员的成绩进行自身的动态比较，包括对销售额、销售费用、新增客户数、失去客户数、每个客户平均销售额等数量指标的分析，这种方法有利于衡量推销人员工作完成和改善的状况。

1）实绩与计划对比：用于检查推销计划的完成情况，了解超额完成或未完成计划的原因。其计算公式为

计划实现程度＝推销实绩/推销计划

这一指标越高，表明推销计划完成得越好。

2）现在与过去比较：用本期有关销售指标与上期或历史同期的有关销售指标对比。这一指标可以说明推销状况的发展水平与趋势，利于改进今后的推销工作。其计算公式为

推销发展状况＝该指标现期额/该指标历史同期额

（2）横向比较法

这种方法是推销员之间的比较，即比较不同推销员在一定时期内的工作业绩。这种比较必须是建立在各区域市场的销售潜力、工作量、竞争环境、企业促销组合等方面大致相同的基础上才有意义，否则，比较的结果将不能说明任何问题，甚至得出相反的结论。而且在现阶段，销售额也不是唯一的成绩指标。管理层还应注意每个推销员为净利润所做的贡献，这就要求审查各推销员推销产品的组成和销售费用，更重要的是找出他们的服务是如何满足客户的。

2. 分组分析法

这种方法是根据有关推销资料和一定标准，按照同一原则或同质特征把事物整体划分为若干部分，在此基础上分析其状况、特征及动因，如推销速度、推销效益等，都可按一定标准进行分组。它可说明推销工作内部不同层次、不同方面在推销绩效中的地位和作用。

3. 评价分析法

这种方法是把评价对象的主要因素进行分解，并按确定的标准打分，以表示各因素对于推销活动的重要程度，最后以合计总分考察评估对象的优劣。例如，对推销人员服务质量、经济效益、竞争能力的评估，可分别就影响服务质量、经济效益、竞争能力的各主要因素，诸如产品数量、质量、品种特性、工作时间、广告效果、服务态度、服务项目、服务技巧等因素，按一定的标准并根据推销工作各种因素的实际情况给分，以考察各因素对服务质量、经济效益和竞争能力的影响程度，然后根据合计总分评价推销工作绩效的高低。

4. 因素分析法

因素分析法又称连环替代法。这种方法具有说明差异产生原因的优点，是比较分析法不可替代的。其基本思路是在影响推销活动的几个相互联系的因素中，顺序地把其中一个因素当作可变因素，暂时把其他因素当作不变因素，通过依次替换来测定各个因素对推销工作绩效的影响程度。

5. 比率分析法

这是一种先计算出数值比率，然后进行分析比较的方法。比率分析法通常有三种情况。

1）构成比率分析。以全体合计数为100计算出各部分所占比率。此法主要用于分析推销绩效评估构成内容的合理性及其变动趋势，如企业推销产品品种构成、推销费用项目构成分析等。

2）趋势比率分析，也称动态相对数分析，即以基期为100来计算以后各期发展趋势。例如，评估推销发展趋势就可以用历年（月）推销额（量）算出销售增长率，也可采用企业销售额与同行企业基期销售额比较，或用计算出的销售增长率与前一期（年、月）的销

售增长率比较。如果趋势比率分析值低于 100，则说明推销不力，需要改进。

3）相关比率分析。以某项指标与其相关的其他指标进行对比，并求出比率。这种方法多用于评价推销绩效的水平，如将销售指标与费用指标对比，可从中发现推销工作的薄弱环节。

应用比率分析法要明确规定标准，且同一评价标准要统一，才能便于比较分析。

6. *尺度考评法*

这是一种将考评的各个项目都建立一定的考评尺度，制作出一份考评比例表加以考评的方法。在考评表中，可以将每项考评因素划分出不同的等级考评标准，然后根据每个推销员的表现按依据评分，如表 10-1 所示。

表 10-1　尺度考评法

考评项目	等级			
	优	良	中	差
资料齐全				
工作可靠，总能按时完成所布置的任务				
脾气很好，从不与人争吵				
成交快				
能够给公司提供好的建议				
与同事合作协调、相处融洽				

除以上介绍的几种推销绩效评估的方法以外，其他常用的方法还有平衡分析法、量本利分析法、平均分析法、综合分析法等。

课堂实训

推销员业绩考评

【实训条件】

多年来，某集团的销售以渠道为主，销售人员以渠道管理为主要业务，因此，在集团内部销售人员的考核激励政策与职能人员几乎相同：以团队考核为主，个人绩效目标不明确等。而随着集团业务模式的变革及市场竞争的加剧，这种考核方式对于目标很明确、业绩差异很明显的销售人员已经明显不适合，它不利于公司销售目标的完成和优秀人才的保留。因此，该集团开始进行业绩导向下的销售激励与绩效考核改革方案。

【实训要求】

1）该集团应怎样制定绩效考核改革方案？

2）学生分组制定集团绩效考核改革方案。

3）方案合理，能被大多数职工接受，对职工具有激励作用。

【实训设计】

1）每 4～6 名学生分为一组，共同制定该集团绩效考核改革方案。

2）每组派人演示、讲解。

3）教师进行指导，并进行点评。

【实训评价】

实训评价表如表 10-2 所示。

表 10-2 实训评价表

<table>
<tr><td colspan="2">被考评人</td><td colspan="2"></td><td colspan="3">考评地点</td></tr>
<tr><td colspan="2">考评内容</td><td colspan="5"></td></tr>
<tr><td colspan="2">考评指标</td><td>考评标准</td><td>分值/分</td><td>自我评价/分</td><td>小组评议/分</td><td>实际得分/分</td></tr>
<tr><td rowspan="4">专业知识与技能掌握</td><td>收集考评资料</td><td>正确收集考评资料</td><td>10</td><td></td><td></td><td></td></tr>
<tr><td>建立绩效标准</td><td>会建立绩效标准</td><td>10</td><td></td><td></td><td></td></tr>
<tr><td>业绩考评的方法</td><td>正确运用业绩考评的方法</td><td>10</td><td></td><td></td><td></td></tr>
<tr><td>课堂实训</td><td>实训活动完成情况</td><td>20</td><td></td><td></td><td></td></tr>
<tr><td rowspan="4">通用能力培养</td><td>出勤</td><td>按时到岗，学习准备就绪</td><td>10</td><td></td><td></td><td></td></tr>
<tr><td>道德自律</td><td>自觉遵守纪律，有责任心和荣誉感</td><td>15</td><td></td><td></td><td></td></tr>
<tr><td>学习态度</td><td>积极主动，不怕困难，勇于探索</td><td>10</td><td></td><td></td><td></td></tr>
<tr><td>团队分工合作</td><td>能融入集体，愿意接受任务并积极完成</td><td>15</td><td></td><td></td><td></td></tr>
<tr><td colspan="3">合计</td><td>100</td><td></td><td></td><td></td></tr>
<tr><td colspan="5">考评辅助项目</td><td colspan="2">备注</td></tr>
<tr><td colspan="3">团队之星</td><td colspan="2"></td><td colspan="2" rowspan="2">两项考评辅助项目是为了激发学生的学习积极性</td></tr>
<tr><td colspan="3">团队互评</td><td colspan="2"></td></tr>
</table>

注：1. 实际得分＝自我评价×40%＋小组评议×60%。

2. 考评满分为 100 分，59 分及以下为不及格；60～74 分为及格；75～84 分为良好；85 分及以上为优秀。

3. “团队之星”可以是本次实训活动中贡献突出者，也可以是进步最大者，同样可以是其他某一方面表现突出者。

4. “团队互评”是由评审团讨论后对各团队给予的最终评价。评审团由各团队组长组成。当各团队完成实训活动后，各团队组长先组织本团队内部进行商议，然后各团队组长将意见带至评审团，评价各团队整体工作情况，将各团队互评分数填入其中。

任务 10.2 管理和激励推销员

任务目标

1. 知识目标

1）掌握推销员管理的内容。

2）掌握推销员激励的内容与方法。

2. 能力目标

能够对推销员进行正确的管理和激励。

3. 素质目标

公开、公正、公平与多劳多得；实现自我价值。

故　事

麦肯锡的科学管理

麦肯锡公司是一家全球性的美国管理咨询公司。麦肯锡在2018年收入超过100亿美元，全球员工更是超过了27 000人。作为最负盛名的管理咨询公司，麦肯锡服务的客户包括全球80%的大型企业及众多政府和非营利组织。

麦肯锡盛产领导人才，为世界商界和政界培养了大批优秀的领袖人物。但作为著名公司的高管，却并不是人们头脑中固有的那种“傲娇、严肃、独断和高高在上”的领导形象，在麦肯锡的普通员工的心目中，他们是“自信、谦逊、和蔼、民主和易于接近的”的良师益友。他们谦逊待人，敢于承认自己的不足，平等对待每一位员工并予以充分的信任，深刻了解每一位员工的发展需求，帮助员工提升业务技能，为员工寻求和提供个人和职业发展的机会。正是因为如此，才使得麦肯锡不仅在激烈的竞争中立于不败之地，还成功培养了大批优秀的员工。管理者做员工的良师益友也是麦肯锡企业文化中的一大特色和亮点。

1. 真正强大的管理者才会谦逊低调

麦肯锡不认同谦虚是领导力中的一个弱点，相反认为正是由于管理者具备了谦虚的因素，才显示出其内心真正的强大，因为内心真正强大的人不需要虚张声势和盛气凌人。对待员工谦逊低调，会使员工对管理者不由自主地产生敬仰和佩服的意念，使他们自然而然地向管理者靠拢，使管理者更具吸引人的魅力，从而才能更好地发挥领导力的作用。因此谦逊是一个优秀管理者必备的因素。

管理者表达谦虚的方式多种多样，例如，平等地对待员工，把他们当作朋友；在自己不慎出错时，哪怕是一句话里的一个词用得不对或者不确切，都勇于承认自己的错误并及时改正；在员工生病时，亲自登门探望而不是简单地派人代办；在员工遇到困难时，在百忙之中也要抽出时间向他们伸出援助之手，陪伴和帮助他们渡过难关；欢迎员工提出宝贵的意见和建议并予以及时反馈等，这些看似平常和微小的举动往往更会让员工感动，管理者这种放下架子对待同事的方式会让员工多年以后仍然记忆犹新，他们会充满敬意地把你当成良师和益友，从而心甘情愿地为你效力。

2. 敢于承认自己的不足

麦肯锡认为，一个高高在上、表现得像“百事通”的领导，往往会剥夺员工思考和成长的机会。因此真正优秀的管理者应该是放下架子，勇于承认自己不知道的事情，巧妙地用提问的方式激发员工的创造力，员工才会认为你是诚实和谦虚的，从而会对你更加尊敬。

3. 对员工充分信任

麦肯锡认为，对员工的信任可以使他们的自信和技能产生涟漪效应。因为信任能使员工觉得自己不是在给管理者打工，而是与战友一起奋战。另外，管理者在把事情交给员工去做后，不要过度地干预，要充分相信他们能够很好地完成。因为过度干预很容易使员工产生逆反心理，同时也增加不必要的工作负荷。

4. 做任何决策都能透明化

管理者每做一个决策而不对它背后的风险进行解释，就会使员工认为这是独断和任性的行为，从而会产生不服和怀疑的情绪，以致不会有效地执行管理者的决策。但如果解释清楚的话，即便员工不完全认可，他们也会有效地去执行，因为他们已经明白了你做出这样决定的原因。因此，麦肯锡认为，管理者在做任何决策的时候都应该透明化。

5. 保持淡定平和，不拿员工出气

在经营管理中，危机是每个管理者都会遇到的事情。在危机面前，管理者即便内心沮丧，表面上也要保持平和淡定，因为平静如水才能彰显领导超人的魅力。如果遇到困难就在员工面前情绪失控，或者出口伤人，往往会给员工的心里留下永不愈合的伤口，毕竟员工不是你的出气筒。

6. 做员工职业生涯的教练

（1）帮助员工规划事业的前途

麦肯锡认为，管理者如果能够帮助员工掌控事业的前途，也就等于掌控了自己的前途，因为每一名员工迟早都要规划他们的下个工作机会。作为一个管理者，一定要细心洞察员工关于未来的想法，帮助他们规划未来，还要在公司对他们进行培训。这种在职业上的规划有助于员工明确自己事业未来的发展方向，以及明晰为实现目标还要做怎样的努力。这样的规划是面向公司全体成员的，这样做的目的是为公司培养和留住人才，有助于减少成本昂贵的人才流动。

（2）为员工量身打造工作

1）与业绩突出的员工进行交谈。在对员工进行指导之前，应先弄清公司绘制和跟踪所有员工成功的路径。关于这点，应尽可能地多与从业时间长、业绩突出的员工进行交谈，了解是怎样的行为、软实力和工作习惯能够使他们如此自由地活跃于整个公司；除特定工作所必备的技能外，公司还推崇和赞赏怎样的个性、品质和知识。

2）了解有可能使员工得到的具体升职机会。完成此项工作可通过两个途径：一为寻求下一步发展，在了解员工已经完成的工作后做进一步的规划；二为进一步实现自己的梦想，员工最向往的工作是什么，明示从事这些工作需具备的教育背景、具体技能、工作经验及个人品质。

3）与员工交谈。作为部门管理者，应该把职业发展规划的咨询工作作为最重要的工作之一。与员工谈论他们个人志向时，要先让员工自己说出他们下一步的理想规划是什么，而不要预先做出某些判断。员工想要的可能既不是要从你的部门调离出去，也不是为加薪而提出升职，而是一个不需要额外花费就可以为自己量身打造的工作。

管理者这种开创性的工作，有助于洞察员工下一步工作的想法，也可以发现每一位员工的爱好和特长，并据此为他们量身打造适合他们且他们喜欢做的工作。管理者这样做的结果是：不但能使每位员工继续留在公司并充满热情地做适合自己的工作，还能激励他们忠于职守，发挥各自的优势。这些员工也可以现身说法，告诉其他具备各种能力、有发展前景的人，让他们知道，在麦肯锡他们肯定能找到自己的职业发展道路。

（资料来源：http://www.hrsee.com/?id=1019.）

启示 麦肯锡对员工的科学管理，才使得麦肯锡在激烈的竞争中立于不败之地。

情景导入

一家国有资产管理局直接管理的大型国有企业，它主要生产具有高技术含量的通信设备。最近连续三年的年销售额在10亿元左右。职工人数2000多人。2019年公司内部进行过一次工资改革，工资体系的主要特征：①所有人员的工资都由其职位价值决定；②工资中的20%用作浮动工资，当业绩达到标准时，公司全部兑现个人的工资，否则，公司按比例扣减个人的工资。销售人员的工资体系没有任何特殊之处。

新的工资体系实施两年后，发现一些问题：①公司销售人员的薪酬体系与公司的战略和经营目标之间并没有太大的关系，公司战略和销售人员的薪酬体系是两个体系；②用职位价值来决定销售人员的基本工资，并不能鼓励销售人员增加自己的能力；③销售人员工资中的变动部分比较小，销售人员缺乏工作积极性；④销售人员个人绩效和部门绩效之间没有一个合理的比例。这些问题加在一起使该公司销售人员的收入体系缺乏竞争力。

思考：该公司应如何对销售人员进行管理，激励他们努力工作？

知识储备

10.2.1 推销员的管理

推销员的管理是通过对推销员所从事的具体业务工作的管理来实现的，一般包括推销控制、业务（自我）管理和时间管理等方面。

1. 推销控制

现代推销控制是一个管理过程，是确保企业按照管理意图或预期目标运行的过程。推销控制的目的就在于把企业推销组织的各个部门、各环节及其人员的活动约束在组织的经营方针、发展目标的轨道上，如果发生偏差，立即采取措施加以调整和修正。可见，实施推销控制是完成推销任务的重要环节，是提高推销工作效率的基础。

（1）推销控制的概念

推销控制是指为了尽快实现企业的推销目标，取得推销活动的最佳效应，对各推销部门、环节和人员的运动态势及相互间的协调状况所进行的监督与考察、审核与评价、操纵与把握等一系列规范化约束行为的总和。这种约束行为，是企业从事推销活动的必要条件，是推销管理系统的重要组成部分。

推销控制的本质，在于对推销活动过程的操纵和把握。其特点是它与推销活动的开展同时、同步运动。它主要是通过对推销过程中的每一个行为和事件的测度来检验其是否与原定的计划、指令、原则相符合，以便及时消除和解决推销计划实施过程中所出现的意外情况和问题，促使推销活动不断适应市场环境的变化，从而保证企业的推销活动始终处于有利于实现既定目标的最佳运动状态。从一定意义上来说，所谓推销控制，实际上就是对企业推销活动过程所实施的同步管理，是一个由系列调控行为组成的动态过程。

（2）推销控制的程序

推销控制的程序可分为以下七个步骤。

1）确定控制对象，即对推销活动哪些方面进行控制。虽然推销控制的内容多、范围广，可获得较多信息，但任何控制活动本身都会引起相应的费用支出，因此，在确定控制内容、范围、额度时，管理人员应当注意使控制成本小于控制活动所带来的效益。最常见的控制内容是销售收入、销售成本和销售利润，对推销人员的工作也应通过控制加以评价。

2）设置控制目标。它是将推销控制和推销计划紧密结合起来的主要环节。如果在推销计划中已经认真设立了目标，那么，在推销控制中只要借用过来即可，不需重新制定。

3）建立一套能测定推销结果的衡量尺度。在很多情况下，企业的推销目标就决定了它的控制衡量尺度，如目标销售额、利润率、市场占有率、销售增长率等。还可以用一年内新增加的客户数目及平均访问频率等来衡量推销人员的工作效率。

4）确立控制标准。控制标准是指以某种衡量尺度来表示控制对象的预期活动范围或可接受的活动范围，即对衡量标准加以定量化，如规定每个推销人员全年应增加 30 个新客户，每年推销额应递增 3%等。控制标准一般应允许有一个浮动范围。设立标准可参考其他企业的标准，并尽可能吸收企业内多方面人员的意见，以使其更加切合实际，受到各方面的承认。同时要考虑到产品、地区、竞争情况不同所造成的差别。

5）比较实绩与标准。比较实绩与标准就是检查实际与计划和标准是否相吻合，揭示出问题和差距。在将控制标准与实际结果进行比较时，需要决定比较的频率，即多长时间进行一次比较，这取决于控制对象是否经常变动。

6）分析偏差原因。产生偏差可能有两种情况。一是实施过程中的问题，这种偏差比较容易分析；二是计划本身的问题，确认这种偏差通常容易出现差错。而这两种情况往往交织在一起，致使分析偏差的工作很可能成为控制过程中的一大难点。要避免因缺乏对背景情况的了解，或未加适当分析，而“把孩子连同洗澡水一起泼出去”的错误，如某推销人员完不成访问次数的标准，可能是由于在旅途中花费时间过多，这样就要改进访问线路图或交通工具，但也可能是由于定额过高，这时则应降低定额以保证每次访问的质量。

7）提出改进措施。采取改进措施宜早宜快。如果在制定计划时，就已制定了应急措施，改进起来就能更迅速一些。例如，推销计划中规定有“某部门一季度的销售额如果降低 10%，就要削减该部门预算费用的 5%”的条款，届时就可以自动启用。不过在很多情况下通常没有这类预定措施，这就必须根据实际情况，迅速制定补救措施加以改进，或适当调整某些推销计划目标。

（3）推销控制的方式

企业的推销活动是一个周而复始、连续不断并彼此关联的复杂运作过程，企业必须通过有效的控制措施全面掌握推销业务情况，才能保证推销活动的正常进行。推销控制有策略控制、过程控制和预算控制三种方式。

1）策略控制。策略控制是由企业主管营销的领导检查并考核推销目标和策略是否与企业、市场相适应，从总体上把握推销计划合理性的一种管理，其内容包括以下几个方面。

① 分析企业推销目标与策略是否与国家的政治经济、技术发展状况相适应。

② 及时掌握市场动态，从整体上把握市场并指导推销工作的正确进行。

③ 密切注意竞争者动向，有针对性地开展竞争，从而把握市场主动权。

④ 全面协调企业内部各生产经营环节的关系，保证推销工作与企业其他经济活动现状相适应。

⑤ 对推销组织、推销人员进行严格考核，不断提高推销人员素质，改善组织运行状态。

⑥ 推销活动要充分发挥企业营销组合的功效，并反过来完善企业的营销组合策略。

2）过程控制。过程控制是对推销活动的过程进行管理，以确保计划目标的实现。推销的过程控制一般是通过对推销业务记录的检查、分析，市场占有率、覆盖率的抽样核查，以及销售量、销售额和利润完成情况的掌握来进行的。

3）预算控制。预算控制是对推销活动的费用进行控制，在推销计划中确定与企业利润目标、推销目标相适应的费用预算。推销部门根据预算确定为完成预计目标而必须控制的费用水平，并根据预算安排支出进度，对照进度检查实际使用情况。这样便可有效地控制费用，提高推销效益。一般在执行计划过程中，除非超额完成推销任务，否则任何超出预算的费用都必须经过审核。

以上三种控制方法在推销实际中应综合运用，对推销活动进行全面、严格的管理。需要说明的是，在制定有关制度、计划、考核标准的前提下，进行推销控制应注意严格监督检查，与具体情况相结合，充分考虑市场的复杂性和多变性。另外，要把控制与改进工作相结合，控制的目的在于不断改进、提高推销工作的质量，而不是一味地限制。

2. 业务（自我）管理

推销员的推销活动，大部分是在公司所在地以外的场所进行的，也就是离开了主管可直接控制的领域，而投入客户所在的领域。因此，推销员的活动除了开会时间、中午休息时间有机会被观察了解外，其他的时间，推销员活动完全处于开放自由的状态，这就要求推销人员必须对自己的工作进行有效管理，才能不断提高业务水平，使推销工作完整化、规范化、科学化。业务管理一般包括推销活动管理、客户管理、货款管理和市场管理等几个方面，而这几个方面可以通过制定推销日报表、客户管理卡和推销周（月）报表来进行。

（1）推销日报表

推销日报表是推销人员每日活动的当日小结，它的作用是：①帮助企划、市场部门了解市场需求、竞争者情报、客户意见等市场信息；②便于主管掌握推销员在业务过程中的效益、质量，并及时指导；③推销人员可以通过日报表自我评价推销目标达成率，分析得失，总结经验；④推销日报表是销售效益分析、销售统计的原始资料；⑤能反映不同阶段的推销工作状况。

推销日报表因企业、产品、市场的不同而不同，但一般而言，一份日报表满足以下一些基本要求：①包含推销工作的主要任务项目；②反映客观推销业绩或工作成果；③反映工作过程和工作量；④简单，易于填写；⑤格式化，便于统计、比较；⑥反映推销员的工作日期、地域；⑦反映市场信息。

推销日报表一般的栏目和内容包括：①拜访活动栏，主要填写日期、姓名、天气、当日销售目标、工作时段；②客户栏，主要填写拜访时间、拜访事由、客户姓名、地址、联系人；③工作情况及业绩栏，主要内容为推销性质（开拓、回访或收款）、送货品种、数量、金额、结款方式；④客户销售或使用情况栏，主要记录库存、商柜、货物陈列等情况；⑤市场情报栏，记录客户、消费者评价及竞争者概况；⑥小结栏，简要小结当日工作业绩、感受、存在问题，提出次日工作计划、建议。推销日报表如表 10-3 所示。

表 10-3 推销日报表

推销员： 路线： 日期： 天气：

时间		客户		拜访事由					POP		产品位置		订货				客户意见或其他
到达	离开	客户名及负责人	电话	回访	开拓	宣传	送货	收款	有	无	佳	差	订量	代理	经销	代销	
汇总	总拜访数＝																
工作建议与要求											主管审阅意见						

注：POP 又称焦点广告、终点广告，指在有商品陈列的地方所设置的广告物。

（2）客户管理卡

客户管理卡是推销人员对客户进行管理的重要工具，它记录了客户的基本情况及公司的业务往来情况，主要包含栏目如下。

1）客户档案栏，包括客户名称、地址、电话联系人、账号、税号、法人代表、经营状况、结算规定等，有时还附上信用额度。

2）业务往来栏：按日期填写历次货物送、退的品种、数量、价格、销售奖励结算方式，历次结款额，待结款额和累计待结额。

3）客户建议栏：填写客户对公司的要求、建议。

4）评价栏：对客户在信用、销售能力、发展潜力、对公司支持度方面的综合评价。

通过客户管理卡，推销人员可以了解目标市场的业务发展情况，对维护客户、总结业务成果、保证货款回收都具有重要意义。企业的推销主管必须要求推销人员认真填写客户管理卡。客户管理卡如表 10-4 所示。

表 10-4 客户管理卡

区域 ________ 客户编号 __________

管理员 ________

拜访日（星期）□一 □二 □三 □四 □五 □六 □日

客户名 ________ 负责人 ________

地址或标志物 ______________

电话__________ 税号 ______________

开户行及账号____________________

经营性质 ____________________

对账号 ______________ 结算日 ______________

日期	单据号	业务摘要及客户意见	送货款	已收款	累计代收款

续表

日期	单据号	业务摘要及客户意见	送货款	已收款	累计代收款
客户评价					

（3）推销周（月）报表

推销周（月）报表的作用在于总结工作成果，分析得失，并为下一步工作计划制定提供依据。它的编写建立在详细的推销日报表及客户管理资料之上，其主要内容是工作实效汇总、业绩汇总、工作方法分析、计划完成率（市场目标完成率、推销销售额目标完成率、毛利润完成率、回款情况）分析等。

3. 时间管理

1）优化时间资源。不要做浪费时间而毫无意义的事；先干又快又容易的简单事，再干费工费力的事；掌握同时干两三件事的方法；不断询问自己下列问题：我必须干的是什么，我必须终止的事是什么，我是否要换别的办法等。

2）提高拜访效率。减少路途上的时间浪费；事先联系，约定拜访时间；确定让客户找得到你；减少和利用等待时间；在客户较空闲的时间拜访等。

3）计划好时间。首先要分析工作；然后按事情的紧急性、重要性、成长性确定优先次序；把最适合的时间优先安排给最紧急、最重要的事情；在安排时间时务必安排一些预留时间。

4）有效管理时间。当一件工作摆到办公桌上时，有四种选择：置之不理（drop it）、拖延不理（delay it）、委派他人（delegate it）、自己亲为（do it）。这四种选择的第一个字母都是 D，所以称为 4D 原则。如果每天都能正确地按照 4D 原则办事，就会节约许多时间，挣更多的钱，也可以有更多的闲暇。

10.2.2 推销员的激励

1. 激励的重要作用

激励在人事管理中有一系列重要的作用。第一，可以把有才能的推销员吸引过来，使其长期为企业的利益工作和服务。第二，通过激励可以使企业现有的推销员充分发挥活力和才能，维持工作的有效性和高效率。研究表明，推销员的士气、积极性和销售目标达成率总是处于波动之中，不可能自发地长期维持高效率。因此，需要部门管理者不断地进行激励，以充分发掘人员的潜力。第三，通过激励可能改善企业组织的内部环境，提高企业组织运转的动力和来自内部的凝聚力和向心力。对推销员来说，常常处于各自独立的工作环境中，其同事之间很难交流，通过激励，可以使他们围绕企业的目标统一和协调起来，强化推销员的共性，推销员有了统一的目标和意志，相互之间的沟通就较为容易，关系就较为融洽，销售组织的内部环境也就更有利于企业的发展了。

总之，来自推销组织管理者的积极的激励，对克服销售人员由于生理的或心理的原因所产生的行为障碍，激发各自的潜能和创造良好的环境有着不可替代的作用。

除以上三方面之外，对推销组织的人事管理还应强调民主管理原则、流动性与稳定性相结合原则等。人事管理是推销组织管理的重要组成部分。

2. 激励的原则

一般说来，推销管理部门进行激励时应遵循以下原则。

（1）公平合理

推销激励是对达到某一目标的推销员给予的奖赏刺激，目标和奖赏必须公平合理。若没有考虑不同的推销区域的状况而规定所有的推销人员都要达到同一目标，就有失公平；若目标定得过高或过低，就有失合理，缺乏驱动力。对于奖赏也是如此。只有公平合理的目标和奖赏，才能使激励达到预期效果。

（2）知晓了解

公平合理的目标和奖赏能否产生推销管理部门所期望的效果，还要看目标和奖赏规定被推销人员所知晓了解的程度。推销人员充分了解激励的具体内容和措施，才会更加努力地工作。

（3）及时兑现

激励作为一种管理制度要长期保持，但对于个人应是短期的，以利于推销人员继续努力。期限一到，要及时按目标的实现情况兑现许诺，使达到和超过目标者得到规定的奖赏，如果开出的只是空头支票，激励的效果只能相反，会严重挫伤推销人员的工作热情。

3. 激励的内容

激励在管理学中被解释为一种精神力量或状态，起加强、激发和推动作用，并指导和引导行为指向目标。推销员需要更多的激励是由其工作性质决定的。推销员大多单独工作，工作时间不确定，并经常遇到挫折，如果没有激励，他们很难保持良好的精神状态。企业可以通过环境激励、目标激励、物质激励和精神激励等方式来提高推销员的工作积极性。

1）环境激励：是指企业创造一种良好的工作氛围，使推销员能心情舒畅地工作。企业对推销员的重视程度十分重要。事实证明，如果企业对推销员不重视，工作绩效就差，其离职率也高；反之，工作绩效高，离职率低。因此企业应定期召开销售会议或非正式集会，为推销员提供一个社交场所，给推销员与企业领导交谈的机会，给他们在更大群体范围内结交朋友、交流感情的机会。

2）目标激励：要为推销员制定一些拟达到的目标，以目标来激励推销员上进。企业应制定的主要目标有销售定额、毛利、访问客户数、新客户数、访问费用和货款回收等。其中制定销售定额是企业的普遍做法。

3）物质激励：对做出优异成绩的推销员给予晋级、奖金、奖品和额外报酬等实际利益，以此来调动推销员的积极性。物质激励往往与目标激励挂钩。研究人员在评估各种可行的激励方法的价值大小时发现，物质激励对推销员的激励作用最为强烈。

4）精神激励：对做出优异成绩的推销员给予表彰，如颁发奖状、授予称号等，以此来激励推销员的上进心。精神激励是一种较高层次的激励，通常对那些受过良好教育的人更为有效。所以，企业领导应深入了解推销员的实际需要。他们不仅有物质上的要求，还有诸如理想、成就、荣誉、尊敬、安全等方面的精神需要。尤其当物质方面的基本需要得到满足后，对精神方面的需要会更强烈。

4. 激励的主要方法

任何一个销售集体，不论其成员有多少，都是由一些同时具有优点和缺点的人所组成，所以会不时出现这样或那样的问题。销售经理应密切注意下属人员的动向，及时了解他们的问题，采取正确的应对措施。

（1）对问题成员的激励

销售成员中总会出现一些问题。常见的问题主要有恐惧退缩、缺乏干劲、虎头蛇尾、浪费时间、强迫推销、惹是生非、怨愤不平、狂妄自大等。销售经理应研究这些现象产生的原因及解决办法。下面提出一些引导方法供参考。

1）对恐惧退缩型成员，应帮助他树立信心，消除恐惧；肯定他的长处，并同时指出问题，提出解决办法；陪同销售，使其从容行事，由易到难；强化业务培训，使其掌握产品知识与销售技巧。

2）对缺乏干劲型成员，应指出缺乏干劲会给自己带来的后果；外在激励和内在激励双管齐下；陪同销售并予以辅导；更换业务销售区域；提高业务配额；以增加薪金、发给奖品进行特别激励；给予短暂休假，调节情绪。

3）对虎头蛇尾型成员，应带领或陪同销售；组织参加销售演练或资料收集整理；分段式考核；多做心理辅导；规定各时段各作业区域的销售目标。

4）对浪费时间型成员，要晓之以理，告之时间就是金钱；动之以情，帮助他制定拜访客户的时间表及路线，指导安排拜访客户的次数及对客户解说的最短时间；严格要求，并要求制定工作时间表及时间分配计划书。

5）对强迫推销型成员，要指出强迫推销的危害及渐进式方法的好处；加强服务观念的教育，教授更多的推销技巧；改变单一的计酬方式，开展多项目多层次的竞赛活动。

6）对惹是生非型成员，应指出惹是生非对个人及团体的危害；如制造或散布谣言，要追查谣言的起源及用意，孤立造谣者，予以教育；要求有关人员尽量避免开无聊的玩笑。

7）对怨愤不平型成员，应给予劝导及安抚，将心比心；引导他多参加团体活动并充分发表意见；用事实说话，通过销售成果，使其心悦诚服；检查公司制度，改进其不合理之处；若是员工无理取闹，则必须予以制止，尽量化冲突为理解，维系双方关系。若各种方法均不能奏效，到忍无可忍时可解聘。

8）对狂妄自大型成员，要告之山外有山，天外有天，不可学井底之蛙，夜郎自大；以事例说明骄兵必败；提高销售配额，健全管理制度；肯定成绩，多劳多得。

（2）对明星成员的管理

顶尖推销高手难以驾驭是销售经理普遍遇到的问题。这些高手一般都有些特长，或善于处理客户关系，或精通推销技巧等，总是能取得优秀的销售业绩。对他们的管理要注意以下几个方面。

1）树立其形象。明星推销员通常追求名誉，希望给予表扬与肯定，很注重自己的形象，并希望得到他人的认可，也热衷于影响他人。应针对这些特点，该表扬则表扬，该肯定就肯定。

2）给予尊重。他们需要别人的尊重，特别是领导的重视，希望别人把他们当作专家并乐于指导别人。

3）肯定其成就。内在激励能起到十分重要的作用。

4）不断提出新的目标，这样会激发他们的活力。

5）健全制度。他们大都希望有章可循，不喜欢被别人干扰或中途放弃，制度能保证他们充分发挥自己的潜力。

6）提高产品质量。再能干的销售员也要以优质的产品做后盾。他们一般对自己的产品具有高度的信心，如果公司的产品品质失去信誉或他们对产品有所怀疑，他们就可能跳槽。

（3）激励老化推销员的方法

推销员业绩停滞、心态老化是销售经理经常遇到的难题。推销员老化的迹象：提交业务报表、报告常常忽略、延误，内容不完整或没有深度，因为他们认为这些东西没什么有价值，不值得花时间去写；业绩持平或大幅度下降，他们常找许多借口作为理由；拜访客户次数减少，甚至拜访新客户的数目也在减少；没有创新意识，常把更多的时间花在办公室而不是出门找客户做生意；热情不足，懒散有余，开始迟到早退；客户的抱怨增加；计划准备不周，与客户约会迟到或时常忘记；不修边幅，抱怨情绪增加等。销售经理要随时观察，发现问题苗头及早防治。下面的方法是实践经验的总结，可做借鉴。

1）经常运用奖赏、奖杯、内部刊物发表消息及其他物质与精神奖励，对表现优异的推销员给予肯定与表扬。

2）在企业制定有关计划和发展目标时多与他们沟通，多征求他们的意见，激发他们的团队意识。

3）指导他们从事未来事业的发展计划，帮助他们根据企业目标制定个人发展目标。

4）对他们定期进行培训，进一步提高他们的销售技巧，增强他们对公司及自己的信心，不断予以刺激，提高士气。

5）不断给他们新的工作或任务，使其面对新的挑战与刺激，激发其竞争动力。

6）提升他们之中有成就且成熟的人担任领导或给予高级别的薪金待遇。

7）允许他们在内部调换工作，这会使资深推销员激发出新的活力。

8）每年至少举行三次分区销售会议，表扬先进，推广经验。

课堂实训

推销员管理

【实训条件】

由于公司人员的调动，事业部把我调来管理冰洗（冰箱和洗衣机）这个片区。

我刚大学毕业，不知道从哪下手管理促销员们：她们总体年龄都比我大，一直都从事销售这个行业。

所有品牌加起来一共有十几个人，其中海尔冰洗有三个促销员，平时店长有个什么事需要冰洗出个人来帮忙，我让她们去，她们从来不去，还说：谁愿意去谁去，反正我不去。

如果去了也是很不情愿。

俗话说，管人先管事，帮她们把事做好了，或许我说的话多少她们都会听。于是在我来的这一段时间她们有忙我就帮，可是到了需要她们的时候就还是老样子。我用同样的办法对别的品牌的促销员做一样的试验，别的促销员在我需要帮忙的时候都能过来帮我。

海尔的三个促销员其中的两个是一对恋人，另外一个是已婚女士，平常让那位男士干什么事，另外的两位女士都不让他去。时间长了他也说不要干。

所以我现在的困惑是在海尔促销员拒绝我的时候，我应该怎么办？我该怎么用其所长？

【实训要求】

1）运用所学知识，对海尔冰洗三个促销员进行有效管理和激励。

2）方法合理，语言恰当。

【实训设计】

1）每 4 名学生分为一组，分别扮演“三个促销员”和“我”。

2）模拟促销员和我的管理过程。

3）互换角色模拟。

4）教师根据学生表现进行指导，选择优秀的“我”进行示范，并进行点评。

【实训评价】

实训评价表如表 10-5 所示。

表 10-5　实训评价表

被考评人			考评地点			
考评内容						
考评指标		考评标准	分值/分	自我评价/分	小组评议/分	实际得分/分
专业知识与技能掌握	推销员的管理	掌握推销员的管理方法	15			
	推销员的激励	掌握推销员激励的内容和方法	15			
	课堂实训	实训活动完成情况	20			
通用能力培养	出勤	按时到岗，学习准备就绪	10			
	道德自律	自觉遵守纪律，有责任心和荣誉感	15			
	学习态度	积极主动，不怕困难，勇于探索	10			
	团队分工合作	能融入集体，愿意接受任务并积极完成	15			
合计			100			

考评辅助项目		备注
团队之星		两项考评辅助项目是为了激发学生的学习积极性
团队互评		

注：1. 实际得分＝自我评价×40%＋小组评议×60%。

2. 考评满分为 100 分，59 分及以下为不及格；60～74 分为及格；75～84 分为良好；85 分及以上为优秀。

3.“团队之星”可以是本次实训活动中贡献突出者，也可以是进步最大者，同样可以是其他某一方面表现突出者。

4.“团队互评”是由评审团讨论后对各团队给予的最终评价。评审团由各团队组长组成。当各团队完成实训活动后，各团队组长先组织本团队内部进行商议，然后各团队组长将意见带至评审团，评价各团队整体工作情况，将各团队互评分数填入其中。

项目小结

本项目主要介绍了推销员的业绩考评及推销员的管理和激励。

推销员的业绩考评包括收集考评资料、建立绩效标准和业绩考评的方法。

推销员的管理是通过对推销员所从事的具体业务工作的管理来实现的。一般包括推销控制、业务（自我）管理和时间管理等方面。

对推销人员进行适当激励的目的是使先进的更先进，落后赶先进。激励的原则：公平合理、知晓了解、及时兑现。激励的内容：环境激励、目标激励、物质激励及精神激励等。激励的方法：主要是针对推销员的不同情况和特点，采取不同的方法，主要有对问题成员的激励、对明星成员的管理及激励老化推销员的方法。

习 题

一、在线练习

在线练习 10

二、思考题

1. 收集考评资料一般可通过哪些途径？
2. 推销员考核的内容有哪些？
3. 业绩考评的方法主要有哪些？
4. 什么是推销控制？简述推销控制的程序。
5. 推销控制有哪几种方式？
6. 推销员应如何做好时间管理？
7. 激励的重要作用及原则是什么？
8. 激励的内容包括哪些？
9. 针对不同类型的推销员，应采取什么样的激励方法？

三、案例分析题

案例1 销售情况分析表

销售情况分析表（第三季度8月底）如表10-6所示。

表 10-6　销售情况分析表（第三季度 8 月底）

产品名称	第三季度计划	实际销售		完成季度计划/%		剩余时间应完成数
		本月	本月累计	本月完成	累计完成	
	（1）	（2）	（3）	（4）＝（2）/（1）	（5）＝（3）/（1）	（6）＝（1）－（3）
A	126 000	42 000	82 000	33.3	65.1	44 000
B	100 000	35 000	70 000	35.0	70.0	30 000
C	105 000	30 000	59 000	28.6	56.2	46 000
D	69 000	24 000	42 000	34.8	60.9	27 000
合计	400 000	131 000	253 000	32.8	63.3	147 000

问题：这个销售情况分析表说明了什么问题？

案例 2　纵向评价表

推销人员业绩的纵向评价表如表 10-7 所示。

表 10-7　推销人员业绩的纵向评价表

评价因素	2016 年	2017 年	2018 年	2019 年
产品 A 销售额/元	251 300	253 200	270 000	263 100
产品 B 销售额/元	423 200	439 200	553 900	561 900
销售总额/元	674 500	692 400	823 900	825 000
产品 A 销售达成率/%	95.6	92.0	88.0	84.7
产品 B 销售达成率/%	120.4	122.3	134.8	139.8
产品 A 毛利/元	50 260	50 640	54 000	52 620
产品 B 毛利/元	42 320	43 920	55 390	56 190
总毛利/元	92 580	94 560	109 390	108 810
销售费用/元	10 200	11 100	11 600	13 200
销售费用率/%	1.5	1.6	1.4	1.6
访问客户次数/次	1 675	1 700	1 680	1 666
每次访问成本/元	6.09	6.53	6.90	7.95
客户平均数/户	320	324	328	334
新增客户数/户	13	14	15	20
失去客户数/户	8	10	11	14
每位客户平均销售额/（元/户）	2 108	2 137	2 512	2 470
每位客户平均毛利/（元/户）	289	292	334	326

问题：此表说明了什么问题？分析其原因。

实　训

一、能力训练

主题：对推销人员进行定级管理的训练。

课时：2 学时。

地点：教室。

1. 过程设计

1）发放案例资料，学生阅读资料。

2）每7名学生分为一组。

3）在指导老师带领下自己设计考核依据（推销业绩、工作态度、推销技能等）和表格，对某企业的推销团队人员进行定级。

4）每组学生派代表互相交流、讨论各自的长短。

5）教师根据学生现场表现进行指导、纠正，选择优秀的考核依据进行示范讲解、点评。

2. 实训目的

1）巩固所学的推销管理知识。

2）培养学生运用所学推销管理知识的能力。

3）采用听、说、写、实践的形式，拓展学生的思维，提高学生正确运用推销管理知识的能力。

4）最大限度地调动学生的积极性，使学生体会共同学习的重要性。

建议：课前教师可以让学生复习所学知识，查阅相关资料，然后在课程上应用于模拟实践中，同时为鼓励学生积极参与，可以采用发放奖品或计入平时成绩等奖励方式鼓励学生积极发言。

3. 案例资料

目前，一些公司的推销员的级别实行三级制，即依据一定的标准将推销员分为一级、二级、三级。由于推销员的定级管理是一项重大的管理措施，因此一些公司还专门成立了“推销员级别评定委员会”，由公司经理、销售主管、销售专家及人事主管组成。

4. 讨论

以推销员的身份设计考核依据。

二、实战演习

1. 实战准备

1）把学生分成组，每组4～7人，让他们分别到各种类型的商品流通企业。

2）学生与企业推销员结成对子，拜推销员为师。

2. 实战目的

1）通过学生亲自到各种类型的商品流通企业，观察、学习企业对推销员的各项管理制度。

2）学生每天与推销员形影不离，提高对推销管理的认识及适应能力。

3. 实战方案

1）教师事先和商品流通企业联系，约好时间，带领学生去；或者让学生利用课余时间自己去。

2）学生认真观察，并做好记录。观察记录时主要围绕以下问题。

① 企业针对推销员的管理具体都涉及哪些方面。

② 推销员每天都是如何主动工作的。

③ 你认为应如何遵守这些规章制度。

3）每个小组的学生认真完成书面报告，并在课堂上汇报交流，并为以后的讨论打下基础。

参 考 文 献

崔利群，苏巧娜，2015．推销实务[M]．北京：高等教育出版社．

胡善珍，2015．现代推销[M]．2 版．北京：高等教育出版社．

黄元亨，2011．推销实务[M]．2 版．北京：高等教育出版社．

李红梅，2010．现代推销实务[M]．3 版．北京：电子工业出版社．

郎芝，荆林波，2011．消费心理学理论与实务[M]．北京：中央广播电视大学出版社．

杨芳琼，2018．现代推销实务[M]．北京：机械工业出版社．

章金萍，2010．市场营销实务[M]．杭州：浙江大学出版社．

周贺来，2013．现代推销实务[M]．2 版．北京：机械工业出版社．